哈耶克经济自由主义理论

批判

王生升 著

Hayek

中国言实出版社

图书在版编目(CIP)数据

哈耶克经济自由主义理论批判 / 王生升著. -- 北京：
中国言实出版社，2022.10

ISBN 978-7-5171-4247-8

Ⅰ.①哈… Ⅱ.①王… Ⅲ.①哈耶克（Hayek，
Friedrick August von 1899-1992）—新自由主义（经济学）
—经济思想—思想评论 Ⅳ.①F091.352.1

中国版本图书馆CIP数据核字（2022）第254927号

哈耶克经济自由主义理论批判

责任编辑：张　丽
责任校对：代青霞

出版发行：中国言实出版社
　　　　　地　　址：北京市朝阳区北苑路180号加利大厦5号楼105室
　　　　　邮　　编：100101
　　　　　编辑部：北京市海淀区花园路6号院B座6层
　　　　　邮　　编：100088
　　　　　电　　话：010-64924853（总编室）　　010-64924716（发行部）
　　　　　网　　址：www.zgyscbs.cn　　电子邮箱：zgyscbs@263.net

经　　销：新华书店
印　　刷：北京虎彩文化传播有限公司
版　　次：2023年1月第1版　　2023年1月第1次印刷
规　　格：710毫米×1000毫米　　1/16　　14.5印张
字　　数：220千字

定　　价：56.00元
书　　号：ISBN 978-7-5171-4247-8

序

当今世界正进入百年未有之大变局，中美大国之间的博弈，折射的是两条道路、两种制度之间的斗争。于世界大变局中观历史发展之大势，不仅需要考察 21 世纪社会实践的时代特征，而且需要整合哲学、经济学、政治学、法学等多学科前沿成果。马克思和哈耶克都高度重视理论改造世界的功能，也都采取了多学科融合的研究方式；作为对立的两极，他们创立的理论体系是社会主义和资本主义相互斗争的主观形式。库恩、拉卡托斯等学者的研究表明，科学的进步是不同理论体系围绕实践检验展开的相互批判和代际超越。以中国特色社会主义建设的实践经验为客观依据，阐发 21 世纪马克思主义理论对哈耶克经济自由主义理论的批判与超越，无疑有助于我们认识和把握世界大变局中历史发展之大势。

20 世纪 80 年代后，新自由主义思潮曾一度席卷全球，并在苏东社会主义阵营变色解体的过程中发挥重要作用。在新自由主义思潮中，哈耶克具有举足轻重的地位，这不仅源于其荣获诺贝尔经济学奖，更重要的在于其试图构建一个涵盖经济学、法律学、哲学和政治学的经济自由主义理论体系。在新自由主义信徒眼中，唯有这样的宏大理论体系才是对马克思主义理论的有效抗衡，才有可能冲击甚至动摇人们对社会主义道路和制度的信心，哈耶克也因之被顶礼膜拜为新自由主义精神领袖。

在哈耶克努力构建的宏大理论体系中，经济学研究成果无疑处于核心位置，其关于自由竞争市场经济制度——伪装的资本主义经济制度——的合理性辩护构成了该理论体系的"硬核"，而后期的哲学、政治学和法律学研究成果构成了保护"硬核"的辅助学说。然而，正如很多批评者指出的，这些辅助学说与"硬核"之间存在逻辑断裂，它们无法行之有效地承担起保护"硬核"的功能。究其根源，就在于这个理论体系背弃了科学的历史观，以立场先行的方式对人类社会制度变迁史进行刻意剪裁和片面评价，由此构建起"天然制度"和"人为制度"的二元对立：作为人类历史发展特定阶段产物的资本主义经济制度，被永恒化为自由合理的"天然制度"；而其他类型的经济制度则是理性自负的人为产物，无论是历史上曾经存在的还是未来将演化出现的，都被武断地判定为对"天然制度"的扭曲偏离，这些"人为制度"因此被贴上压制个人自由和经济效率低下的标签。尽管哈耶克高调主张从历史中汲取经验教训，但他显然并未真心实意地致力于研究人类社会制度变迁的客观规律。事实上，哈耶克倒是更愿意否认这种历史规律的存在性。对他而言，解读历史的意义不在于发现规律，而在于发现那些能够捍卫资本主义经济制度的支撑性证据。正因为如此，哈耶克经济自由主义理论具有鲜明的资产阶级意识形态色彩，在两条道路、两种制度的斗争中发挥着助推"和平演变"的思想武器功能。

在两个大局相互交织、相互激荡的大背景下，两条道路、两种制度的斗争将更加激烈复杂。不走封闭僵化的老路，也不走改旗易帜的邪路，就必须既坚持马克思主义世界观方法论，又推动马克思主义理论的中国化时代化发展。真理总是同谬误相比较而存在，相斗争而发展。作为新自由主义思潮的代表性成果，哈耶克经济自由主义理论兼具现实问题分析和意识形态遮蔽的双重属性。分析批判哈耶克经济自由主义理论，有助于我们更好地以"老路"、"邪路"为诫，推动马克思主义理论的中国化时代化发展，让科学社会主义在中国式现代化的伟大实践中焕发新的蓬勃生机。

王生升

2022 年于南开大学

目　录

下 篇 新自由主义的乌托邦幻象

上 篇

哈耶克经济自由主义理论体系

第一章 新自由主义精神领袖

在西方经济学界，自由主义与国家干预这两大阵营的斗争大概是20世纪的经济思想主线。作为公认的20世纪最著名的自由主义者，弗里德里希·奥古斯特·冯·哈耶克的经济思想是不能绕过的。在近60年的学术生涯中，哈耶克广泛涉猎了经济学、政治学、哲学，甚至思想史等学科领域，一共出版了20多本理论著作，发表了200多篇学术论文，其毕生著作堪称对自由主义传统最综合的阐述。在很多新自由主义学者看来，哈耶克为自由主义传统构筑了精致连贯的防御工事，是名副其实的新自由主义精神领袖。约翰·斯科特·戈登认为："哈耶克要比约翰·罗尔斯、米尔顿·弗里德曼、约瑟夫·阿洛伊斯·熊彼特、约翰·贝茨·克拉克更重要，甚至比任何以经济学为基础对政治哲学给出综合论述的学者更重要。"[1] 弗里德曼评价道："弗里德里希·哈耶克的影响是巨大的。他的著作结合成为严谨的经济理论的整体，对经济史，政治哲学和政治学有重大影响，对法学、科学方法论乃至心理学的研究者都有影响。"[2]

一、从奥地利学派到伦敦学派

1918年，哈耶克进入维也纳大学学习。维也纳大学建于14世纪中

---

[1] Gordon S., "The Political Economy of F. A. Hayek," in J. C. Wood and R. N. Woods, eds., *F. A. Hayek: Critical Assessments*（*III*）（London: Routledge, 1991）, p. 290.

[2] 世界经济编辑部：《荣获诺贝尔奖经济学家》，四川人民出版社，1985，第192页。

叶，它的建立在很大程度上使维也纳逐渐成为欧洲中部的文化中心。19
世纪后半叶，资本主义工业经济大潮席卷整个欧洲大陆，历史性变迁使
新思想新观念不断涌现，自由主义、民族主义、社会主义等思潮在维也
纳大学相互激荡，物理学家、哲学家恩斯特·马赫，边际革命奠基人、
经济学家卡尔·门格尔，心理分析学鼻祖西格蒙德·弗洛伊德，现象学
创始人埃德蒙德·古斯塔夫·阿尔布雷希特·胡塞尔等都曾在维也纳大
学学习或任教。

在维也纳大学，哈耶克最初热衷于哲学心理学，受马赫主义影响
颇深，他在终其一生的学术研究中都或明或暗地留着主观主义痕迹。随
着学术兴趣向经济学转移，哈耶克成为弗里德里希·冯·维塞尔的嫡传
弟子，同时深受门格尔经济学思想的影响。维塞尔是哈耶克从事经济学
研究的入门导师，其学术研究具有明显的批判性和原创性色彩。正如熊
彼特的评论："几乎没有其他学者像维塞尔那样极少地受惠于其他学者
的思想，即便是从门格尔那里，他所继承的东西也是极其有限的——
结果是，在相当长的时间里，大多数经济学同行都不知道如何来对待维
塞尔的著作。维塞尔所创建的理论大厦的一砖一瓦，都是他自己智识
的产物，即使是那些他人已经论述过的问题。"[1] 这种学术研究取向对哈
耶克的影响是潜移默化的，也是根深蒂固的。哈耶克自豪地宣称自己
是"困惑型"学者，总是对既有观念的确当性提出质疑挑战，总是对
视野所及的理论进行重构改造，因此能够始终保持理论的批判性和原创
性。[2] 门格尔可以算是哈耶克的精神导师。哈耶克曾坦言，尽管与门格
尔只有一面之缘，而没有机会跟随他学习，但门格尔的经济学思想却是
对自己影响最大，甚至可以说具有决定性影响。从门格尔那里，哈耶克

---

[1] Alan Ebenstein, *Friedrich Hayek: A Biography*（New York: Palgrave for St. Martin's Press, 2001）, p. 10.

[2] 弗里德里希·冯·哈耶克：《经济、科学与政治：哈耶克思想精粹》，冯克利译，江苏人民出版社，2000，第630—637页。

不仅继承了其个人主义方法论（这是支撑哈耶克经济理论的主要基石），还丰富和发展了其经济制度自发进化的思想，^① 试图通过跨学科研究来论证市场经济制度的自发进化逻辑。

早在1921年，在维塞尔的推荐下，哈耶克就结识了路德维希·冯·米塞斯。但受费边社会主义思潮的影响，哈耶克对米塞斯的传统自由主义观点敬而远之，两人并未就社会经济问题进行思想交流。1924年，哈耶克有机会加入米塞斯主持的一个关于社会经济问题的私人研讨班，由此开始了向传统自由主义的皈依之路。米塞斯骄傲地认为，这个私人研讨班是他的主要学术成就，因为它孕育了一大批伟大的学者，其中既有哈耶克、弗里茨·马克卢普、戈特弗里德·冯·哈伯勒、奥斯卡·摩根斯特恩等著名经济学家，还有艾里克·弗格林、阿尔弗雷德·舒茨、弗里德里希·恩格尔·雅诺西等杰出的哲学家、历史学家。从每年10月到次年6月，这个私人研讨班每两周开设一次定期研讨会，地点在米塞斯的商业委员会办公室。与会的维也纳年轻学者们就经济学、社会学、逻辑学、社会哲学、认识论等领域的重大问题进行热烈讨论，这种学术氛围极大地拓展了哈耶克的经济学研究视野。不同于大多数经济学家的"专业研究"，哈耶克试图以跨学科研究向我们呈现一幅社会经济生活的完整画卷，这种研究趣味似乎可以追溯到米塞斯的私人研讨班的跨学科交流方式。根据哈耶克的回忆，虽然研讨班的议题是社会经济政策，但讨论视角极其宽广，与会者经常会转向对与主题有关的哲学问题和社会思潮的讨论，尤其是对认识论和方法论的讨论。在私人研讨班开会期间，米塞斯经常邀请哈耶克到家里共进午餐或晚餐，二人会在席间就某些话题交换意见。在这种密切交流中，米塞斯的个人主义

---

① 门格尔认为，很多功能性社会制度"服务于公共福利"，它们不是人类有意识设计创造的产物，而是有机生成的，是自发进化的产物。请参阅：Carl Menger, Edited by Louis Schneider, *Investigations into the Method of the Social Sciences with Special Reference to Economics*（New York: New York University Press, 1985），pp. 144–159.

和自由主义信仰对哈耶克产生了深远持久的影响，使后者很快放弃了费边社会主义立场，转而接受传统自由主义的经济学研究纲领。1927 年，哈耶克和米塞斯共同创建"奥地利经济周期研究所"，哈耶克担任所长，负责经济统计分析工作。该研究所收集奥地利的各类经济数据，在月刊上发表统计分析报告并定期出版系列丛书，在奥地利国内外建立起较高知名度。两年后，哈耶克如愿以偿受聘出任维也纳大学经济学专业"私人讲师"这一教职，这是获得全职教授职位的必要起点，他和摩根斯特恩、哈伯勒一起开设的生产理论研讨课广受学生欢迎。

1929 年开始的经济大萧条，促使西方经济学者将研究视线从市场均衡问题转向经济周期问题，以便合理解释大萧条的或因及提供应对方案。在这个大背景下，哈耶克在 1929 年写作了《储蓄的"悖论"》一文，试图运用生产迂回理论解释繁荣和衰退的经济周期。该文指出，短期内消费品需求扩张拉高消费品价格水平，这种经济信号传递到生产者那里，导致经济资源从资本品生产部门流向消费品生产部门，这意味着生产迂回过程的缩短，表现为经济衰退。如果出现相反情况，资本品生产过程被人为拉长，经济资源从消费品生产部门流向资本品生产部门，则会拉长生产迂回过程并引起经济过热。

远在英国伦敦的莱昂内尔·罗宾斯看到这篇论文，立刻察觉到其中别具一格的论证逻辑。在罗宾斯看来，这篇论文的发表时机恰到好处，它正是伦敦政治经济学院的"伦敦学派"在反击剑桥学派的约翰·梅纳德·凯恩斯主义主张时所急需的东西。[①] 在凯恩斯看来，消费不足与过度储蓄是一个硬币的两面，是引发经济衰退的根源；但在哈耶

---

① 大萧条时代的来临，让剑桥学派与伦敦学派的争论迅速白热化，两派学者关于国家经济政策的观点的对立相当尖锐直白。1930 年，时任英国首相的拉姆齐·麦克唐纳任命了一个"5 人经济学家委员会"，负责评估大萧条状况、研究大萧条或因及提供应对方案。凯恩斯任委员会主席，罗宾斯任委员，两人在委员会中发生激烈冲突以致罗宾斯拒绝在最终报告上签字。请参阅：Ebenstein, *Friedrich Hayek: A Biography*（New York: Palgrave for St. Martin's Press, 2001），p. 60.

克这里，恰恰是过度储蓄造成了经济衰退，政府对消费的刺激反而会加深衰退带来萧条。

1931年初，应罗宾斯邀请，哈耶克来到伦敦政治经济学院进行短期学术访问，他以"价格与生产"为题发表了四次演讲，向英国同行阐述了奥地利学派经济周期理论。据彼时在伦敦政治经济学院执教的约翰·希克斯回忆，哈耶克的演讲时机"恰到好处"，当时大萧条的特殊性及其社会带来的切肤之痛已完全展现，人们极度渴望了解关于大萧条及经济周期的新知识、新理论，而哈耶克的回答提供了一种有别于剑桥学派流行观点的"另类"解释。在这次短暂的访学交流中，伦敦政治经济学院浓厚的传统自由主义学术氛围令哈耶克倍感亲切，与罗宾斯等伦敦学派学者的理念共鸣，促成了哈耶克的加盟并成为批判剑桥学派凯恩斯主义理论的中坚力量。[1] 几个月后，哈耶克应邀再次来到伦敦政治经济学院，负责讲授四门课程。据阿诺德·普朗特回忆，"罗宾斯在伦敦经济学院主持的经济学讨论课，成了无穷无尽地讨论哈耶克关于货币对生产结构和产业波动的影响，及其在经济、社会、政治政策等方方面面发挥有影响力的看法的论坛。哈耶克的出现，为罗宾斯的讨论课所具有的磁铁般的吸引力又增加了一股力量。"[2] 很快，哈耶克如愿以偿地获得了伦敦政治经济学院的教职，以此前演讲为基础集结成册的《价格与生产》一书也顺利出版。此后的几年，哈耶克沿着《价格与生产》的研究路线，集中精力研究资本与经济周期问题，并于1939年、1941年分别出版了《利润、利息与投资》和《资本纯理论》两部著作。

作为伦敦学派的生力军，哈耶克与剑桥学派领军人物凯恩斯之间的学术交锋自然不可避免。以评论凯恩斯1930年出版的《货币论》为

---

[1] 罗宾斯是20世纪30年代英国最具影响力的自由主义经济学家，他领导的伦敦政治经济学院成为古典自由主义经济思想的圣地。除了哈耶克和希克斯外，在20世纪30年代进入学院并在日后成为经济学大师的，还有罗纳德·科斯、阿瑟·刘易斯、阿诺德·普朗特等人。

[2] 阿兰·艾伯斯坦：《哈耶克传》，秋风译，中国社会科学出版社，2003，第79页。

起点，两位经济学家展开了短暂而激烈的思想交锋，哈耶克也因此成为批判凯恩斯主义干预理论的先驱。1931 年 8 月，在罗宾斯的安排下，哈耶克的《〈货币论〉书评》发表于《经济学》杂志第 2 期。虽然哈耶克在开篇称赞了凯恩斯的创新勇气和现实洞察力，肯定书中某些段落显示了惊人的见识和博学，但这些赞许不过是为火力全开的猛烈批评进行必要的铺垫。在哈耶克看来，"本书不过是知识急速发展过程中的一个转瞬即逝的插曲而已，无非是一个试验而已，对其做出过高估计是不公平的。……在欧洲大陆的经济学家看来，这种研究方法可不像作者自认为的那样新颖。……毫无疑问，可能是因为觉得自己提出的实际建议迫切需要得到理论上的论证，这才促使凯恩斯先生匆匆忙忙地发表了这部尚不能说已经完成的作品。……他的表述是艰涩的，不够系统，也含糊其辞。"[1] 作为对哈耶克批评的回应，凯恩斯在同年 11 月的《经济学》杂志上撰文，猛烈批评哈耶克的新著《价格与生产》。此后的几个月，两位学者多次通过信件方式进行交流，试图说服对方。1932 年 1 月 23 日，哈耶克给凯恩斯发出最后一封信件，对相关问题进行最后答复；2 月 11 日，凯恩斯发出回信，为这次短暂的思想交锋划上句号。显然，争论的双方都没能说服对方，《货币论》和《价格与生产》类似于两个格局完全不同的建筑物，设计者本人很难从自己设计的角度理解对方的成果。凯恩斯主义经济学家理查德·卡恩对哈耶克演讲的回忆佐证了哈耶克与凯恩斯的巨大分歧。根据卡恩的回忆，哈耶克在剑桥大学的演讲"有很多学生来听，系里最好的教员们也来听。（而凯恩斯当时在伦敦。）听众们——无一例外——完全迷惑不解。在马歇尔学会举行的活动中，一般演讲者讲完后会有一场热烈而漫长的讨论和提问，而这一次，没有一个人说话。我觉得，我得打破这种静寂，于是我站起来问：'您是否认为如果我明天上街买一件新外套，就会增加失业？''是

---

[1] 阿兰·艾伯斯坦：《哈耶克传》，秋风译，中国社会科学出版社，2003，第 73 页。

的,'哈耶克说,'不过,'他指着黑板上画的三角关系示意图说,'要解释清楚为什么,得花费很长时间进行数学上的论证。'"①

1936年2月4日,在经济学界的热切渴望和喧嚷争论中,凯恩斯的新著《就业、利息和货币通论》(以下简称《通论》)出版了,凯恩斯本人也因此达到个人学术生涯的颠峰。保罗·萨缪尔森对《通论》的评价得到了大多数西方主流经济学家的认可——认为《通论》的出版是20世纪经济科学中最重大的事件,该书蕴含的理论分析框架为宏观经济学奠定了基础。②显然,哈耶克有着不同的看法。在哈耶克家中存有一本《通论》,上面有哈耶克手抄的两句启蒙思想家约翰·海因里希·福斯的诗:"你的书啰啰嗦嗦,却也有些教益/只要那真的是新的,只要那新的是真的!"尽管如此,哈耶克并未像对待《货币论》时那样发表毫不留情的批判性书评。哈耶克坦言:"当新的版本——1936年的《通论》——征服了大多数专业界的意见时,当我十分敬重的一些同行甚至也支持凯恩斯主义的布雷顿森林协定时,我便基本上退出了论战,因为在几乎是众口一辞的正统派军团面前申述自己的异见,只会使我无法倾听当时我更为关心的一些事情。"③

1939年,为避开空袭,伦敦政治经济学院搬迁到剑桥大学的彼得豪斯学院,哈耶克得以有更多机会接触凯恩斯,二人建立起良好的私人关系。1940年6月,哈耶克放弃了原定的《资本纯理论》第二卷的写作,因为该书主要内容是批判凯恩斯理论。哈耶克解释道:"当时,战争已经爆发。凯恩斯几乎是惟一明白事理、愿意并能够保护我们不受通货膨胀冲击的人。于是,整个战时,我都站在凯恩斯一边反对他的那些追随者,而他确实成功地使我们在战时没有遭受通货膨胀。因此,在战

---

① 阿兰·艾伯斯坦:《哈耶克传》,秋风译,中国社会科学出版社,2003,第64页。

② Paul A. Samuelson, "*In the Beginning*," Challenge(White Plains)31(4)(1988):32-34.

③ 弗里德里希·冯·哈耶克:《经济、科学与政治:哈耶克思想精粹》,冯克利译,江苏人民出版社,2000,第164页。

争期间，在实际政治问题上，我站在凯恩斯一边，我不想损害他的信誉。在战时攻击凯恩斯，实际上等于反对我认为正确的理论。有他在，我觉得大快我心。"[1]

此后，哈耶克逐渐淡出了英国主流经济学界的学术争论。根据英国《经济学学报》引用指数排名，哈耶克的排名从 1931—1935 年的第三滑落至 1936—1939 年的第八，而在 1940—1944 年，哈耶克已经不在前十之列了。

二、批判社会主义计划经济

与凯恩斯主义的暂时休战，让哈耶克有时间和精力开辟理论斗争的第二战场，这就是对社会主义计划经济的批判。哈耶克曾不无骄傲地提到："20 年代和社会主义者的论战是由米塞斯担当主将的。当我在 30 年代来到英国时，我发现，这场论战的重要性并没有在当时的经济学界引起足够的注意。这种状况促使我编辑了一本有关这场论战的文集，米塞斯的辩驳构成了 20 年代的主要内容，而我则在 30 年代继续了他的努力。"[2] 事实上，也正是在这场批判社会主义计划经济的论战中，哈耶克高举米塞斯的自由主义大旗，清楚表达了对经济自由主义理念的完全尊奉。

对社会主义计划经济合理性的批判，可以追溯至米塞斯于 1920 年发表的《社会主义制度下的经济计算》一文。在该文中，米塞斯认为，要么是社会主义，要么是市场经济，社会主义意味着消灭市场、放弃货币和价格，面对充满变动的环境，这意味着放弃理性经济核算，社会

---

[1] 阿兰·艾伯斯坦:《哈耶克传》，秋风译，中国社会科学出版社，2003，第126—127页。

[2] Richard Ebeling, "*An Interview with Friedrich Hayek*," Libertarian Review 11（1977）.

主义将不得不在黑暗中摸索前行。[①]米塞斯的结论，除了遭到马克思主义者的激烈反驳外，在西方经济学界，也面临着一种重要的反对意见。早在 20 世纪初，意大利经济学家维弗雷多·帕累托就在《社会主义体系》一书中指出，社会主义制度能够创造实现"最优福利状态"的条件，达到生产资源的有效配置。帕累托的学生恩尼科·巴罗尼也在《集体主义国家中的生产部》一文中提出，假如其他情况相同，资源的有效配置可以独立于生产要素的所有制，在没有货币、价格的条件下可以通过试错法求解均衡方程式，从而实现资源有效配置。[②]1928 年，弗雷德里克·泰勒在就任美国经济学会会长时，发表了题为"社会主义国家的生产指导"的演讲，对米塞斯的质疑进行了回击。他认为，社会主义与市场经济不矛盾，社会主义国家调节商品生产，可通过试错法保证商品价格等于生产成本，能够实现资源配置的最优化。

1935 年，哈耶克编辑出版了《集体主义经济计划》一书，其中收录了两篇批评社会主义计划经济的文章，分别是《社会主义的计算（一）：问题的性质与历史》和《社会主义的计算（二）：辩论的状况（1935）》。1940 年，哈耶克系列文章的第三篇在《经济学》（*Economica*）杂志上发表，题目为《社会主义的计算（三）：作为一种"解决方法"的竞争》。沿着米塞斯的质疑思路，哈耶克将批判的火力集中于社会主义计划当局无法克服的理性计算和信息收集难题，认为这会造成社会主义经济计划缺乏效率，无法合理配置经济资源。针对奥斯卡·兰格在《论社会主义经济理论》一书中提出的"竞争的计划经济模式"，哈耶克进一步批判认为，在计划当局和生产企业之间引入价格竞争机制的设想面临一系列无法克服的现实问题，即便假定这些问题可以解决，其对供求关系的调节时效性也明显逊色于自由竞争市场经济，认为在一个计划的世界里，

---

① 路德维希·冯·米塞斯：《社会主义制度下的经济计算》，载外国经济学说研究会编《现代国外经济学论文选》第 9 辑，商务印书馆，1986，第 60—67 页。
② 范恒山：《国外 25 种经济模式》，改革出版社，1993，第 117—121 页。

最大的悲剧莫过于这样一种情形——顽固坚持计划制度的做法必定会导致经济衰退。[①]哈耶克认为，在社会主义计划经济模式下，"所有的经济问题都变成了政治问题——因为它现在已经不再是一个有关尽可能协调个人观点和欲求的问题了，而是一个强行实施某个单一价值序列的问题，而所谓某种'单一价值序列'，也就是自圣西门（Saint-Simon）以降的社会主义者始终梦想实现的那种'社会目标'。"[②]在他看来，一旦实施这一点，社会主义计划经济制度也就堕落为极权的独裁专制制度。为此，哈耶克援引马克斯·伊斯特曼关于苏联问题研究的结论："尽管这是事先未预见到的，但是斯大林主义确实是社会主义所导致的一个必然的政治和文化伴随物；因此，在这个意义上讲，斯大林主义就是社会主义。"[③]

1944 年春，也就是哈耶克在伦敦政治经济学院担任教授一职的第十年，他被不列颠学会吸收为成员。当时的不列颠学会主席约翰·克拉法姆事后坦言，如果晚几个月，哈耶克将因《通往奴役之路》的出版而无缘不列颠学会。《通往奴役之路》的出版，可以算作哈耶克学术生涯的一个转折点。该书引起的巨大社会轰动，折射了当时西方国家思想界的巨大分歧。

该书出版后，凯恩斯很快致信哈耶克称："你大概不会指望我接受这本书中的经济论观点。但从道德和哲学角度，我确实完全同意本书的观点；不仅是同意，而且是是深表赞同。……对这本书，我实在只有一个严肃的批评。你在不少地方都承认关键是线划在哪里的问题。你同意，必须得划出一条线来，逻辑上走极端是不可能的。但对于线到底应该划在哪儿，你却语焉不详。我和你划出的线可能确实不在同一个地

① F. A·冯·哈耶克：《个人主义与经济秩序》，邓正来译，生活·读书·新知三联书店，2003，第 260 页。

② F. A·冯·哈耶克：《个人主义与经济秩序》，邓正来译，三联书店，2003，第 297－298 页。

③ F. A·冯·哈耶克：《个人主义与经济秩序》，邓正来译，生活·读书·新知三联书店，2003，第 297 页。

方。我觉得，根据我的看法，你大大地低估了中间道路的可行性。不过，只要你承认了走极端是不可能的，那就必须划出这条线，而根据你的观点，你却划不出这条线来，因为你一直要说服我们相信，只要向计划指令的方向移动一寸，就走上了一条收不住脚的路，必然会滑向悬崖峭壁。"①与之形成鲜明对照的是，美国著名学者约翰·钱伯林为该书美国版作序时赞扬道："在迟疑不决的时代，哈耶克的这本书是一个警告，是一声呐喊。它是说给英国人的，也对美国人有意义：坐下来，看一看，听一听。《通往奴役之路》是冷静的、严肃的，具有逻辑的力量。它不想讨读者的欢心，但它的逻辑是不可抗拒的：'充分就业'、'社会保障'、'免于匮乏'是不可能实现的，这些只能是那种释放个人的自由的制度的必然产物。如果'社会'和'整体的利益'成了判断国家活动的惟一的试金石，个人就不可能安排自己的生活了。"②

《通往奴役之路》是通俗出版物，它基本上不会为哈耶克的专业经济学研究增色。从1940年到1943年，哈耶克花费大量时间精力构思写作这本书，背后的主要驱动是他对当时欧洲社会发展趋向的担忧。在他看来，传统自由主义的衰落和集体主义的兴起，对个人自由和民主制度构成严重威胁，将把"自由社会"引向"极权主义奴役之路"，因此有必要将人们从错误的、虚幻的观念中唤醒，重新确立自由主义传统的权威。

哈耶克的担忧，折射了第一次世界大战后欧洲政治的混乱局面。"德国民主党的萎缩，法国激进党无法应付经济危机，以及英国自由党在选举中的衰落。这一类政党似乎都无法应付当时的问题。……保守的，务实的领导人，如施特雷泽曼、鲍尔温、张伯伦兄弟或彭加勒，至少还可以应付一下这类问题，而一个军人或'铁腕人物'甚至还可以演

---

① 阿兰·艾伯斯坦:《哈耶克传》，秋风译，中国社会科学出版社，2003，第153页。
② 阿兰·艾伯斯坦:《哈耶克传》，秋风译，中国社会科学出版社，2003，第157页。

出一场更象样的戏。"① "1923 年，西班牙的普里莫·德·里维拉将军夺取政权。三年后，毕苏斯基元帅在波兰建立同样的军人独裁政权，这就建立一种榜样，中东欧各新成立的民主制国家也跟着仿效，只剩捷克斯洛伐克还保留着议会制。"② "与此同时，葡萄牙人建立了欧洲专制政权中最长久的一个政权。……1932 年，萨拉查任总理，成为国家的绝对统治者。在往后充满了动荡和倾复的三十年欧洲政治史中，萨拉查始终保住这一职位。就这样，到 1930 年，右派独裁主义已相当公开地在中东欧，并在西欧民主政体表面下，悄悄地兴旺发达起来。墨索里尼在国内正是大出风头的时候，而国外尤其在德国，越来越多的人在谈论要仿效他。"③ 相应地，意大利、德国及东欧国家中出现明显的经济权力集中趋势。早在 20 世纪 20 年代中期，意大利法西斯统治就已牢固控制了国内资本和劳工，大萧条的来临加速了国家直接管理经济的速度。到了 1934 年，依靠 22 个全国性社团，意大利政府实现了对国民经济的全面管制。在德国，政府在 1933 年强制取缔所有独立政党和工会，经济部门逐渐被置于国家管制下，最早支持纳粹的实业家们也最终丧失了财产控制权。类似地，东欧也逐步滑向国家集权控制的经济模式。"这些国家的政府通过直接提供补助金或与食物进口国谈判换货协定的办法，集中全力支持农产品的价格。这种做法不久就导致制订一项通货控制和经济管制的总方案，将经济的每一个组成部分都置于国家管理之下。"④

　　在哈耶克看来，即便是二战期间抵抗极权主义德国侵略的英国，也同样存在滑向极权主义的潜在风险："现在，有必要说出这句逆耳的真言，即我们有重蹈德国覆辙的危险。……这里，也有着对 19 世纪自由

---

① H·斯图尔特·休斯：《欧洲现代史》，陈少衡等译，商务印书馆，1984，第 217—218 页。

② H·斯图尔特·休斯：《欧洲现代史》，陈少衡等译，商务印书馆，1984，第 218 页。

③ H·斯图尔特·休斯：《欧洲现代史》，陈少衡等译，商务印书馆，1984，第 218—219 页。

④ C.E·布莱克、E.C·赫尔姆赖克：《20 世纪欧洲史》上册，山东大学外文系英语翻译组译，人民出版社，1982，第 415—416 页。

主义的同样蔑视、同样的伪'现实主义'乃至犬儒主义，对'不可避免的趋势'同样的宿命论的接受。而且，在我们那些最吵吵闹闹的改革家竭力要我们接受的教训中，十有八九是德国人从上次战争中得出并且助长了纳粹制度产生的那些教训。在本书的进程中，我们将有机会表明，尚有一大批其它问题，在 15 年至 25 年间，使我们看起来会重蹈德国的覆辙。"①

在《通往奴役之路》一书中，哈耶克从经济、政治、社会生活等各方面曲解社会主义运动，将社会主义污蔑为极权主义、独裁主义的潜在变体，甚至将残酷镇压社会主义运动的德国纳粹主义歪曲为社会主运动的结果。对于快速发展苏联社会主义，哈耶克以"危言耸听"的方式表达了厌恶之情。他赞同美国记者 W. H·张伯伦的判断，认为"社会主义者肯定会证实，至少在其开始时，不是通往自由的道路，而是通往独裁和反独裁、通往最惨烈的内战的道路。以民主手段实现并维持的社会主义，看来确实属于乌托邦世界。"②

与新古典经济学家的纯粹分析方式不同，哈耶克非常重视意识形态的宣传功能。他认为，"如果从长远考虑，我们是自己命运的创造者，那么，从短期着眼，我们就是我们所创造的观念的俘虏。我们只有及时认识到这种危险，才能指望去避免它。"③基于这一判断，哈耶克主张，为了避免滑向极权主义，知识分子需要引导社会大众珍视自由主义传统，重新树立自由主义理念的权威。

---

① 弗里德里希·奥古斯特·哈耶克:《通往奴役之路》，王明毅等译，中国社会科学出版社，1997，第 11—12 页。

② 弗里德里希·奥古斯特·哈耶克:《通往奴役之路》，王明毅等译，中国社会科学出版社，1997，第 32—33 页。

③ 弗里德里希·奥古斯特·哈耶克:《通往奴役之路》，王明毅译，中国社会科学出版社，1997，第 11 页。

三、构建经济自由主义分析范式

《通往奴役之路》的畅销，让哈耶克非常振奋。但同时，他也对战后欧洲经济社会重建的前景感到担忧。在他看来，只要集体主义错误观念没有被纠正，德国就有可能再次走向极权主义，整个文明世界就有可能重蹈二战覆辙。因此，有必要建立一个学会组织，团结世界各地信仰自由主义理念的学者，承担起捍卫自由主义传统的伟大使命。

1947 年 4 月 1 日，在哈耶克的组织推动下，来自 10 个国家的 39 位学者齐聚瑞士朝圣山，召开了一次以复兴自由主义传统为主题的学术研讨会，与会者包括米塞斯、罗宾斯、卡尔·波普、瓦尔特·欧肯、弗里德曼、乔治·斯蒂格勒、莫里斯·阿莱斯等知名学者。在开幕致辞中，哈耶克表达了召集会议的初衷："指导我从事这一切的基本信念是，如果我认为将我们团结一致的信念——即自由主义，尽管这个词已经遭到太多歪曲，但仍然没有比这更好的词——要想获得复兴，我们就必须承担起一项艰巨的知识使命。"[1]

在 10 天的会议期间，与会者研讨的范围涉及经济、政治、法律、历史、哲学等诸多领域，议题包括"自由企业还是竞争秩序"、"现代历史编纂学与政治教育"、"德国的前景"、"欧洲联邦的问题与机遇"、"自由主义与基督教"等，其中当然不乏重大分歧和激烈争论。斯蒂格勒回忆道："保护农业和农业阶层，总是有人坚决支持，也有人坚决反对，金本位制是年纪大一些的会员们珍爱的目标，而年轻的经济学家却对之没有兴趣。"[2] 当然，对自由主义理念的信仰，成为弥合观点分歧的牢固纽带。正如大会在闭幕时发布的《目标的声明》所强调的，"本学社……惟一目标是推进那些有志于加强自由社会之原则和实践，并研

①阿兰·艾伯斯坦：《哈耶克传》，秋风译，中国社会科学出版社，2003，第 169—170 页。

② George J. Stigler, *Memoirs of an Unregulated Economist*（New York: Basic Books, 1985）.

究市场导向之经济体系的运转方式及其优劣的志同道合的学者进行观念交流。"① 在哈耶克的倡议下，与会学者同意成立常设性学会组织，这就是 1947 年 11 月 6 日正式成立的朝圣山学社。哈耶克"曾经以非常少见的自豪口吻说，'我觉得我有资格说，朝圣山学社的创建和第一次会议是我的主意'，而第一次会议和学社的创建标志着'欧洲自由主义运动的复兴。美国人给了我莫大的荣誉，认为《通往奴役之路》的出版是一个重大的日子。但我本人则相信，知识分子开始真正严肃地致力于复兴个人自由，尤其是经济领域的自由观念的活动，始于朝圣山学社的创建'，即 1947 年。"②

在《目标的声明》中，朝圣山学社提出了一系列重要研究议题，诸如：如何认识自由主义传统面临颠覆性威胁的根源，如何对国家的功能进行定位，如何明确地区分全权性秩序（totalitarian power）和自由秩序，如何确立法治原则以避免个人自由遭受侵犯，如何避免私有权利沦为掠夺性权力的基础，如何确定有利于激发创新活动和发挥市场机制的必要条件，等等。这些开放性议题远远超出了专业经济学的研究视野，这标志着哈耶克的学术兴趣转向跨学科交叉研究，以期为自由主义传统构建一个融合哲学、经济学、政治学和法学的一般性分析范式。

科学哲学的研究表明，无论是自然科学还是社会科学，任何理论体系都是以某种认识论、方法论为逻辑基础。在构建自由主义分析范式时，哈耶克非常重视这一问题，力图为自由市场秩序奠定一种可靠的认识论、方法论基础，他的相关研究成果收录于 1948 年出版的《个人主义与经济秩序》一书中，包括写作于 1936 年的《经济学与知识》、1942年的《社会科学的事实》、1945 年的《知识在社会中的运用》和《个人主义：真与伪》、1946 年的《竞争的含义》，以及 1947 年的《"自由"企业与竞争秩序》等文章。哈耶克对于这些文章自我评价甚高，认为是

————————

① 阿兰·艾伯斯坦：《哈耶克传》，秋风译，中国社会科学出版社，2003，第 171 页。
② 阿兰·艾伯斯坦：《哈耶克传》，秋风译，中国社会科学出版社，2003，第 173 页。

自己学术生涯中最具原创性的经济学贡献。

　　早在1936年，哈耶克就完成了《经济学与知识》一文，力图超越米塞斯的先验论，在逻辑分析中引入经验因素以加强经济理论的现实解释力。哈耶克后来说："对个人的计划可以采取先验的逻辑体系进行分析，而当人们试图了解他人的行为时，就出现了经验因素。你不能像米塞斯那样宣称，整个市场理论就是一个先验体系，因为当一个人要把握另一个人在干什么的时候，必然会出现经验因素。"[①] 他认为，经济学不能是一门纯演绎、纯先验的学科，因为它不只研究个人的行为，还研究个人之间如何交流信息的问题，这无疑是一个经验的过程，对它是不能做先验陈述的。[②]

　　尽管对先验论持否定态度，但哈耶克与米塞斯共享着主观唯心主义基本立场，这当然源于奥地利学派传统的积年熏陶。在《社会科学的事实》一文中，哈耶克肯定了经验性的信息知识具有主观唯心主义的基本属性。在他看来，社会科学研究对象的定义及分类依据，不是该对象的物质属性，而是人们头脑中逐渐形成的观念，所谓的社会事实是被人的观念赋予意义的事实，是根据观念中的要素主观构建起来的思想模式。当我们谈论一个国家、一个社团、一种语言或一个市场时，我们实际上已经完成了某种思想模式的重建，尽管这种模式是隐藏的且常常是含混的，甚至自相矛盾的。认为研究的是客观的、给定的社会事实这一观念，不过是认识论、方法论的幻想。[③]

　　1945年完成的《知识在社会中的运用》和《个人主义：真与伪》两篇文章，是哈耶克运用主观唯心主义经验论分析自由市场秩序的初步尝试，是贯通认识论、方法论研究与经济学研究的中介。在哈耶克看

---

① 阿兰·艾伯斯坦：《哈耶克传》，秋风译，中国社会科学出版社，2003，第115—116页。

② F.A·冯·哈耶克：《个人主义与经济秩序》，邓正来译，生活·读书·新知三联书店，2003，第52—85页。

③ F.A·冯·哈耶克：《个人主义与经济秩序》，邓正来译，生活·读书·新知三联书店，2003，第86—115页。

来，信息和知识分散地存在于不同个人的头脑中，劳动分工的实质是信息和知识的人际分工。市场经济的价格机制引导个人调整其经济行为，推动分散性信息和知识的协调适配和有效运用，从而保证了整个经济体合理配置资源以应对各种未知变化。作为人类社会发展中的一项伟大奇迹，价格机制不是人们有意设计的产物，受其调节的个人也往往对其运行知之甚少，它具有明显的自发进化特征。① 由此出发，哈耶克批判滥觞于笛卡尔认为的伪个人主义，强调真个人主义承认理性认识的有限性，肯定社会制度的自发进化逻辑，坚持以抽象的法律制度规范不同个人的自由行动空间。②

1946 年 5 月，哈耶克在普林斯顿大学做了题为"竞争的含义"的演讲；次年 4 月，又在朝圣山学社的会议上发表了题为"'自由'企业与竞争秩序"的演讲。在这两次演讲中，哈耶克批判了新古典经济学的完全竞争理论，阐述了作为信息和知识发现过程的"动态竞争"，论证了这一过程与价格机制之间的内在联系，进而以"动态竞争"破题，揭示了自由主义制度对市场秩序的基础性支撑作用。不难发现，价格机制、动态竞争和自由制度构成了哈耶克在思想上建构市场经济自发秩序的三重基本要素。③

1950 年，哈耶克辞去伦敦政治经济学院教职，来到芝加哥大学社会思想委员会担任教授。在这里，他主持的研讨会淡化学科边界，参会者是各学科领域的杰出学者，他们从不同视角探讨有关自由主义原则的诸多问题。哈耶克动情地回忆道：在芝加哥大学，我"从一个专门研究社会科学的比较狭隘的气氛中，又回到了那种综合性大学的氛围中。教

---

① F. A·冯·哈耶克：《个人主义与经济秩序》，邓正来译，生活·读书·新知三联书店，2003，第 116—135 页。

② F. A·冯·哈耶克：《个人主义与经济秩序》，邓正来译，生活·读书·新知三联书店，2003，第 5—51 页。

③ F. A·冯·哈耶克：《个人主义与经济秩序》，邓正来译，生活·读书·新知三联书店，2003，第 137—174 页。

员俱乐部、四合院俱乐部（Quadrangle Club）很有吸引力。坐在你对面的，今天是历史学家，明天是物理学家，后天又是生物学家。事实上，我不知道还有哪所大学像芝加哥大学那样，不同学科的学者之间有那么密切的交流。"[1] "我请来的参加我的研讨会的人有费米，有遗传学的伟大创始人莱特，……来自自然科学和社会科学各专业的最出色的人汇聚于一堂。这样的研讨课还是平生第一次。我从来没有能够把这样一群出色的人召集到一起，因为我没有讨论过这样好的问题。"[2]

芝加哥大学良好的跨学科研究氛围进一步激发了哈耶克的学术创造力。1952 年，《科学的反革命》和《感觉的秩序》两本著作相继出版；1960 年，具有里程碑意义的《自由秩序原理》一书出版。透过这些著作，可以看到一个日渐清晰的经济自由主义分析范式，哈耶克在这些著作中系统阐述了下列观点。

第一，以建构理性主义批判为参照系阐述经济自由主义的认识论基础。揭示了理性的滥用是破坏自由主义传统的思想根源，必须对建构理性主义思潮进行彻底批判，才能重建经济自由主义理念的权威。哈耶克提出，迈向集体主义的运动虽然给人们描绘了美妙的蓝图，但实现这个蓝图却是人类理性能力不能胜任的任务。这些运动的倡导者在根本上误解了人类理性认识社会经济过程的实质，将自然科学的方法不加分析地套用到社会生活领域，陷入了建构理性主义的泥潭。事实上，人类的心智是一个拥有某种分类结构的自组织系统，它赋予我们各种特定的知觉，将纷繁复杂的世界以有组织的方式呈现出来，从而保证人类在进化中能够有效应对复杂多变的环境。从这个意义上讲，所谓的客观秩序不过是一种"感觉秩序"，是人运用有限理性进行思想重建的产物。在哈耶克看来，先哲苏格拉底的名言"承认我们的无知，乃是开启智慧之母"是理解自由主义传统何以必要的一把钥匙。尽管近代以来的科学进

---

[1] 阿兰·艾伯斯坦：《哈耶克传》，秋风译，中国社会科学出版社，2003，第 207 页。
[2] 阿兰·艾伯斯坦：《哈耶克传》，秋风译，中国社会科学出版社，2003，第 210—211 页。

步令人们对知识的积累感到自豪，但个人认知依旧存在不可逾越的限度，知识分工的深化与知识的积累是同一个过程的两面。

第二，依据社会进化的自发性论证自由竞争市场秩序的合理性。哈耶克认为，文明的发展不是一些人有意识设计的结果，而是个人行为在制度、传统、习惯的作用下相互协调的自发进化过程。"人类在历史上所获得的一切伟大的成就都源于下述事实，即人类始终无力控制社会生活。……过去，种种自生自发的发展力量，无论受到多大的限制，通常仍能表明其强大无比，足以抵抗国家所具有的那种有组织的强制性措施。"[①] 文明进化的自发性折射着个人自由的重要性。只有保障个人自由权利，社会经济体才会呈现自由竞争的市场秩序。在这种秩序下，任何个人的行动空间都得到最大程度的扩展，这有力地促进了对分散性个人知识的发现和运用，不同个体的行为也能够实现彼此协调和相互匹配，从而保证社会共同体能有效适应各种未知变化。经济自由保证了众多个体根据不同的目的完成彼此间的经济互动。"正是通过如此这般地使用分散的知识，人们所可能获致的成就方远较一个人的心智所能预见的为大，……一个自由的社会所能使用的知识才会远较最明智的统治者的心智所能想象者为多。"[②]

第三，从保障个人自由的维度论证法治原则的统摄功能。哈耶克认为，要保障个人自由权利，就必须依据法治原则促进社会的自发进化。理解法治原则，必须首先区分外部规则与内部规则。前者是某种组织为规范其组成成员而人为设计的、服务于特定目的的规则；后者是自发进化形成的产物，是社会成员共同认可并遵守的行为惯例的正式表述。内部规则由各种禁令构成，规定了个人行为不得妨碍他人自由的界

---

① 弗里德利希·冯·哈耶克：《自由秩序原理》上册，邓正来译，生活·读书·新知三联书店，1997，第40—41页。

② 弗里德利希·冯·哈耶克：《自由秩序原理》上册，邓正来译，生活·读书·新知三联书店，1997，第30页。

限，用以调节自由平等主体间的行为关系，在形式上是目的独立的且平等适用的。法治原则的真实含义，是对内部规则的尊奉。随着社会的进步，构成内部规则的各种禁令也会相应作出各种调整变更，不存在永恒适用的内部规则条款。各类集体组织特别是国家，其行动必须遵循法治原则，不能侵犯个人自由。就二战后欧美社会发展现状看，法治原则在不断遭到挑战和破坏，这包括满足平等诉求的收入再分配政策、回应民主诉求的少数服从多数决策机制，以及国家实施的各类经济管制政策等。

四、维护自由市场秩序的制度基础

1962 年秋，哈耶克获得德国弗莱堡大学教职，回到阔别已久的欧洲大陆。弗莱堡大学有着悠久的自由主义传统，瓦尔特·欧肯缔造的弗莱堡学派同样秉持自由主义理念，其理论学说和政策主张对战后德国经济发展有着深远的影响。在弗莱堡大学，经济学专业是设置在法学院的，这体现出欧洲大陆学者对法律与经济关系的重视。显然，这种学科设置完美契合了哈耶克的跨学科研究取向。哈耶克曾谈到："当一个人向不具备法学或法制史知识的学生讲授了 30 年经济学之后，他很可能会产生这样的疑问：把法学和经济学研究分开究竟是不是个错误？就我本人而言，虽然我没有多少成文法方面的知识，但我总是很感谢在我开始研究经济学时，只能把它作为法学研究的一部分。"[1] 正是在弗莱堡大学期间，哈耶克完成了《法律、立法与自由》一书主体部分的写作。[2] 在这部比肩《自由秩序原理》的著作中，哈耶克聚焦法律规则和政治制

---

[1] 弗里德里希·冯·哈耶克：《经济、科学与政治：哈耶克思想精粹》，冯克利译，江苏人民出版社，2000，第 11—12 页。

[2] 在写作之余，哈耶克重新整理了一系列前期著述，于 1967 年出版了《哲学、政治学与经济学研究》一书。

度，力图完整勾勒自由竞争市场秩序的制度基础。

沿着"有限理性论"的思路，哈耶克坚持以"进化理性主义"视角认识文明进步史。在他看来，人类的认识只能与实在世界的特定部分发生关联，它只能认识组成实在世界的某一个部分。因此，人类理性从未指导、设计和控制过社会进化过程，真实的社会进化过程必定是自发的。在这个过程中，社会秩序的生成是源于个人对"自由的法律"的遵守。自由的法律，指的是平等适用且目的独立的内部规则。"它们必须是那些适用于在数量上未知的和不确定的人和事的规则。它们也必须由个人根据其各自的知识和目的加以适用；再者，个人对它们的适用亦将独立于任何共同的目的，而且个人甚至无须知道这种目的。"[①]其中，私有财产权是内部规则的核心内容，它为不特定个人的自由行动划定边界，因此必然构成普遍行为规则意义上的法律要素。从这个意义上讲，"法律、自由和财产权，乃是一种密不可分的三位一体"。[②]

按照哈耶克的论证逻辑，承认自发进化秩序与自由的法律间的内在关联，那么，社会主义者和改良主义者追求的"社会正义"就不过是准宗教性质的迷信幻象。哈耶克指出，"社会正义"的实质是以强制手段实现更高程度的分配平等，这不仅会严重威胁自由主义社会的价值观念和法律制度，而且会沦为某些特殊利益集团获得不正当利益的手段。借助国家力量促进"社会正义"的运动，反映了更深层次的自由与民主的紧张关系。在哈耶克看来，自由与民主是两个不同的原则，民主制度可能促进也可能破坏自由制度。不受宪政约束的民主制度，意味着不受内部规则约束的多数派统治，这或早或晚会沦为侵犯少数人自由权利的民主暴政。因此，必须以自由的法律为前提改革现行民主制度，合理区

---

① 弗里德利希·冯·哈耶克：《法律、立法与自由》第一卷，邓正来等译，中国大百科全书出版社，2000，第72页。

② 弗里德利希·冯·哈耶克：《法律、立法与自由》第一卷，邓正来等译，中国大百科全书出版社，2000，第169页。

分立法机构在内部规则和外部规则上的不同权限，应当设立两个不同代议机构分别承担立法职能和政府治理职能。①

　　1974 年，哈耶克与瑞典经济学家纲纳·缪尔达尔同获诺贝尔经济学奖。与哈耶克的主张完全相反，缪尔达尔不仅支持社会主义的若干理想，而且坚信经济管制政策对修正资本主义市场经济缺陷的重要作用。获奖后的哈耶克重新焕发了 20 世纪四五十年代的斗志，频繁赴世界各地出席学术会议，在宣传自由主义理念的同时，激烈批判社会主义和凯恩斯主义。在他那里，整个世界非黑即白，好坏的标准就在于是否信奉自由主义理念。鲜明的斗争姿态确实让哈耶克时常陷入舆论的漩涡，但也增强了自由主义理念的现实影响力。英国时任首相玛格丽特·希尔达·撒切尔夫人曾致信哈耶克表达敬意："过去这几年，我从您那儿学到了很多东西，对此，我很自豪。我希望，您的一些观念能被我的政府付诸实施。作为您最重视的支持者，我确信，我们一定能够成功。"②"很多人非常宽宏地评价我们的政府所取得的成就。……但如果没有那些价值和信念将我们引导到正确的道路、并为我们提供正确的方向，则我们不可能取得一样成就。您的著作和思考给予我们的指导和启迪，是极端重要的；您对我们居功至伟。"③

　　在这一时期，凯恩斯主义干预政策无力解决"滞胀"危机，反国家干预的新自由主义思潮迅速兴起。哈耶克于 1976 年出版了《货币的非国家化》，这可以算作废除凯恩斯主义遗产的"极端方案"。哈耶克一贯认为，自由竞争的市场秩序之所以具有效率优势，在很大程度上应归功于稳定的相对价格体系能有效传递信息，从而对经济中个体的活动发挥全面指导功能。正是基于这一点，哈耶克重视币值稳定，严厉批评凯

---

① 弗里德利希·冯·哈耶克：《法律、立法与自由》第二、三卷，邓正来等译，中国大百科全书出版社，2000，第 299—305 页。

② 阿兰·艾伯斯坦：《哈耶克传》，秋风译，中国社会科学出版社，2003，第 342 页。

③ 阿兰·艾伯斯坦：《哈耶克传》，秋风译，中国社会科学出版社，2003，第 343 页。

恩斯主义通货膨胀政策。在《货币的非国家化》中，哈耶克走得更远，对政府的货币发行垄断权提出质疑。在他看来，由于政府拥有控制货币数量的排他性权利，货币才会不无可避免地出现了贬值。要从根本上解决通货膨胀及相关的财政赤字问题，就必须打破政府发行货币的垄断特权，建立竞争性货币市场，允许私人机构拥有发行替代性货币的自由权利，允许经济当事人自由选择各种不同货币。

1978 年，哈耶克曾打算以"社会主义是真理还是谬误"为题，召集论辩双方知名学者进行公开论战。尽管活动因种种因素未能举行，但哈耶克依旧聚精会神地完成了一部批判社会主义思潮的著作，即 1988 年出版的《致命的自负》。在书中，哈耶克强调，文明的起源和维持有赖于人类社会的"合作扩张秩序"，其通常的称谓是"资本主义"。这种秩序不是人类有意设计的结果，而是自发进化的产物。"它是从无意之间遵守某些传统的、主要是道德方面的做法中产生的，其中许多这种做法人们并不喜欢，他们通常不理解它的含义，也不能证明它的正确，但是透过恰好遵循了这些做法的群体中的一个进化选择过程——人口和财富的相对增加——它们相当迅速地传播开来。这些群体不知不觉地、迟疑不决地、甚至是痛苦地采用了这些做法，使他们共同扩大了他们利用一切有价值的信息的机会，使他们能够'在大地上劳有所获，繁衍生息，人丁兴旺，物产丰盈'（《旧约·创世纪》1:28）。"[1] 在哈耶克看来，不幸的是，在建构理性主义观念影响下，人们开始相信各种集体主义谬见，试图运用科学方法改造旧社会、建立新社会。按照建构理性主义标准，人类社会的合作扩张秩序，以及支撑秩序的传统、习俗、惯例和制度都是"非理性的"、"不科学的"。由此出发，社会主义者将私有财产制度视为万恶之源，建立在私有财产制度之上的市场交换、货币和资本主义生产都是应当被否定和彻底改造的。哈耶克强调，"通过遵守决定

---

[1] F.A·哈耶克：《致命的自负》，冯克利等译，中国社会科学出版社，2000，第 1 页。

着竞争性市场秩序的、自发产生的道德传统（与大多数社会主义者所服膺的理性主义教条或规范不相符的传统），我们所生产并蓄积起来的知识与财富，要大于那些自称严格遵循'理性'办事的人所鼓吹的中央指令式经济所能得到或利用的数量。因此，社会主义不可能达到或贯彻它的目标和计划；进而言之，它们甚至在逻辑上也是不能成立的。"① 在他看来，建构理性主义者鼓吹兜售的全部东西，不过是人类的本能和理性对文明进化史的背叛，但后果却是致命的，这必然造成人类文明进程的衰落和终结。

---

① F.A·哈耶克：《致命的自负》，冯克利等译，中国社会科学出版社，2000，第2页。

第二章　市场经济制度的自发进化逻辑

　　与专业经济学家不同，哈耶克的研究呈现跨学科交叉性研究的显著特征，他的目标是为自由主义传统勾勒一个横贯哲学、经济学、政治学、法学的全景式分析范式。有学者指出，不能割裂作为经济学家的"哈耶克 I"和作为社会哲学家的"哈耶克 II"："哈耶克对自由社会的社会哲学上的解释和他的规则进化理论归根结底是源于他所称的'发现'，即'价格体制是一种信号系统，使人们能够适应事件与环境，即使他们对这些事件与环境一无所知'。"[①]实际上，不同于大多数专业经济学家，哈耶克关于相对价格体系的研究，内嵌着主观唯心主义认识论和个人主义方法论，是融合哲学研究与经济学研究的产物。从这个意义上讲，哈耶克关于经济自由主义理念的论证主线，是跨学科研究所形成市场经济制度的自发进化逻辑，它以特定的认识论、方法论为起点，经由市场秩序的效率优势分析，推导出自由主义制度的进化合理性。

一、基于"感觉秩序"的分散性个人知识

　　有历史学家指出，"在十九世纪后期，生物学提供了比喻的观念及思想方法——实证主义的、决定论的、唯物的——这些特点适合广大知识分子的精神状态，而且看来也易于应用于其它领域。而到二十世

[①] 帕特里克·维尔特：《价格与政策：哈耶克的货币和经济周期理论》，载格尔哈德·帕普克主编《知识、自由与秩序》，中国社会科学出版社，2001，第205页。

纪，物理学的更抽象和不确定的语言吸引着一个对所有旧的定论都持怀疑态度的社会。"[1] 以阿尔伯特·爱因斯坦、尼尔斯·亨利克·戴维·玻尔、纳·卡尔·海森堡和埃尔温·薛定锷等物理学大师的贡献为标志，物理学的新革命冲击着既有的唯物主义认识论，实用主义工具论的影响力不断增强。在物理学研究中，"人们有时讲粒子，有时又讲波。物理学家根据某一理论比另一理论更适合某一实验中得出的事实的情况，以实用主义观点来选择二者之一。不连续性，不确定性，测不准代替了早先明确而单一的解释。"[2] 这种观念变化对哲学思潮产生了深远影响，波普开创了证伪主义以批判实证主义和决定论观念，哲学释义学流派重视意识发生前预先存在的认知视界。[3]

众所周知，米塞斯对哈耶克思想的形成发展有重要影响，哈耶克本人也把米塞斯奉为导师，尽管后者并不是他的正式老师。从米塞斯那里，哈耶克继承了主观唯心主义认识论，这种立场贯穿了哈耶克一生的研究。作为主观唯心主义的信仰者，上述物理学和哲学的新变化引起了哈耶克强烈的共鸣，这进一步强化了哈耶克对主观唯心主义认识论的信念。

1942 年 11 月，哈耶克在剑桥大学伦理科学俱乐部上宣读了他的论文《社会科学的事实》，明确阐述了他所坚持的主观唯心主义认识论立场。在他看来，尽管人们笼统地使用"事实"这一术语，但自然科学和社会科学的分析对象和研究方法是截然不同的。[4] 在社会科学领域，所

---

① H·斯图尔特·休斯:《欧洲现代史》，陈少衡等译，商务印书馆，1984，第 224 页。

② H·斯图尔特·休斯:《欧洲现代史》，陈少衡等译，商务印书馆，1984，第 226 页。

③ 刘放桐:《现代西方哲学》下册，人民出版社，1990，第 749—784 页。

④ Tony Lawson 指出，尽管哈耶克坚决反对实证主义方法在社会科学领域的适用性，但他却将自然科学的大部分阵地留给了实证主义。哈耶克承认，唯一存在的只是"事件"（events）、"感觉经验"（sense-experience）或"感觉特质"（sense qualities），自然科学的任务就是阐述这些事件之间恒久固定的联系。而且，在阐述不同事件之间规律性的过程中，自然科学提供了有关外部刺激（external stimuli）的分类，这种分类标准有别于感觉经验所提供的分类标准。这个对"客体"——我们的感觉已经以一种方式对其进行分类——进行重新分门别类的过程，是自然科学研究过程中最突出的特征。请参阅: Tony Lawson, "Development in Hayek's Social Theorising," in Stephen F. Frowen, ed., *Hayek: Economist and Social Philosopher——A Critical Retrospect*（London: Macmillan Press, 1997）, pp. 127-28.

谓的社会事实，总是主观思想对客体对象进行分类的结果，客体对象的物质属性通常并不构成定义及分类标准，主观思想蕴含着预先存在的分类原则。从这个意义上讲，"社会事实"不是某种与个人动机观念无关的客观实在，而是被观念赋予意义和特征的事实存在。"所有这些客体都不是根据它们所具有的'实在的'特征（real properties）加以界定的，而是根据人们对他们的看法（opinions）进行定义的。简而言之，在社会科学中，事物乃是人们认为的事物。钱之所以是钱，语词之所以是语词，化妆品之所以是化妆品，只是因为某人认为它们是钱、语词和化妆品。"① 对此，Eamonn Butler 评价道，哈耶克视角中的社会是由个人行为组成的，它又可以进一步被简化为个人观念，正是不同的个人观念和行为的相互作用，才产生社会秩序。如果盲目仿效自然科学研究方法，把个人动机、观念等主观性因素排除掉，那么就意味着扔掉了社会科学研究最重要的因素。②

如果哈耶克的阐述到此为止的话，那么这就不过是主观唯心主义传统观点的老调重弹。哈耶克论证的独特之处不在于个人观念赋予社会事实以具体含义这一结论，而在于得出这一结论的具体方式。哈耶克采取了类似于哲学释义学的分析思路，把社会存在和社会意识的关系问题转换为认知结构是否先于感知觉和理性的问题。③ 正如 Tony Lawson 揭示的，即便不是大张旗鼓地宣称，哈耶克至少暗示了如下命题：有意识的行为能够被还原为个人的有意识的目标和欲求，任何社会结构、默示

<hr>

① F. A · 冯 · 哈耶克：《个人主义与经济秩序》，邓正来译，生活 · 读书 · 新知三联书店，2003，第 90—91 页。

② Eamonn Butler, *Hayek: His Contribution to the Political and Economic Thought of Our Time*, （New York: Universe Books, 1985），pp. 132—150.

③ 哲学释义学是在 20 世纪 60 年代兴起的一个重要的哲学流派，其主要代表人物包括海德格尔、伽达默尔和利科等。该学派最基本的观点是，任何自我意识或反思意识发生以前，总是存在某种内涵确定、外延模糊认知视界——如当时的知识水平、传统观念和习惯、文化和社会背景，它为认识全部可能内容规定了范围。也就是说，在具体的认识（解释）开始之前，要认识（解释）的东西已经在我们的世界"观"中了，是我们预先已有的东西。请参阅：刘放桐：《现代西方哲学》下册，人民出版社，1990，第 749—784 页。

技能和类似的依赖于特定条件的知识都是被人认同的产物，任何被再次还原为各种事实和事态的物理性条件，都只能通过概念化的方式才能够对个人的行为发生影响。因此，社会生活的存在依赖于人们所持有的观念、观点。①

沿着哲学释义学思路，哈耶克强调，主观唯心主义才是社会科学研究可靠的认识论基础。他指出，整个外在世界以某种有秩序的形式呈现在我们面前，只是因为我们头脑当中预先存在着一种分类结构，这种分类结构对各种各样的刺激进行筛选、整理和分类，并据此形成各种特定的感知觉，最终再整合成一种能够被理解的图式。可以说，是人类的心智把有组织的世界呈现给我们，世界的秩序就是心智对感觉所做的排序，即一种"感觉秩序"。当人们提及某种社会事实时，实际上已经暗含了某种先在性的知识分类结构。正是依据这种结构，人们才能对纷繁复杂的外界刺激进行分门别类，并由此形成各种感知觉经验和理性认识。"我们假定其他人对某种目的或某种工具、某种武器或某种食品的认识与我们的认识是一样的，正如我们假定其他人就像我们一样也能够知道不同颜色或不同形状之间的差别一般。因此，我们总是会把我们所知道的那种客体分类系统投射到某个其他人的身上，并且依照这种方式对我们实际上看到的他的行动添附其他意义；当然，我们把我们所知道的那种客体分类系统投射到某个其他人的身上，所依据的并不是我们对其他人的观察，而毋宁是因为我们就是根据这些类型来认识自己的。"②简而言之，任何社会性整体都不可能是纯粹客观的、给定的，而是我们的主观意识依据既有的知识分类结构不断进行思想重建的结果。

哈耶克对于先在性的知识分类结构的强调，似乎给人以米塞斯式

---

① Tony Lawson, " Development in Hayek's Social Theorising," in Stephen F. Frowen, ed., *Hayek: Economist and Social Philosopher——A Critical Retrospect* (London: Macmillan Press, 1997), pp. 125–147.

② F. A·冯·哈耶克：《个人主义与经济秩序》，邓正来译，生活·读书·新知三联书店，2003，第96页。

先验论的印象。[①] 但实际上，这种判断是不准确的，哈耶克的观点带有明显的休谟的经验主义思想印迹[②]，且深受波普关于经验性证据检验理论真伪思想的影响。尽管米塞斯的方法在阐明各种已被接受的观念之间的逻辑关系上拥有强大的力量，但它假定了一个封闭的逻辑全域，从而排除了获得来自该全域以外的新知识的可能性。这样，它就预先假定了人类知识总体具有固定不变的性质，排除了知识的积累，而这一点显然和现实相去甚远。[③] 与米塞斯不同的是，哈耶克认为，如果把先在性的知识分类结构看作社会进化的经验产物，那不仅能够极大地增强理论体系的现实解释力，而且有利于引入证伪性检验从而形成科学研究的完整闭环。事实上，哈耶克一直试图说服米塞斯放弃先验论的立场。当他发现这种努力近乎徒劳之后，转而采取了含蓄的方式与米塞斯正面争论。[④] 尽管哈耶克也曾使用"先验"一词，但它完全不同于米塞斯心目中的"无需经验检验而永恒为真"的先验含义。Caldwell B. 指出，在《经济学与知识》一文中，哈耶克的"先验"一词表达的是"分析"的含义，而在《社会科学的事实》一文中，"先验"的含义接近于"内省

---

① S. D. Parsons 和 J. Watkins 认为，哈耶克的主观主义带有先验论的色彩。请参阅：Stephen D. Parsons, John Watkins, "Hayek and the Limitations of Knowledge: Philosophical Aspects," in S. F. Frowen, eds., *Hayek: Economist and Social Philosopher——A Critical Retrospect*（London: Palgrave Macmillan, 1997）, pp. 63–93.

② 哈耶克极力推崇休谟的思想遗产，他强调："我们所必须继承并推进的乃是休谟所开创的工作，他曾'运用启蒙运动自身造就的武器去反对启蒙运动'并开一代先河，'运用理性分析的方法去削弱种种对理性的诉求。"请参阅：弗里德利希·冯·哈耶克：《自由秩序原理》上册，邓正来译，生活·读书·新知三联书店，1997，第81页。

③ Hayek F. A., *Knowledge, Evolution and Society*（London: Adam Smith Institute, 1983）, pp. 17-27.

④ 在米塞斯去世以后，哈耶克曾委婉地批评了米塞斯的先验主义方法论：尽管米塞斯的方法在阐明各种已被接受的观念之间的逻辑关系上拥有强大的力量，但它假定了一个封闭的逻辑全域，从而排除了源于该全域以外的新知识的可能性。这样，它就预先假定了人类知识总体具有固定不变的性质，排除了知识的增长，而这一点显然和现实相去甚远。请参阅：Hayek, F. A., *Knowledge, Evolution and Society*（London: Adam Smith Institute, 1983）, pp. 17-27.

认知法"。①

在《感觉的秩序》一书中，哈耶克首先指出知识分类结构的先在性特征，随后以进化论视角阐述了这种分类结构所具有的经验属性。在他看来，人类的认知活动的进化过程表现出两种并行的特征：第一，人类大脑相同的物理结构使得人类的认知行为拥有共同的基础；第二，对特定环境的反应及不同经验的累积，必然会导致不同个人的认知行为向不同的方向演化，并以相应的方式指导他们各种的感知活动。因此，人类的心智是一个自组织系统，凭借各种神经簇的组合，将外部世界的刺激分类成不同的感知觉，并进而指导自己的行为。

哈耶克把人的中枢神经系统视为一个多元性分类器官，它对每一时刻进入其中的大量刺激因素在许多层面上同时进行持续的类分和再类分过程。而追究起来，这种对无差别的感觉进行类分的活动，实际上又基于先前经验的沉淀。这样，哈耶克实际上暗示着中枢神经系统的类分模式本身处于一个进化过程，对于同一种刺激，变化的类分秩序可能会赋予其不同的经验内容。② 简而言之，正是基于社会进化过程中经验因素的沉淀和对它们的萃取，居于其中的不同个人才拥有了大体类似的知识分类系统，我们才能从自身观念出发准确理解他人行为，并进而做出合理的反应。

在后来的一篇文章中，哈耶克对自己在心理学领域的思考和探索总结道："我的结论是，我们的基本感观属性提供给我们的是一幅不怎么完备的分类地图，它自己的每个单位都只能存在于心理获得的系统中，但却能指导我们在具体环境中做出比较成功的反应。……心理活动是某种独特的生理活动秩序，其中，生理领域的子系统将我们可以称之

---

① Caldwell B., "Four Theses on Hayek," in M. Colonna, H. Hagemann and O. F. Hamouda, eds., *Capitalism, Socialism and Knowledge*（Aldershot: Edward Elgar,1994）. pp.117–159.

② 邓正来：《自由与秩序——哈耶克社会理论的研究》，江西教育出版社，1998，第196—197页。

为有机体的更大范围的子系统（它们是它的组成部分）与整个系统联系在一起，从而使该有机体能够存活。"①

如果说先在性知识分类结构是进化的、经验的产物，那么个人的知行活动就必定是局部的、适应性的、可错的，蕴含于个人知行活动的分散性知识构成了文明进化的真实基础。"所谓整个社会的知识，只是一种比喻而已。所有个人的知识（the knowledge of all the individuals）的总和，绝不是作为一种整合过的整体知识（an integrated whole）而存在的。这种所有个人的知识的确存在，但却是以分散的、不完全的、有时甚至是彼此冲突的信念的形式散存于个人之间的。"② 这类分散性知识不同于科学家发现和掌握的科学知识，它们通常是未经组织整理的，表现为个人依据特定条件有效适应变化的经验性认识。哈耶克指出，这类知识无处不在：无论人们从事何种行业，在他们完成理论培训后还必须学习和了解非常多的实践方面的东西，对这些有关特定环境、特定行业和特定情况的实践性知识的学习，不仅占去了人们工作生涯中相当多的时间，而且也是人们在经济生活中所依凭的宝贵财富。对于掌握相关知识的任何个人来讲，他都具有相对于所有其他人而言的某种知识信息优势，而他根据这种优势来做出的决策，也通常能够保证他获得额外收益。这种相关知识就其对个人境况的改善而言，是弥足珍贵的，对社会进步而言，也是意义重大、不可或缺的。"了解并操作一架未得到充分使用的机器、掌握并使用某个人所具有的可以得到最佳运用的技艺，或者意识到供应品中断期间所能依凭的供应品储备，从社会的角度来看，与了解并掌握更好的可供选择的其他技术有着大体同样的助益作用。一个靠不定期货船的空程或半空程运货谋生的人，或者一个几乎只知道瞬间即逝之机会的地产捐客，或者一个从商品价格在不同地方的差价中获

① 阿兰·艾伯斯坦，《哈耶克传》，秋风译，中国社会科学出版社，2003，第 177—178 页。
② 弗里德利希·冯·哈耶克：《自由秩序原理》上册，邓正来译，生活·读书·新知三联书店，1997，第 22 页。

利的套利人，都是以他们所具有的有关其他人并不知道的那些一瞬即逝之情势的特殊知识为基础而在社会中发挥极大作用的。"①

从分散性个人知识出发理解文明进化过程，必然促使我们将研究重心落到知识分工体系这个问题上。在哈耶克看来，分散性个人知识在社会中的分工问题，应当成为经济学研究的中心议题。能否有效地利用分散性个人知识，或者说能否有效地促进知识分工体系的发展，是不同经济制度之间竞争、变异和适应的依据，是理解市场经济制度具有进化效率优势的关键。

二、自由竞争促进知识的发现与使用

哈耶克认为，自由竞争能有效驱动个人发现和运用知识，它是市场秩序的核心规定性。顾名思义，自由竞争包含自由和竞争两重含义：第一，个人拥有行动自由权，可依据具体条件自由行动以追逐自身经济利益；第二，不同个人的自由行动会形成自发竞争的态势，每个人的行动得失因此取决于其他相关个体的自由行动。从自由竞争出发，哈耶克聚焦分散性个人知识的发现与使用，从社会进化的维度论证了市场秩序的效率优势。

在哈耶克看来，关于分散性个人知识的社会分工问题，是理解经济自由主义传统的关键。尽管这个问题具有显而易见的重要性，但西方主流经济学的静态均衡分析却将其排除在外，新古典经济学的完全竞争理论分析范式根本不涉及如何发现和运用知识。哈耶克认为，传统的静态均衡分析假定主观偏好体系和客观世界知识是给定的，其论证过程实际上是一个同义反复的形式逻辑推理过程，全部结论都隐含在前提条件中而有待经济学家发现。这种静态均衡分析缺乏经验性内容，无法提供

① F.A·冯·哈耶克：《个人主义与经济秩序》，邓正来译，生活·读书·新知三联书店，2003，第121页。

任何有关真实世界经济变化的洞察。究其原因，就在于它对知识的性质及现实的知识分工体系存在重大误解。

哈耶克对知识问题的重视，与当时经济学研究的新发展不无关系。20世纪30年代，许多经济学家试图超越传统的静态均衡分析，如爱德华·张伯伦的不完全竞争理论、富兰克·海尼曼·奈特的风险理论，以及其他关于货币和经济波动的"动态"理论。这些学者发现，"预见和期望"对形成市场均衡具有至关重要的意义。"预见和期望"蕴含着时间因素，它当然是分析市场均衡时不应被忽略的重要因素。哈耶克强调，"只有当一个人持续采取的先后行动都是同一项计划中的一部分的时候，他的这些行动之间才会存有某类均衡关系。……由于均衡是行动间的一种关系，又由于一个人所采取的行动从时间上讲必定是相继发生的，所以显见不争的是，就赋予均衡这个概念以任何意义而言，时间的推移便是至关重要的。……许多经济学家都未能在均衡分析中给'时间'留有一席之地，而且还据此声称均衡必须被视作是一个没有时间性的问题。……这种观点实是一种无稽之谈。"[①]

在完全竞争市场均衡分析中，经济学家通常假定，个人口味偏好和技术水平等数据资料可被所有的经济个体以同等机会获得，人们通过调整其自身行为来逐渐适应彼此的计划。但真实世界中的个人行为均衡——无论是消费者均衡还是生产者均衡，都必定是一个历时性过程，主客观因素的历时性变化决定了作为分析前提的"知识"不可能是给定不变的。从主观主义经验论出发，哈耶克强调，个人制订计划所需的相关资料数据都是其主观经验加工后的产物，能否形成均衡的关键不在于客观事实本身的变化，而在于这种变化是否与主观论据相一致。"事实上，除非我们对符合预期的外部发展与不符合预期的外部发展做出明确的界分，而且除非我们把下述的偏离都界定为一种'变化'，而不

---

① F.A·冯·哈耶克:《个人主义与经济秩序》，邓正来译，生活·读书·新知三联书店，2003，第57页。

管事实性的发展对预期发展的偏离是否意味着某种绝对意义的'变化'（change），否则我们就很难赋予人们常常使用的'（客观）基据发生变化'那个概念以任何明确的含义。比如说，如果季节的变化突然停止了，而且气候也从某个特定的日子起不再发生变化了，那么这肯定意味着我们意义上的那种基据发生了变化，亦即一种与预期相关的变化，尽管从绝对的意义上讲，与其说它意味着一种变化，倒不如说是指变化的缺失（an absence of change）。"① 显然，这样的预期是适应性的、不全面的，它并不要求所谓的"完备知识"假定，个人不需要对每件事情都做出绝对正确的判断。

　　预期指向的是适应未知变化的认知过程，这自然让我们联想到上文引述的哈耶克关于分散性个人知识及其社会分工的论述。在那里，哈耶克勾勒出从认识论研究向市场秩序分析的逻辑过渡过程。"显而易见，如果我们想提出这样一种论断，即在某些特定的条件下，人们将趋近均衡状态，那么我们就必须对这些人将经由何种途径获得必要的知识这个问题做出解释。"② 也就是说，如果均衡表征着市场秩序的效率，那么理解这一过程的关键就是知识的发现与使用问题。

　　由于知识是以分散状态分布于不同个人的头脑中，因此它们必定是服务于当事人行动的"相关知识"。基于主观主义经验论前提，这种"相关知识"必然是局部的、可错的，是在当事人不断调整计划的过程中逐步形成和完善的。就此而言，理解市场秩序的效率优势，不在于分析如何配置"给定的"经济资源，而"毋宁是这样一个问题，即人们如何才能够确使那些为每个社会成员所知道的资源得到最佳使用的问题，也就是如何才能够以最优的方式把那些资源用以实现各种惟有这些个人

---

① F.A·冯·哈耶克：《个人主义与经济秩序》，邓正来译，生活·读书·新知三联书店，2003，第63页。

② F.A·冯·哈耶克：《个人主义与经济秩序》，邓正来译，生活·读书·新知三联书店，2003，第69页。

才知道其相对重要性的目的的问题。简而言之，它实际上就是一个如何运用知识——亦即那种在整体上对于任何个人来说都不是给定的知识——的问题。"[①]

依据新古典经济学的完全竞争理论——至今仍占据微观经济学教材的核心位置，完全竞争是实现市场最优均衡的充分条件。这里的"完全竞争"，通常包括三重内容：第一，存在为数众多的供求双方，任何市场主体都没有能力单独影响价格变动；第二，个人能自由进入退出市场，不存在限制价格和资源流动的阻碍；第三，所有的市场参与者都能完全了解相关因素。在哈耶克看来，这种"完全竞争"完全不同于日常语言中"竞争"的含义，它曲解了市场经济中的真实竞争过程。现实的市场交换中，不同生产者供给的商品总是存在差异。即便是完全同质的商品，只要生产出来后被运送到不同地方销售，由此形成的微小差异也足以造成市场销量和价格的显著差异。正是在这些非标准化商品市场中，竞争显得异常激烈；也正是由于这种竞争，我们才能享受到品种如此丰富的商品和服务。"竞争，从本质上讲，乃是一种动态的过程，但是构成静态分析之基础的那些假设却把这种作为动态过程的竞争所具有的基本特征给切割掉了。"[②]

在考察作为动态过程的竞争时，通常的情况是"只有一个生产者能够以最低成本制造某种特定的产品，而且事实上他也能够以低于相对于他而言的次优竞争者的成本出售他的产品，但是他在力图扩大其市场的时候却常常会被其他竞争者赶上，而后者又会再被某个其他竞争者赶上而无法占领整个市场；当然，这个过程会依此方式不断展开。"[③] 可

①　F. A·冯·哈耶克：《个人主义与经济秩序》，邓正来译，生活·读书·新知三联书店，2003，第117—118页。

②　F. A·冯·哈耶克：《个人主义与经济秩序》，邓正来译，生活·读书·新知三联书店，2003，第140页。

③　F. A·冯·哈耶克：《个人主义与经济秩序》，邓正来译，生活·读书·新知三联书店，2003，第151页。

见，正是在竞争过程中，拥有某些"相关知识"因而适于某种特定工作的那些人，被有效地安排到该项工作中，这意味着这些"相关知识"得到了有效使用。将类似的情形推而广之，可以发现整个市场经济体系的运转必然是一个在竞争中有效使用各类"相关知识"的过程，由此形成的市场均衡才真正意味着经济资源的最优配置。据此，哈耶克提出如下判断："在本质上讲，竞争乃是一种形成意见的过程：通过传播信息，竞争使经济体系达致了统一性和一贯性，而这正是我们在把它视作是一个市场的时候所预设的前提条件。竞争使人们对什么是最好的和什么是最便宜的这两个问题形成了自己的看法；而且也正是因为竞争，人们有可能知道的各种可能性和机会才至少会与他们事实上所知道的一样多。据此我们可以说，竞争乃是一种关涉到基据不断发生变化的过程，因此任何视这些基据为恒定不变之事实的理论都肯定无法洞见到这种过程所具有的任何重要意义。"①

把竞争看作是形成意见的过程，折射的是分散性个人知识的发现和运用。在竞争不断展开的过程中，每个个人都力图发现新的"相关知识"，并力图以最佳方式使用这种知识，从而发现新的生产和消费可能来获取更多经济收益。显然，这个过程要求经济主体拥有行动自由的能力，市场的决策分散于每个个人，他们可以不受强制地自由行动，依据其所处的特定情势做出相应抉择，从而形成不断推陈出新的自发竞争态势。从这个意义上讲，动态竞争就是自由竞争，真正的市场秩序只有一种，那就是自由竞争市场秩序。

众所周知，经济活动是人类最基本的活动，它为实现其他各种目标提供了不可或缺的手段。哈耶克指出："经济自由是一切其他自由不

---

① F.A·冯·哈耶克:《个人主义与经济秩序》，邓正来译，生活·读书·新知三联书店，2003，第155—156页。

可缺少的条件"①，它为个人自由的本质性实现创造了物质前提，是包括思想自由和政治自由在内的其他重要原则的前提和基础。经济自由意味着个人经济行为不受他人专断意志的强制，意味着个人能够按自己的决定和计划开展经济活动。哈耶克认为，与经济自由形成对照的，是作为"恶"的强制，即"一人必须屈从于另一人的意志（他凭藉专断决定可以强制他人以某种方式作为或不作为）的状态"②，"……它阻止了一个人充分运用他的思考能力，从而也阻止了他为社会做出他所可能做出的最大贡献。"③

在哈耶克看来，经济自由是市场秩序逐渐生成的前提条件。市场秩序最早在古代地中海地区初露端倪，那里的人们可以远洋经商，个人有权使用自己的知识，个人有权在获得认可的私人领地安排一切事务，个人可以在不同的社团之间建立商业贸易网络。以经济自由为前提的市场秩序代表着文明的进步，究其原因在于下述事实：个人不可避免地处于无知状态，只能知晓极小部分"相关知识"；保障个人享有经济自由的市场秩序是适应这种无知状况的进化产物，它为不确定的个人提供了最多机会，最大程度上扩展了其行动范围。在这个过程中，"人们在其行动中得以使用的知识方远较个人所拥有的知识为多；甚至远较在智识上有可能加以综合的知识为多；也正是通过如此这般地使用分散的知识，人们所可能获致的成就方远较一个人的心智所能预见的为大。正是由于自由意味着对直接控制个人努力之措施的否弃，一个自由的社会所能使用的知识才会远较最明智的统治者的心智所能想象者为多。"④

---

① 弗里德里希·冯·哈耶克：《经济、科学与政治：哈耶克思想精粹》，冯克利译，江苏人民出版社，2000，第61页。

② 弗里德利希·冯·哈耶克：《自由秩序原理》上册，邓正来译，生活·读书·新知三联书店，1997，第4页。

③ 弗里德利希·冯·哈耶克：《自由秩序原理》上册，邓正来译，生活·读书·新知三联书店，1997，第165页。

④ 弗里德利希·冯·哈耶克：《自由秩序原理》上册，邓正来译，生活·读书·新知三联书店，1997，第30页。

从社会进化的维度看，正是由于个人拥有经济自由，经济生活中的新要素才得以不断涌现，它们或是关于资源使用的新组合，或是关于协调个体行动的新安排和新模式。不仅如此，经济自由还不断创造出个人的新目的，"……人的目标是开放的，而且能够不断产生人们为之努力的新目标；尽管这些新目标一开始只是少数个人的目的，然而随着时间的推移，它们会逐渐成为大多数人的目的"①。通过上述手段和目标的持续创新，自由竞争市场秩序带来了分化与多样性，这当然包括通常的劳动分工和哈耶克强调的知识分工。在哈耶克看来，自由竞争市场秩序"之所以可取，不在于它能保持一切因素各就其位，而在于它能够生成在其他情况下不可能存在的新力量。对有序化水平——即秩序创造并提供的新力量——更有决定性作用的，不是其构成要素的时空位置，而是它们的多样性"②。

相对于生物进化，人类特有的学习过程加速了自由竞争市场秩序下的分化程度，导致多样性迅速发展。正如约翰·斯图亚特·穆勒指出的，"文明就是'人类最为丰富的多样性的发展'"③，"个人对于别人的价值，大多是由于他和别人有所不同。秩序的重要性和价值会随着构成因素多样性的发展而增加，而更大的秩序又会提高多样性的价值，由此使人类合作秩序的扩展变得无限广阔。"④也正是基于分化与多样性发展，市场经济体系呈现一种类似有机体的结构，差异性的经济个体增强了协作程度，群体力量大大超过个人行为的简单加总。我们看到，交流手段，尤其是通讯和运输技术的改进，推动庞大的人口和就业以日益细致的劳动分工形式存在，"劳动不再是同质的生产要素"⑤，劳动生产

---

① 弗里德利希·冯·哈耶克：《自由秩序原理》上册，邓正来译，生活·读书·新知三联书店，1997，第36—37页。

② F.A·哈耶克：《致命的自负》，冯克利等译，中国社会科学出版社，2000，第89页。

③ F.A·哈耶克：《致命的自负》，冯克利等译，中国社会科学出版社，2000，第90页。

④ F.A·哈耶克：《致命的自负》，冯克利等译，中国社会科学出版社，2000，第90页。

⑤ F.A·哈耶克：《致命的自负》，冯克利等译，中国社会科学出版社，2000，第141页。

率的提高，不是源于劳动者数量的增加，而是因为有了更多样的劳动
门类。

三、价格机制对分散性个人知识的整合功能

真实世界中的市场均衡，不仅意味着生产者与消费者各自行为的
自洽，更意味着生产者与消费者的供求行为能够相互契合，后者对于理
解市场秩序甚至更为重要。

在新古典经济学的静态均衡分析中，生产者与消费者的行为自洽
被定义为生产者均衡和消费者均衡，它们在逻辑上先于市场供求均衡，
价格波动引导生产者和消费者在各种均衡状态中理性选择，最终达成供
求数量相等的市场均衡状态。显然，这种分析肯定了价格机制在市场经
济中的重要性，它是联结个人行为均衡与市场供求均衡的纽带之一。但
在哈耶克看来，结论的正确不能掩盖其静态分析的逻辑错误。

作为动态竞争过程的市场均衡，同时也是个人行为逐渐趋于自洽
的过程，二者是同一个硬币的两面，个人经济行为的调整总是在供求相
互作用中完成的。同时，个人经济行为的调整也在不断改变供求相互作
用的状态。在这个过程中，预期的相容性是联结个人行为均衡与市场供
求均衡的主要纽带。任何他人行为都是可供特定个人建立预期的某种资
料数据，个人之所以能前后一贯地执行计划，离不开其对他人特定行为
的恰当预期，市场均衡的实现以不同个人对一系列相关事件的类似预
期为前提。显然，预期的相容性指向的是分散性个人知识的有效整合，
这是自由竞争市场秩序能在社会进化中凭借效率优势脱颖而出的关键
依据。

自由竞争市场秩序如何有效整合分散性个人知识，从而保证经济
资源得到合理的配置？要回答这个问题，需要引入哈耶克关于相对价格
体系功能的独特阐述。正如帕特里克·维尔特指出的，哈耶克非常重视

价格机制在利用分散性个人知识方面的作用，价格机制的存在使得人与人之间的信息知识交流变得极富效率，个人因此能够适应特定的经济变化并做出及时正确的反应。

有效地整合分散性个人认识的前提是信息在经济当事人间的有效传递。"在'当事者'试图使他的决策与更大经济系统的整个变化模式相应合的时候，人们如何才能够把他所需要的更多的其他信息传递给他呢？"[①]哈耶克认为，答案就是自由竞争市场秩序中的相对价格体系，其中蕴含着引导实现个人行为均衡和市场供求均衡的重要信息。"从根本上讲，在一个有关相关事实的知识（the knowledge of the relevant facts）由众多个人分散掌握的系统中，价格能够帮助不同的个人协调他们所采取的彼此独立的行动，就像主观价值（subjective values）可以帮助个人协调他所制定的计划的各个部分一样。"[②]

要理解相对价格体系的真正作用，就必须把它视为一种高效的信息交流与沟通机制，它以最简短的形式将最重要的信息传递给相关的经济当事人。毫无疑问，影响个人经济决策成败的因素必定非常之多，这远远超出了个人认知所能把握的限度。就如何在纷繁复杂的影响因素中以最经济的方式提取出关键性信息，相对价格体系的出现提供了一个解决问题的有效途径。哈耶克指出："就价格体系而言，最具重要意义的一个事实便是它的运转所需依凭的知识很经济，这就是说，涉入这个体系之中的个人只需要知道很少的信息便能够采取正确的行动。一如我们所知，惟有那些最关键的信息才会以一种极为简洁的方式（亦即通过某种符号的方式）传递给他人，而且只传递给有关的人士。把价格体系描述成一种记录变化的工具或一种电信系统（a syetem of communications）

---

① F. A·冯·哈耶克：《个人主义与经济秩序》，邓正来译，生活·读书·新知三联书店，2003，第126页。

② F. A·冯·哈耶克：《个人主义与经济秩序》，邓正来译，生活·读书·新知三联书店，2003，第128页。

并不只是一种比喻，因为这种电信系统能够使单个生产者仅通过观察若干指标的运动（就像工程师观察若干仪表的指针那样）就可以根据各种变化去调整他们的活动。"① 简而言之，相对价格体系反映了各种稀缺资源和商品的相对重要性，经济当事人只需依据相关商品的相对价格变化，而无需过问导致其相对重要性发生变化的原因，就能够做出及时正确的反应。

在哈耶克看来，之所以要重点关注信息传递的效率问题，是因为自由竞争市场秩序立足于现代的资本化生产体系。毋庸置疑，高度的专业化分工是现代社会生产体系的显著特征。哈耶克承袭了奥地利学派的迂回生产理论，进一步阐述了专业化分工背后日益迂回的资本化生产体系。根据迂回生产理论，经济总是一个与时间有关的生产、消费过程，从原料到消费品之间包含了众多迂回的中间环节，原始生产要素只有土地和劳动，资本的作用在于提高土地和劳动的生产力。哈耶克进一步强调，资本扩张不仅仅意味着资本在空间维度的蔓延，更重要的是其在生产结构中的纵向深化。使用资本意味着生产时间的拉长，从最初投入要素到最终消费品的生产过程采取了更为迂回的方式，生产资料被日益从接近消费者的生产环节抽调到远离消费者的生产环节，相应的回报当然是产出的倍增。显然，经济的密集程度及由此形成的生产迂回程度，受制于资本的供给量，可用资本数量决定了技术和生产组织形式的选择，即生产函数的选择。这样的资本化生产，需要一定的准备时间以生产出作为资本的工具和原材料，必要的时间间隔是高度工具化的生产方法和完善的劳动分工得以实现的条件。从这个意义上讲，时间间隔的全部集合就是产出函数，它描述了资本化生产的时间结构。一个经济体的资本密集度越高，生产结构的中间环节就越膨胀，专业化分工网络也就越复杂，生产出最终消费品所要经过的迂回过程当然也就越漫长。

---

① F.A·冯·哈耶克:《个人主义与经济秩序》，邓正来译，生活·读书·新知三联书店，2003，第129—130页。

在资本化生产体系不断发育壮大的过程中，不断提高的专业化分工程度加剧了知识的分散化状态，不断拉长的迂回生产过程加深了知识的传递难度，二者相互迭加意味着协调不同个人经济行为的难度加大。能否以最经济的方式将最关键的信息传递给相关当事人，直接关乎这个庞大复杂的现代生产体系能否顺利运转。正是在这个意义上，相对价格体系的重要性前所未有地凸显出来，它高效传递经济信息的功能维系了资本化生产体系的运转。"现代市场秩序在不断进行自我调整时所针对的事件，当然是任何人都不可能全部掌握的。个人或组织在适应未知事物时可以利用的信息，肯定是不完整的，它们是由一些信号（譬如价格）经过环环相扣的众多个人来传播的，每个人都以不同的组合方式，传递着抽象的市场信号流。但是，整个行为结构倾向于利用这些局部的和零散的信号，适应任何个人都不知道或预见的条件，即使这种适应绝没有达到完美的程度。这就是这一结构得以生存的原因，也是利用这一结构的人得以生存和繁荣的原因。"[1]

如果说相对价格体系是一种高效传递信息的机制，那么这个机制本身的稳定，对于资本化生产体系的顺利运转就变得至关重要。在现代市场交换中，商品和货币构成了交换的两极，货币数量变化对商品价格变动的影响是非常直观的。哈耶克强调，要维护相对价格体系的稳定，必须坚持货币中性原则。在他看来，作为市场交换的必要媒介，货币是表现商品价格的唯一手段，"扮演了市场经济核算的'松散的结果'的角色"[2]。货币数量不仅影响一般价格水平，更重要的是影响不同商品的相对价格水平，进而引起市场供求关系和生产结构的变化。稳定货币数量无非是为了确保相对价格体系稳定，以便能及时准确地反映市场供求关系的真实变动。从这个意义上讲，货币中性的含义不是指货币数量不

① F.A·哈耶克：《致命的自负》，冯克利等译，中国社会科学出版社，2000，第85页。

② 帕特里克·维尔特：《价格与政策：哈耶克的货币和经济周期理论》，载格尔哈德·帕普克主编《知识、自由与秩序》，中国社会科学出版社，2001，第213页。

影响一般价格水平，而是指货币数量对商品相对价格没有影响，从而不会对资本化生产体系的生产方向和数量产生误导。货币管理当局应坚持货币中性原则，警惕"注入效应"对相对价格体系的扰乱和扭曲。①

借助相对价格体系，分散性个人知识相互嵌合形成知识分工体系，相互竞争的个人自由行动联结成一个极具生产效率的有机体系。据此，哈耶克将价格机制称为人类文明进化的奇迹。"价格体系是一个信号系统，它使人们有能力去适应自己原本一无所知的事件和情况；我们整个的现代秩序、我们整体的世界经济以及我们的生活富裕度都建立在我们对未知事件的适应能力上；……我们努力生产的产品最后也要证明是有销路的，惟有依靠那个自动的、自发的信号体系才可能做到这一切，它引导着作为个体的人，并不是为了报答他做过的事情，而是要告诉他应该去做什么事情。"② "正是通过这种价格体系的作用，劳动分工（adivision of labor）和以分立知识（divided knowledge）为基础的协调运用资源的做法才有了可能。……迄今为止还没有人成功地设计出一种替代性体系——在这种替代性体系中，现行的价格体系所具有的某些特征（亦即对于那些最激烈抨击这种价格体系的人来说也是极为可贵的那些特征）仍能够得到维续：比如说，它已然达到的能够使个人选择自己的事业并因此而可以自由的使用他自己的知识和技艺的程度。"③ "市场秩序只是相对晚近的产物。这种秩序中的各种结构、传统、制度和其他成分，是在对各种行为的习惯方式进行选择中逐渐产生的。这些新的规则得以传播，……是因为它们使遵守规则的群体能够更成功地繁衍生息，并且能够把外人也吸收进来。"④

①《新帕尔格雷夫经济学大辞典》第2卷，经济科学出版社，1996，第658页。

② 格尔哈德·帕普克：《知识问题及其影响》，载格尔哈德·帕普克主编《知识、自由与秩序》，中国社会科学出版社，2001，第10页。

③ F. A·冯·哈耶克：《个人主义与经济秩序》，邓正来译，生活·读书·新知三联书店，2003，第132—133页。

④ F. A·哈耶克：《致命的自负》，冯克利等译，中国社会科学出版社，2000，第13页。

四、自由竞争市场秩序的制度基础

哈耶克认为，自由竞争市场秩序的生成和维系，有赖于一系列约束和规范个人行为的法律制度。正如19世纪法学家冯·萨维尼指出的，"每个个人的存在和活动，若要获致一安全且自由的领域，须确立某种看不见的界线，然而此一界线的确立又须依凭某种规则，这种规则便是法律。"[1] 作为一位跨界法学研究者，哈耶克研究法律制度的目的在于维护自由竞争市场秩序，因此其关注的重点在于如何理解"自由法律"。他在著作中，先后使用了"实质性法律"和"内部规则"两个术语，用于指称"自由法律"。在他看来，这些"自由法律"对应于"一般性的、平等适用的法律之治，亦即同样适用于人人的规则之治，当然，我们也可以称其为'法治'（the rule of leges，leges乃拉丁语，原意指'法律'，与'特权'privi-leges相对）。"[2]

哈耶克认为，自由竞争市场秩序在形式上表现为法治秩序，这意味着，经济当事人的行动只受"自由法律"的约束，而无需服务于特定个人或组织的命令。通过界定个人行为的空间——即私域，"自由法律"规范着每个人的"涉他性行为"，从而保障了个人自由行动的实现。从这个意义上讲，"自由法律"是自由竞争市场秩序得以形成的前提和基础。

众所周知，社会中的个体不是孤立的，他们共同处在一个相互制约的关系网络中，不受任何限制的自由是不存在的，任何未加限制的个人自由总要损害其他人的自由。对于社会而言，问题不是单个人应当拥有哪些自由，而是如何保证所有人获得最大的自由，这当然离不开"自

---

[1] F. C. von Savigny, *System des Heutigen Romischen Rechts*（Berlin, 1840），pp. 331–332.

[2] 弗里德利希·冯·哈耶克:《自由秩序原理》上册，邓正来译，生活·读书·新知三联书店，1997，第191页。

由法律"对个人"涉他性行为"的约束和规范。"自由法律"为个人划定了私域，个人在私域中享有确定的权利，可以自由支配各种手段以达致其个人目标。"自由之成为可能，是因为规定了明确的个人权利（例如财产权），并界定了每个人能够把自己所掌握的手段用于个人目标的范围。也就是说，为每个人都规定了一块公认的自由领地。这件事至关重要，因为拥有了自己的东西，不管它多么少，构成了独立个体得以形成的基础，它创造了能够追求具体的个人目标的特定环境。"[①]

哈耶克认为，自由法律"只能是那种抽象且一般意义上的规则，或者是我们所指称的'实质意义上的法律（law in the material meaning）'"[②]。它是在个人之间的互动中自发产生的，它是"目的独立的（independent of purpose）和平等适用的：……它们必须是那些适用于在数量上未知的和不确定的人和事的规则。它们也必须由个人根据其各自的知识和目的加以适用；再者，个人对它们的适用亦将独立于任何共同的目的，而且个人甚至无须知道这种目的。"[③]与"自由法律"不同，还有一些人为设计的法律制度，它们实际上是依附于组织的命令，服务于该组织的某些特定目的，其适用性也根据组织成员的不同角色而有所区别。

从形式上看，"自由法律"表现出抽象性、一般性和确定性三重特征。抽象性意味着这些规则仅仅为个人的行动规定了一些禁止性的条件，只要这些条件不被违背，个人行动到底采取何种具体内容就不会得到限制；也就是说，这种法律规则实际上提供了一种个人行动的一般框架，只要个人行动没有超出这个框架，那么所有的决定就都是由行动者本人做出的。由于这种法律规则是抽象的而不是具体的，因此它在本质上必定是一种长期性的约束措施，它指涉的也只能是未知的情形，而不

① F.A·哈耶克：《致命的自负》，冯克利等译，中国社会科学出版社，2000，第69页。

② 弗里德利希·冯·哈耶克：《自由秩序原理》上册，邓正来译，生活·读书·新知三联书店，1997，第193—194页。

③ 弗里德利希·冯·哈耶克，《法律、立法与自由》第一卷，邓正来等译，中国大百科全书出版社，2000，第72页。

会指涉任何特定的人、地点和物；它的法律效力必须是前涉性的，而绝不可能是溯及既往的。一般性意味着法律面前人人平等。"由于真正的法律不应当指涉任何特定者，所以它尤其不应当指向任何具体的个人或若干人。"① 也就是说，法律制度平等适用于每个行为主体，包括那些制定和实施法律制度的人或组织，任何人和组织都没有被赋予例外的豁免权。如果不满足一般性，那么法律就会将人们类分成不同群体，"如果只是该群体中的人赞同这种界分，那么显而易见，它就是特权；而如果只是该群体外的人赞同这种界分，那么它就是歧视。当然，对一些人是特权者，对于其他人就始终是歧视"。② 确定性意味着法律是公共知识而且是确定的。在哈耶克看来，西方文明的繁荣成就在很大程度上依赖于其法律制度的相对稳定性。在哈耶克看来，"正是这些绝不会诉诸于法院的纠纷，而不是那些诉之于法院的案件，才是评估法律确定性的尺度。……此处的关键要点在于法院的判决是能够被预见的，而不在于所有决定这些判决的规则是能够用文字表述的。坚持法院的行动应当符合先行存在的规则，并不是主张所有这些规则都应当是明确详述的，亦即它们应当预先就——用文字规定下来。……有些'规则'永远不可能被赋予明确的形式。许多这类规则之所以为人们所承认，只是因为它们会导向一贯的且可预见的判决，而且也将被它们所指导的人视作一种'正义感'（sense of justice）的表达"。③

哈耶克拒绝给出"自由法律"的内容清单，其经济自由主义理论缺少一种权利理论作为支撑。尽管如此，哈耶克多次强调了私有财产权在"自由法律"中的核心地位。作为一种政治建制而出现的自由，并不

---

① 弗里德利希·冯·哈耶克:《自由秩序原理》上册，邓正来译，生活·读书·新知三联书店，1997，第191页。

② 弗里德利希·冯·哈耶克:《自由秩序原理》上册，邓正来译，生活·读书·新知三联书店，1997，第192页。

③ 弗里德利希·冯·哈耶克:《自由秩序原理》上册，邓正来译，生活·读书·新知三联书店，1997，第265页。

是人们追求自由、摆脱束缚的结果；恰恰相反，它是人类寻求保护，以便保障私人领地的安全所做出努力的结果。界定个人私域的"自由法律"，"乃是那些在每时每刻都能够对每个人确受保障的领域之边界加以确定并因此能够对'你的'和'我的'（meum and the tuum）做出界分的规则"①。"对财产权的承认，显而易见，是界定那个能够保护我们免受强制的私域的首要措施；……现代人类学也确证了下述事实，即'私有财产权在初民社会阶段就已经极为明确地出现了'，而且'财产权作为一项法律原则，决定着人与其环境境况（不论是人为还是自然的）之间的种种物理关系，而它的种种原初形式则是采取任何文化意义上的有序行动的先决条件'。"②"这种助长了私人目标多样化的秩序，只有在我愿意称之为分立的财产基础上才能够形成，这是梅因对通常称为私有财产的更为准确的用语。……不同的个人或小团体根据他们各不相同的知识和技能追求各自不同的目标的自由之所以可能，不仅是因为对各种生产工具的分散控制，还因为一种实际与前者不可分的做法：对得到同意的转移这种控制权的方式给予承认。"③

"自由法律"一方面约束和规范着个人行动，另一方面也为个人行动提供了必要依据。构成"自由法律"的若干规则都是工具性的，"它们是个人得以运用的手段，而且也为个人行动提供了部分基本依据；……这些基本依据同行动者关于特定时空之情形的知识（knowledge of particular circumstances of time and place）一起，构成了该行动者进行决策的基础"。④"自由法律"为个人的互动行为确立了因果关系，就像

---

① 弗里德利希·冯·哈耶克，《法律、立法与自由》第一卷，邓正来等译，中国大百科全书出版社，2000，第169页。

② 弗里德利希·冯·哈耶克：《自由秩序原理》上册，邓正来译，生活·读书·新知三联书店，1997，第173页。

③ F.A·哈耶克：《致命的自负》，冯克利等译，中国社会科学出版社，2000，第29页。

④ 弗里德利希·冯·哈耶克：《自由秩序原理》上册，邓正来译，生活·读书·新知三联书店，1997，第189页。

自然规律一样，因此对个人的行动产生某种影响："无论是他关于人造法律的知识还是关于自然规律的知识，都能够使他预见到他的行动的后果，并且增进他制定计划的信心。他知道：在其住宅的屋顶上烧火，他的住宅就会被烧毁；他也知道：纵火烧毁邻居的住宅，他就会被捕入监。……"[1]"法律告诉人们哪些事实是他们所可以依赖的，并据此扩展他们能够预见其行动的后果的范围。与此同时，法律也告诉人们哪些后果是他们在采取行动时所必须考虑的，或者什么是他们为此要承担的责任。"[2]

也就是说，"自由法律"为个人提供了一般性知识和行动的基本框架，不同的行动目的和行动方式相应获得了新的特征，个人自由行动能够彼此协调并形成合作关系，分散的个人行动因此造就了社会整体的有序性。哈耶克指出，"如果说法律因此而有助于使个人能够根据他自己的知识而采取有效的行动，而且为了实现这一目的法律也增加了个人的知识，那么我们便可以说，只要人们根据这些规则行事，法律就表现为他们可以加以运用的知识（或过去经验的结果）。事实上，个人根据共同的规则进行的合作，乃是基于知识的某种分工（a sort of division of knowledge），亦即个人自己的具体知识和法律提供的一般性知识之间的分工，前者是指合作者个人必须考虑他的特殊情形，后者则是指法律确使个人的行动符合于他们所在社会的某些一般的或恒久的特性。"[3]对行动者而言，他将会知道如何利用这种特殊的因果关系去实现各种目的。这样，不确定性，尤其是行为的不确定性被降至最低限度，行动者将能够预见到自己行动的后果及他人的大致反应，这就保证了个人能够执行

[1] 弗里德利希·冯·哈耶克：《自由秩序原理》上册，邓正来译，生活·读书·新知三联书店，1997，第190页。

[2] 弗里德利希·冯·哈耶克：《自由秩序原理》上册，邓正来译，生活·读书·新知三联书店，1997，第195页。

[3] 弗里德利希·冯·哈耶克：《自由秩序原理》上册，邓正来译，生活·读书·新知三联书店，1997，第196页。

一以贯之的行动计划，一种独特的社会有序性也由此展现出来。"所谓社会的秩序，在本质上便意味着个人的行动是由成功的预见所指导的，这亦即是说人们不仅可以有效地运用他们的知识，而且还能够极有信心地预见到他们能从其他人那里所获得的合作。"①

在哈耶克看来，这种社会秩序，就是亚当·斯密之后经济学家们所分析论证的自由竞争市场秩序。我们推崇的现代文明在物质方面所取得的成就，源于自由竞争市场秩序在发现和运用知识方面的效率优势，而这又依赖于以私有财产权为核心的"自由法律"。"我们的整个生产规模变得如此之大，完全是因为我们通过各有其主的财产的市场交换过程，能够利用广泛分布的有关具体事实的知识，来配置各有其主的资源。市场是惟一已知的方法，它能够提供信息，使个人可以对他们直接有所了解的资源的不同用途的相对利益加以权衡，并且不管他们是否有此意图，他们能够通过利用这些资源，为距离遥远素不相识的个人的需求提供服务。……因此，分立的财产制度并不是自私的制度。它不是、也不可能是为了把财主的意志强加给其他人而'发明'出来的。相反，它的好处是普遍的，因为它把生产的支配权，从少数不管如何自负知识毕竟有限的个人那儿，转移给一个过程，……它使所有人的知识得到了最大限度的利用，因此使没有财产的人得到几乎和有产者同样多的利益。"②哈耶克提出，回顾历史可以发现，在罗马共和国末期和罗马帝国初期，建立在个人财产绝对观念上的私法体系保证了早期的市场秩序得以扩展；其后，政府对创业自由的剥夺导致市场秩序走向衰落。市场秩序在中世纪晚期的欧洲再度兴起，同样得益于政治无政府状态下财产分立关系的维持和发展。

从社会进化的视角，哈耶克论证了"自由法律"的自发进化属性。

---

① 弗里德利希·冯·哈耶克：《自由秩序原理》上册，邓正来译，生活·读书·新知三联书店，1997，第200页。

② F.A·哈耶克：《致命的自负》，冯克利等译，中国社会科学出版社，2000，第87页。

他指出，"自由法律"是以某些习俗和惯例为基础发展起来的，逐渐得到人民的广泛接受，它不是立法者意图或设计的产物。"人的社会生活，甚或社会动物的群体生活，之所以可能，乃是因为个体依照某些规则行事。随着智识的增长，这些规则从无意识的习惯（unconscious habits）渐渐发展成为清楚明确的陈述，同时又渐渐发展成更为抽象的且更具一般性的陈述。不无遗憾的是，我们对各种法律制度（the institutions of law）的熟悉，却使我们对抽象规则（abstract rules）界分个人领域的方法所具有的精微复杂之奥秘视而不见。……它就如同社会生活赖以为基础的语言、货币、或大多数习俗及惯例一样，几不可能是任何个人心智的发明所致。"① 真正的过程是，"大多数这样的规则，都不是经由主观琢磨而发明出来的，而是通过渐进的试错过程（a gradual process of trial and error）慢慢发展起来的，在这个过程中，正是无数代人的经验才促使这些规则发展成当下这个状况。因此，在大多数情况下，任何人都不知道，也不曾知道致使某一规则具有特定形式的所有原因和所有因素"②。

在"自由法律"的自发进化过程中，法律规则的发展完善离不开法律人——包括法官、立法者、律师和法律知识分子等——刻意审慎的努力。但说到底，这种刻意审慎的努力是发现和确认法律条文，而不是创造法律条文。早在人们力图用语言或文字来表述这种行为规则之前，它就已经成为人际间活动的一种非人格的协调者。人们之所以要把一些既存的习俗和惯例明确表述为成文的行为规则，其真正用意在于求得人们对该既存规则的认可和同意，而不在于制定一项新的行为规则。立法机构不过是对这些规则进行确认，从而使其具有现代意义上"自

---

① 弗里德利希·冯·哈耶克：《自由秩序原理》上册，邓正来译，生活·读书·新知三联书店，1997，第184页。

② 弗里德利希·冯·哈耶克：《自由秩序原理》上册，邓正来译，生活·读书·新知三联书店，1997，第196页。

由法律"的面目。"查士丁尼最终完成的法律汇纂所赖以为基础的古罗马私法，几乎完全是法律人（jurists）发现法律的产物，而且也只在一个很小的程度上才是立法的产物。"①哈耶克提出，在最早确立"自由法律"的英国，法律人普遍相信，普通法不是任何人意志的产物，它对包括国王、法院和立法机构在内的一切权力构成限制，不仅约束法院的活动，而且也很少受到议会的干预。法律人应当依据"相容性标准"来对"自由法律"进行边际修正，以便保证法律系统各要素的一致协调，以及法律规则与所适用事实的相符性。

① 弗里德利希·冯·哈耶克，《法律、立法与自由》第一卷，邓正来等译，中国大百科全书出版社，2000，第128页。

第三章　理性的自负及其社会后果

纵观哈耶克的学术生涯可以发现，他的大半生都是在论战中度过的。也正是通过批判其他理论，哈耶克形成和阐述了其经济自由主义理论。20 世纪 30 年代，哈耶克经历了两次重要论战，一次是 1931—1932 年与凯恩斯的短暂交锋，另一次是 1935 年前后与兰格等社会主义经济学家的论战。以论战为缘起，哈耶克终其一生都在致力于批判凯恩斯主义和社会主义。随着哈耶克研究视野向哲学拓展，这两种经济学批判日渐汇合为认识论批判，形成了所谓的建构理性主义批判。

一、理性对社会进化的认知限度

哈耶克认为，肯定人类社会发展的进化性质至关重要。纵观人类进化史，经济制度的选择以及由此产生的秩序进化，直接源于人们的经验性实践活动。由于一些群体中的人们在经济活动中碰巧改变了规则，因此使得该群体的知识分工更为发达，并在变化和未知的环境中呈现出更强的适应性，在与其他群体的竞争中愈来愈强、蒸蒸日上。

社会进化过程本质上是一种竞争过程，遵循着和生物进化过程一样的自然选择原理，即适者生存、适者拥有繁衍优势的原理。"变异、适应和竞争，不管它们——尤其在繁殖方式上——有怎样的特殊机制，从本质上说都是同样的过程。不但所有的进化都取决于竞争，甚至仅仅为了维持现有的成就，竞争也是必要的。"① 在这个过程中，展开竞争的主体并不是个人，而是不同的种群或社群。社会进化首先表现为某一群体在生存竞争中获得了优势，相对于其他群体更加强盛起来，并最终取代或吸纳了其他群体。

如何有效发现和运用知识，以适应各种未知的境况变化，是社会进化的核心问题。面对资源稀缺且持续变化的未知环境，所有的竞争群体都倾向于提高自身的适应能力，以便应付各种难以预见的事件和无法预知的环境变化。不同于社会达尔文主义者，哈耶克更接近于拉马克主义。他认为，决定种群在社会进化中竞争成败的关键，不是生理性遗传因素，而是获得性社会特征。制度是培育获得性社会特征的重要途径，组成制度的各种行为规则约束规范着个人的涉他性行为。也就是说，一个群体的生存竞争优势的取得，源于该群体秉承了特有的传统和制度，使之能更有效地发现和运用知识，从而更能适应未知的境况变化。

从这个意义上讲，不同群体间的自发生存竞争，同时也是不同制度间的对比、筛选和进化过程。某些制度在种群竞争中脱颖而出，被其他种群模仿、学习和传播，由此逐渐获得普遍性，实现了空间扩散和代际延续。当然，"这个进化过程并不是直线式的，而是在包含着不同秩序的领域不断试错、不断'试验'的结果。……并不存在试验的意图——规则的变化是由历史机遇引起的，它类似于遗传变异，其作用也大体相同。"②

受休谟怀疑论的影响，哈耶克对人类理性的认识能力持怀疑态度。在他看来，个人的知识从来都是很有限的，存在着为数众多的理性无法触及的因素。近现代科学的飞速发展并未改变个人的无知状态，个人理性并未变得全知全能；相反，知识总量增长的另一面是知识分工的不断扩大和深化，这导致个人无知范围的扩大。正如艾尔费雷德·怀特海指

---

① F.A·哈耶克：《致命的自负》，冯克利等译，中国社会科学出版社，2000，第25页。
② F.A·哈耶克：《致命的自负》，冯克利等译，中国社会科学出版社，2000，第18页。

出的："尽管所有的格言书和大人物在演说时都反复强调说，我们应该养成对我们正在做的事情进行思考的习惯，但这却是一个根深蒂固且大错特错的陈词滥调。因为事实表明：文明的进步，乃是通过增加我们毋需考虑便能运作的重大活动的数量而得以实现的。"①

事实上，理性认识从来不是知识的全部。"如果'知识'仅意指个人有意识的和明确的知识（conscious and explicit knowledge），亦即能使我们陈述此事或他事为何的知识，那么将文明的发展与知识的增长等而视之，就可能会造成严重的误导。"②在哈耶克看来，从人类文明发展史的角度考察，除了个人的理性知识外，还存在着另一类经验性知识。显然，文明的传承依赖于一系列重要"工具"，这不仅包括各种有形器具，还包括各种社会性传统、惯例和制度。"我们会不断地使用一些我们并不理解其含义的公式、符号和规则，并且通过对它们的运用，我们还能够得到我们作为个人并不拥有的那种知识的帮助。在这方面，我们已然发展出了一些惯例和制度，然而我们这种成就所依凭的则是那些在其各自领域中被证明为成功的、进而又成为我们文明之基石的习惯和制度。"③哈耶克强调，这些社会性传统、惯例和制度是前人实践活动的结果，蕴含着不同于理性知识的经验性知识。"过去的经验业已融入于我们的环境之中，因此，只有在我们对知识的解释包括了人们对于这些环境所做的一切调适的时候，知识的增长与文明的发展，才是同一回事。"④

哈耶克认为，这类经验性知识是世代累积相传的产物，而不是理

---

① F. A·冯·哈耶克:《个人主义与经济秩序》，邓正来译，生活·读书·新知三联书店，2003，第131—132页。

② 弗里德利希·冯·哈耶克:《自由秩序原理》上册，邓正来译，生活·读书·新知三联书店，1997，第23页。

③ F. A·冯·哈耶克:《个人主义与经济秩序》，邓正来译，生活·读书·新知三联书店，2003，第132页。

④ 弗里德利希·冯·哈耶克:《自由秩序原理》上册，邓正来译，生活·读书·新知三联书店，1997，第24页。

性设计的产物。恰恰相反，理性从来不是完全独立的，而总是以特定历史时期的经验系统作为先在条件。对个人而言，他总是先学习接受了某些传统、惯例和制度，然后才开始进行理性认知。从这个意义上讲，传统、惯例和制度先于理性存在。"学习如何为人处世，与其说是各种见识、理性和理解力的结果，不如说是它们的来源。人并非生来就聪慧、理性而善良，为了做到这一点，他必须受到教育。创设我们道德的并不是我们的理智；相反，是受着我们道德支配的人类交往，使得理性的成长以及同它结合在一起的各种能力成为可能。人能变得聪明，是因为存在着可供他学习的传统，但这种传统并不是源于对观察到的事实进行理性解释的能力，而是源于做出反应的习惯。它主要是告诉人们，在一定的环境下应当做什么或不应当做什么，但并不告诉他肯定能够期待发生什么。"[1]

作为社会进化的产物，由传统、惯例和制度组成的经验系统必然是不断变化的。相应地，以不断进化的经验系统为先在条件的理性认识，也必然具有进化性质。也就是说，理性认知本身是一个不断进化的过程。理性认知的进化性质，导致"个人理性在认识社会生活的作用方面也存在着极大的限度，……它无法脱离生成和发展它的传统和社会而达致这样一种地位，亦即那种能够自上而下的审视它们并对它们做出评价的地位"[2]。哈耶克还认为，由于社会进化的实质是适应未知的变化，因此理性认识无法准确预测社会进化，更不用说控制社会进化了。理性的进化属性决定了理性认识无力指导未来文明的发展方向。文明的演进根本不是理性设计或控制的结果，理性认识甚至从未完整地理解这种过程。

在哈耶克看来，理性认识不过是个人调整其行为的工具，这种工

---

[1] F. A·哈耶克：《致命的自负》，冯克利等译，中国社会科学出版社，2000，第20页。

[2] 弗里德利希·冯·哈耶克：《自由秩序原理》上册，邓正来译，生活·读书·新知三联书店 1997，第14页。

具是"一种'抽象思想的能力',……引导个人在一个他无力充分理解的复杂环境中进行行动，并使他能够把复杂现象抽象成一系列可把握的一般性规则，进而引导他的决策"①。也就是说，在社会交往中，理性认识使个人能够有效发现和运用其专有知识，从而选择一条实现其既定目标的最佳途径。但就社会进化这一整体性问题而言，理性所能胜任的，只是通过分析该整体各部分的相容性，提出边际的、局部的改良建议。

哈耶克特别强调，作为理性认识成果的社会科学理论，并不是对社会进化过程的客观总结，更不可能发现社会进化的规律；它只是提供了关于进化过程中某些结构关系的主观解释，试图解释为什么是某些特定的传统、惯例和制度占据主导地位。当学者谈论一个国家、一个社团、一种语言或一个市场时，实际上他们已经完成了某一思想模式的重建，尽管这种模式是隐藏的、含混的，甚至可能是自相矛盾的。"在社会科学中，事物乃是人们认为的事物。钱之所以是钱，语词之所以是语词，化妆品之所以是化妆品，只是因为某人认为它们是钱、语词和化妆品。"②"对于社会科学研究来说，人之活动的客体是属于同一种类还是属于不同的种类，或者是属于相同的类型还是属于不同的类型，所依据的并不是作为观察者的我们所拥有的关于这些客体的知识，而是我们认为被观察者所拥有的有关这些客体的知识。……我们肯定会通过某种方式把我们有关客体的知识'附加'（impute）给被观察者。"③"当我们讨论那些被我们视作其他人有意识采取的行动的时候，我们一般都会采用类推的方法，亦即根据自己的理解去解释他们的行动；这就是说，我们会把其他人的行动以及他们行动的客体归入到我们只是根据我们自己的

① 弗里德利希·冯·哈耶克:《自由秩序原理》上册，邓正来译，生活·读书·新知三联书店1997，第14页。

② F. A·冯·哈耶克:《个人主义与经济秩序》，邓正来译，生活·读书·新知三联书店，2003，第91页。

③ F. A·冯·哈耶克:《个人主义与经济秩序》，邓正来译，生活·读书·新知三联书店，2003，第92页。

知识而知道的那些类型或范畴中去。"①

哈耶克认为，一旦承认社会科学理论的解释功能依赖于某种思想模式的重建，那么对这些"科学"理论的预测力和规划力，也就不应再抱有不切实际的幻想。众所周知，社会进化过程本质上是适应各种无法预知的变化，未知和变化是进化过程的根本特征。无论是在生物进化还是文化进化中，都不存在一以贯之的"进化规律"或"不可避免的历史发展规律"，社会进化的结果必定是分化与多样性，而决不是同一性。在面对未知变化时，社会科学理论和达尔文的进化论一样乏善可陈。生物学家无法预测哪个物种会在未来生存竞争中获胜，社会科学家也无法预测未来社会的发展方向和道路，当然也就更无法提供指导和规划了。那种企图预测未来社会进化结果并据此实施某些规划控制措施的努力，注定要接受全面破产的宿命。Eamonn Butler 指出，关于社会科学理论的预测力，哈耶克的立场与奥地利学派的传统立场非常接近，完全否定了预测特定未来社会事件的可能性，而只承认预测社会进化中一般性变动模式的可能性，如预测价格管制后出现供给短缺的变动模式。②

哈耶克关于社会科学理论解释力与预测力的分析，清楚无疑地表露出其对社会进化的不可知论立场。"在知识增长的同时，作为人自身创造的结果，对于人有意识的行动会产生重要影响的人的有意识知识的局限、从而也是人的无知范围，亦会不断地增加和扩大。自现代科学发端始，就连最优秀的科学家都承认，'随着科学的发展，公认的无知范围亦会扩大。'……由于我们关于自然的知识的增长会恒久地向我们展现新的无知领域，所以我们依据这种知识而建构起来的文明亦会日呈复杂和繁复，而这也就当然会对我们在智识上理解和领悟周遭世界时造成新

① F. A·冯·哈耶克：《个人主义与经济秩序》，邓正来译，生活·读书·新知三联书店，2003，第96页。

② Eamonn Butler, *Hayek: His Contribution to the Political and Economic Thought of Our Time*, （New York: Universe Books, 1985），pp. 132–150.

的障碍。人类的知识愈多，那么每一个个人的心智从中所能汲取的知识份额亦就愈小。我们的文明程度愈高，那么每一个个人对文明运行所依凭的事实亦就一定知之愈少。"① 在《感觉的秩序》一书的最后一章，哈耶克总结认为，该书的研究在一定程度上揭示了人类关于外部世界的认识是多么有限，个人对于其能够感知的世界的认识存在着一种必然的、无法克服的限度；甚至可以说，我们对于外部世界本身根本就是一无所知，我们所能认识的仅仅是我们能够感知到的经验的世界。在这里，根本没有全知全能智慧的存在空间，人类的认识活动只能是个人的，而个人认知活动得以发生的那种心智秩序又只能是一个不断进化的产物。因此，由此得出的关于社会现象的全部智力成果，也就只能是局部的、可证伪的、不断进化的。如果有人断言能够发现社会运动过程的终极真理，那么这必定是一种武断的结论。

在哈耶克看来，和语言、货币等体系一样，自由竞争市场秩序是社会自发进化的结果，是人类的一种偶然发现。这种经济秩序是在任何权力机构都不知情，甚至与该机构意志相悖的情况下自发形成的。这种秩序的扩展过程，既不是出于任何人的意志，也不是经由任何人的刻意安排组织而发生的。理性没有能力对自由竞争市场秩序进行结果预测，更不用说实行规划控制了。无论是凯恩斯主义干预，还是社会主义计划经济，都是运用理性对自由竞争市场秩序规划控制或彻底改造的尝试。在哈耶克看来，这种尝试是"理性的自负"，其后果是破坏甚至颠覆已有的文明进化成就。

二、凯恩斯主义干预政策的失败

在 1936 年出版的《就业、利息和货币通论》（以下简称《通论》）

---

① 弗里德利希·冯·哈耶克：《自由秩序原理》上册，邓正来译，生活·读书·新知三联书店，1997，第 25 页。

中，凯恩斯提出了以有效需求原理为核心的宏观经济分析框架，进而表达了对国家干预经济以摆脱衰退萧条的肯定态度。依据《通论》的分析框架，国民收入的用途包括消费支出和投资支出，消费支出占比随收入增加而下降，国民收入中的储蓄部分占比相应增大，这自然要求投资支出相应增加，否则会出现储蓄过剩，即资本闲置问题。但市场经济中不存在储蓄转化为投资的自动机制，有可能出现投资小于储蓄的情况，当闲置资本越来越多时，对劳动的需求也随之下降，劳动力市场上出现非自愿失业，整个经济处于非充分就业的经济衰退或萧条。此时，政府应当采取扩张性财政政策或货币政策，刺激总需求来促进经济复苏，进而实现充分就业目标。

尽管凯恩斯本人更看重扩张性财政政策的效果，但后继的凯恩斯主义者却往往对扩张性货币政策青睐有加。一个现实的原因在于，持续的扩张性财政政策必然引起巨额财政赤字，而这又往往最终求助于中央银行的印钞。在凯恩斯主义者看来，货币供应量的增加，能够刺激就业和产出的增长，这是真实有效的经济繁荣。为了维持充分就业，温和的通货膨胀是一种较小的代价。正像联邦德国前总理赫尔穆特·施密特宣称的："宁要百分之五的通货膨胀率，不要百分之五的失业率。"[1]

20世纪70年代，欧美发达国家遭遇"滞胀"危机，凯恩斯主义干预政策在实践中面临两难选择，凯恩斯主义理论遭受了前所未有的批判。作为最早一批反对凯恩斯主义观点的学者，哈耶克成为反凯恩斯主义通货膨胀运动的重要成员，与弗里德曼等学者一起，不遗余力地批判凯恩斯主义货币扩张政策的错误依据和负面效果。

哈耶克认为，凯恩斯主义理论"要求用国民经济的加总形态来描述无数个别利益的经济相互作用，不仅在科学上站不住脚，而且可能危害经济政策。……统计学上所谓总需求、总供给和就业率间的相互关系

---

[1] 帕特里克·维尔特：《价格与政策：哈耶克的货币和经济周期理论》，载格尔哈德·帕普克主编《知识、自由与秩序》，中国社会科学出版社，2001，第219页。

乃是以一种不可取的简化论为基础，全然不符合受价格调控的竞争经济的进化动力学。确切地说，这些关联将导出后果严重的错误结论，尤其危险的是，它们还暗示可以通过政策来计划所期望的国民经济结果。"[①]凯恩斯主义宏观经济学分析"依靠一些可以进行精确计算的数字，这使它乍看上去好像比以往的微观理论更科学，但……它取得的这种虚假的精确性，是以忽视实际支配着经济系统的各自关系为代价的"[②]。

实际上，早在凯恩斯主义理论出现之前，人们就知道，增加货币供应量往往能在短期内提高就业率；决策者之所以没有经常采取扩张性货币政策，是因为他们普遍相信，货币扩张不仅会导致通货膨胀，从长远看还会威胁就业本身的稳定。在哈耶克看来，这种信念的形成，来自微观经济学对价格机制和竞争关系的深刻洞察："虽然微观经济学没有声称得出了宏观经济学夸口能够得出的量化预测，但是我相信，只要我们学会让自己满足于前者更为平实的目标，而不是像宏观经济学那样，为了人为简化目的，倾向于把现实中起作用的一切因素掩盖起来，那么对于支配着经济生活复杂过程的原理，我们至少会有更透彻的认识。"[③]

不同于凯恩斯主义理论对经济总量指标的重视，微观经济学的分析重点是价格竞争机制对个人行为的影响。对于哈耶克而言，要认识货币扩张对宏观经济的真实影响，不能仅关注总需求、就业率、通货膨胀率等总量指标的短期变动，更要关注其对相对价格和竞争均衡的长期影响。从长期看，货币扩张会破坏相对价格体系的信息传递机制，由此造成对竞争均衡状态的扭曲，短期的虚假繁荣难以为继意味着经济衰退必将来临。

---

① 格尔哈德·帕普克：《知识问题及其影响》，载格尔哈德·帕普克主编《知识、自由与秩序》，中国社会科学出版社，2001，第9—10页。

② 弗里德里希·冯·哈耶克：《经济、科学与政治：哈耶克思想精粹》，冯克利译，江苏人民出版社，2000，第185页。

③ 弗里德里希·冯·哈耶克：《经济、科学与政治：哈耶克思想精粹》，冯克利译，江苏人民出版社，2000，第185页。

在哈耶克看来，要理解货币扩张的危害，必须以相对价格变动和资本化生产体系的结构变动为中介，厘清货币数量与经济周期之间的内在联系。有学者指出，哈耶克"发展了货币注入能够对价格的时际格局产生全面的影响这一观念。……（其）主要贡献（1935）以及很多随后的发展，是建立在对经济耗费时间的生产过程做极端程式化描写基础之上的。"①

哈耶克指出，当过多的货币以银行信贷扩张方式注入资本化生产体系中时，生产者收入会增加，但消费者收入将维持不变，这导致相对价格水平和生产纵向结构发生变化：生产者的资本品需求相对扩大并引起资本品价格上升，而消费者的消费品需求相对缩小并引起消费品价格下降；在相对价格变动的引导下，经济资源配置的重心从消费品生产向资本品生产转移，生产迂回过程被拉长。与这种生产纵向结构变动相对应，资本市场的价格被人为压低，市场利率低于自然利率，存在"强制储蓄"。显然，这种变化是经济当事人根据相对价格变动做出的理性决策。由于经济当事人的知识局限性，他们没有能力过滤掉价格中的虚假因素，无法分辨价格变化是源于货币政策的松动还是真实经济条件的改变，只知道根据价格变化来调整自己的行为。短期确实会出现经济繁荣，投资和就业规模都会不断扩张，经济总产出也会不断增大。

但问题在于，受准备金等因素的制约，资本市场上的银行信贷规模不可能无限制扩张。如果在信贷规模扩张停止前，迂回过程更长的生产结构能贯穿资本品生产和消费品生产全过程，那么市场经济就完成了从低级生产向高级生产的跃迁。而通常的情况是，单纯靠注入货币无法有效支撑这种跃迁。现代市场经济的资本化生产体系不仅规模庞大，而且其生产纵向结构极其迂回。只有当经济当事人的消费—储蓄结构发生变化、愿意为投资扩张提供充足信贷时，资本化生产纵向结构才能贯

①《新帕尔格雷夫经济学大辞典》第2卷，经济科学出版社，1996，第659页。

穿到底。一旦银行信贷无法持续扩张，市场利率必然上升而资本预期收益率将下降，生产者的资本品需求规模和资本品相对价格随之下降。与此同时，银行信贷扩张增加的货币量会部分地转化为个人收入，消费品需求规模和消费品相对价格将相应提高。资本品和消费品相对价格的变化，引导资源配置向消费品生产转移，这意味着资本化生产的迂回程度发生逆转，生产纵向结构发生紧缩。但由于资本品的专用性特征，无法完成参与生产的资本设备不可避免地处于闲置状态，资本品生产部门将面临产品滞销、价格下跌、存货积压的困境，由此可能引发连锁反应，造成整个经济滑向衰退泥潭，并在特定时点演变成经济危机。

关于这种经济周期的波动过程，哈耶克曾举例予以形象的说明：一个孤岛上的居民试图建造一架庞大机器，来生产所有的生活必需品。当他们建造一段时间后发现，所有的储蓄和可利用的闲置资本都已用尽，但庞大机器却没有完工，无法生产出生活必需品。现在他们没有别的选择，只能放弃建造庞大机器，转而生产每日的生活必需品。但由于尚未完工的庞大机器中固化了大量资本，因此，岛上的居民只能在没有资本参与的条件下完全凭借劳动进行生产，这显然意味着资本化生产的迂回程度下降，对应的是经济周期性波动的衰退阶段。

哈耶克认为，经济的复苏只能通过市场竞争的自发力量来完成，竞争过程将保证难以为继的资本实现清偿，根据实际的时间偏好和资源供给重新配置资源，使生产结构适应需求结构。过往的经验表明，政府应对经济危机的复苏政策几乎都是不成功的。因为和所有的经济个体一样，政策的制定者也不具备应有的关于经济总体的知识，其制定的政策不仅无助于资本化生产体系的自发调整，反倒有可能加剧迂回生产结构中的不合理因素，危机的程度因此更加恶化，延续的时间也更长。

哈耶克认为，凯恩斯主义的总需求管理只是在特定的情况下，即存在普遍失业的情况下才是正确的。"只要存在着普遍失业的状况，从存在着一切类型的闲置资源这个意义上说，货币扩张就只有好处，对此几乎谁也不会否认。但是，这种普遍失业状态本是一种反常现象，它并不能证明在这种情况下有利的政策，在经济系统大多数时间所处的中间状态下，即严重失业仅仅局限于某些产业、职业或地区的状态下，也一定总是有利的。"① 哈耶克认为，将所有的失业都归咎于总需求不足根本不符合事实。在大多数情况下，失业的出现是由于劳动力分布不符合需求结构，失业是货币收入总量较低的原因非结果。既要维持稳定的高就业状态，又要避免通货膨胀或产量管制，唯一的办法就是让劳动力分布同稳定的收入支出方式相适合。实现这一理想目标，不仅要求需求结构在调整过程中大体保持不变，更要求劳动力在不同产业间能够迅速地便捷地流动。

遗憾的是，"如何形成一种劳动力分布，使得无需人为的刺激便可获得可持续的高就业。这是一种我们根本无法预知的分布状态"②，"我们根本不可能知道，在什么样的相对价格和工资体系中这样的均衡才会自发建立起来。因此，我们无法测算现有价格对均衡状态的偏离程度，而这种偏离正是一部分劳动力的供应无法售出的原因"③。"惟一的发现途径，就是让市场在有可能导致稳定的供需平衡条件下不受阻碍地运行。然而，正是充分就业政策，使我们几乎无可避免地不断干预市场力量的自由运行，使得在这种扩张政策时期供应量会据以自我调整的价格尺度，无法表现为一种持续的条件。"④ 哈耶克认为，凯恩斯主义政策失败的根源，就在于用一刀切式的财政和货币手段去解决并非平均分布的失业问题。实际上，扩张性货币政策只是把越来越多的劳动者吸引到了

---

① 弗里德里希·冯·哈耶克：《经济、科学与政治：哈耶克思想精粹》，冯克利译，江苏人民出版社，2000，第33—34页。

② 弗里德里希·冯·哈耶克：《经济、科学与政治：哈耶克思想精粹》，冯克利译，江苏人民出版社，2000，第38页。

③ 弗里德里希·冯·哈耶克：《经济、科学与政治：哈耶克思想精粹》，冯克利译，江苏人民出版社，2000，第144页。

④ 弗里德里希·冯·哈耶克：《经济、科学与政治：哈耶克思想精粹》，冯克利译，江苏人民出版社，2000，第38页。

只有依赖通货膨胀政策才能存在的行业中，这无疑延迟了劳动力分布的调整过程，甚至有可能加重劳动力分布对需求结构的偏离程度。就此而言，凯恩斯主义货币扩张政策本身就是引起失业的根源之一，这种特殊失业"是由暂时改变需求分布，把失业者和已就业者一起引向那些一旦通货膨胀结束便会消失的职业而引起的。"[1]

或许，在凯恩斯看来，由于存在货币工资向下的刚性，所以只能通过货币贬值这个迂回的方式，来达到降低实际工资进而扩大就业的目的。对此，哈耶克指出，如果从不同部门或地区的工人群体的相对工资水平这个角度考虑，就会发现货币扩张政策的严重后果："在经济发展过程中，不同群体的相对工资注定会发生重大变化。但是，如果任何一个主要群体的货币工资都不下降，相对地位的调整就只能用提高所有其他货币工资来完成。结果必然是货币工资水平的持久高于真实工资的上升，即通货膨胀。"[2]正如事实表明的那样，扩张性经济政策甚至在未实现充分就业这一目标之前，就已经带来了价格和工资螺旋式上升的通货膨胀。

一旦采用了扩张性经济政策来实现短期内就业的最大化，那么通货膨胀的车轮就会倾向于加速运转起来。正如弗里德曼等学者指出的，通货膨胀政策之所以能够暂时性地扩大就业和生产规模，是因为它有效地"欺骗"了经济当事人的价格预期。未预料到的通货膨胀所造成的价格上升，使企业实际获得的利润超过了预期值，从而有可能相应提高就业水平。但问题在于，源于通货膨胀的价格上升早晚会被经济当事人认清，并因此纳入其预期中。面对包含着通货膨胀的预期，货币当局就必须采取更大规模的扩张政策，通过价格的超预期增长来保证"普遍繁

---

[1] 弗里德里希·冯·哈耶克：《经济、科学与政治：哈耶克思想精粹》，冯克利译，江苏人民出版社，2000，第166页。

[2] 弗里德里希·冯·哈耶克：《经济、科学与政治：哈耶克思想精粹》，冯克利译，江苏人民出版社，2000，第56—57页。

荣"的维持。显而易见，这种加速的通货膨胀政策最终会造成固定支出无法预测的迅速贬值，相对价格体系的信息传递功能和经济当事人的理性经济核算将受到严重干扰，市场竞争过程也因此面临混乱无序的风险。从长期看，混乱无序的竞争将不可避免地造成更严重的失业，其结果甚至比它要阻止的情况还要糟糕。

在一个实施货币扩张政策的经济系统内，经济当事人会发现，除了理性经济核算受到干扰以外，其能够自由地从事各种经济活动空间也被大大压缩了，因为伴随着货币扩张政策而来的常常是政府管制的加强。政府会发现，直接控制价格和产量的政策已经势在必行：必须规定最高限价以阻止价格的上升，而由此引发的短缺，又要求不得不动用限量配额政策。一旦政府管制在经济系统中蔓延开来，势必削弱经济当事人的首创精神，缩小其自由行动的空间，市场的自发调节力量因此难免受到抑制。当整个经济系统因为政府管制而日益变得麻木停滞时，一种近乎全速前进的通货膨胀的超常刺激，就必然成为维持该经济系统自身运转的常规方案。这样一来，通货膨胀与政府管制相互影响的恶性循环出现了。

哈耶克强调，就其实质而言，政府管制政策与自由市场制度是根本冲突的："由于这种规定的价格与在自由市场上可能形成的价格不同，所以它们将导致供求关系失衡，而又如果欲使这种价格控制有效，那么政府还必须找到某种方法，以决定什么人应当被允许进行销售或购买活动，而这种决定则必将是一种自由裁量的决断，一定是那种即时的特定的决策，且必定是根据非常武断的理由对人施以区别待遇的决定。一如经验所恰当表明的，价格管制只有通过对数量的控制（亦即由有关当局决定应当允许特定人士或商行购买或销售多少数量的产品）方能有效。然而，一切控制数量的措施的实施都必定是自由裁量的，因为他们并不是根据一般性规则所确定的，而是根据当局对特定目的之相对重要性的判断所确定的。"①总之，"一切数量控制和价格管制的措施之所以与自由制度不相融合，严格来讲，主要有两个原因：一是所有这些控制措施都必定是武断的，二是这些措施不可能以一种市场充分发挥作用的方式加以实施"②。

在哈耶克看来，凯恩斯主义干预政策的流行，使所有西方发达国家都进入了一种高度不稳定状态。"它们被管制得失去了生机，只要一出现改善的信号，所有那些障碍非但不会被取消，反而要求更大的通货膨胀，而这迟早会导致进一步的管制。"③面对这种不稳定状态，各国政府面前有三种选择："让加速度的开放性通货膨胀继续下去，直到它使全部经济活动彻底解体为止；管制工资和价格，这会暂时掩盖依然存在的通货膨胀的作用，但难免会导致集中管理和极权主义的经济体制；最后，果断地终止增加货币数量，这很快会由于实质性失业的出现，使过去多年的通货膨胀所造成、又由另外两种措施推波助澜的对劳动力的误导全部暴露出来。"④

哈耶克大声疾呼，必须与凯恩斯主义干预政策彻底决裂，虽然上述第三种选择确实会带来巨大的短期痛苦，但这种痛苦却是我们必须付出、也是值得付出的代价。

三、社会主义计划经济的谬误

社会主义运动无疑是 20 世纪最重要的社会运动之一。随着苏联等

---

① 弗里德里希·冯·哈耶克：《自由秩序原理》上册，邓正来译，生活·读书·新知三联书店，1997，第 288—289 页。

② 弗里德里希·冯·哈耶克：《自由秩序原理》上册，邓正来译，生活·读书·新知三联书店，1997，第 289 页。

③ 弗里德里希·冯·哈耶克：《经济、科学与政治：哈耶克思想精粹》，冯克利译，江苏人民出版社，2000，第 39 页。

④ 弗里德里希·冯·哈耶克：《经济、科学与政治：哈耶克思想精粹》，冯克利译，江苏人民出版社，2000，第 140 页。

社会主义国家的迅速崛起，集体主义思潮的兴起日益冲击着传统的自由主义理念。依据传统的自由主义理念，以私有财产关系为基础的竞争性市场能够有效调节生产和交换，保证稀缺资源的合理配置。对于这种资源配置方式，深受集体主义思潮影响的学者们显然并不满意。他们主张以集体方式支配现有资源，并通过中央计划机构来全面管理一切经济活动。在他们看来，"仅仅设计一个永久的框架，在其中个人根据他们个人计划指导他们的各种活动，这是不够的。在他们看来，这种自由主义计划就是毫无计划——而且实际上它也不是一个为满足关于谁应该有什么个别观点而设计的计划。我们的计划者所要求的是根据一个单一的计划对一切经济活动加以集中管理，规定社会资源应该'有意识地加以管理'，以便按照一种明确的方式为个别的目标服务。"① 哈耶克指出，这种经济计划完全不同于我们所熟知的个人计划，它是以集体决策为基础关于整个经济过程的全面计划。简而言之，社会主义经济计划是一种排除竞争、消除个人自由选择的计划。

哈耶克认为，仅仅重申个人自由的重要性，还不足以有效捍卫自由主义传统。甚至连爱因斯坦这样伟大的科学家也反对"为利润而生产"的资本主义，赞同"为用途而生产"的社会主义。究其原因，就在于社会主义计划经济承诺更有效率的生产和更公平的分配。因此，要真正有力捍卫自由主义理念，必须在理论上澄清，为什么这种承诺是不切实际的、缺乏效率的。

作为 20 世纪 30 年代社会主义经济核算大论战的发起者，米塞斯最早提出了对社会主义计划经济效率的质疑。他认为，在资本主义市场经济中，以货币表现商品价格是进行合理经济计算的前提条件；但是社会主义计划经济中，并不存在广泛而真实的商品货币关系，人们无法借助货币价格进行理性经济核算，既无法确定某种产品是否符合需要，也

---

① 弗里德里希·奥古斯特·哈耶克:《通往奴役之路》，王明毅等译，中国社会科学出版社，1997，第 40 页。

无法确定该产品生产中是否存在劳动和原材料的浪费，经济计划无法实现稀缺资源的有效配置。[①]哈耶克坚定地站在米塞斯一边，高度评价了他的两个重要判断："第一，惟有在市场定价方式不仅适用于制成品而且也适用于所有中间产品和生产要素的条件下，经济地使用可资获得的资源才是可能的；第二，人们根本就不可能设想出任何其他的能够以一种与竞争市场定价过程相同的方式把所有相关的事实都考虑在内的过程。"[②]

在哈耶克看来，要为米塞斯的上述判断提供强有力的论证，就必须回答两个相互联系的关键问题：第一，社会主义计划经济为什么不是社会发展的必然趋势；第二，社会主义计划经济为什么必然造成经济效率的严重缺失。

哈耶克认为，根本不存在什么引导整个经济秩序从市场转向计划的必然性经济规律，现实的经济计划运动是人们刻意努力的结果。他认为，要理解这一结论，必须认清以下两种流行的错误观念。

第一种流行观念认为，技术进步导致生产集中的趋势，是计划经济取代市场经济的重要依据。持有这一观念的学者强调，"现代的方式在大多数产业中创造了一些条件，使大企业的生产能以递减的单位成本而增加，其结果，大企业到处以低价位挤垮和排斥小企业；这个过程必定持续进行，直到每一个产业中只留下一个或至多几个巨型企业为止。"[③]对于这种看法，哈耶克援引了美国"全国经济临时委员会"关于"经济力量集中化"的研究报告（1941）予以反驳。该报告的结论是："大企业的高效率并未得到证明。被认为是破坏竞争的那种有利条件，

[①] 路德维希·冯·米塞斯：《社会主义制度下的经济计算》，载外国经济学说研究会编《现代国外经济学论文选》第 9 辑，商务印书馆，1986，第 60—67 页。

[②] F. A·冯·哈耶克：《个人主义与经济秩序》，邓正来译，生活·读书·新知三联书店，2003，第 208 页。

[③] 弗里德里希·奥古斯特·哈耶克：《通往奴役之路》，王明毅等译，中国社会科学出版社，1997，第 48 页。

在许多领域内并未显示出来，大规模的经济，在它们存在的地方也并不一定产生垄断，……对效率来说最合适的一种或几种规模，可能在大部分供给量受这种控制的支配以前很久就达到了。大规模生产的有利条件必定不可避免地导致竞争的消灭这个结论是不能接受的。并且，应当注意，垄断的形成常常是规模大成本低以外种种因素的结果。它通过互相串通的协定而形成并为公开的政策所促进。"①

第二种流行观念认为，由于社会经济结构变得越来越复杂，因此需要以有序的计划经济取代无序的市场经济。持有这一观念的学者主张，现代工业文明已发展到如此复杂的程度，不断涌现的新问题导致社会经济生活混乱无序，只有通过集中性经济计划才能保证社会经济的有序发展。对于这种主张，哈耶克反驳认为，社会经济结构越是复杂，市场竞争的调节效果越是明显，"如果条件是如此简单，以致只要一个人或一个机关就足以有效地观察到所有有关事实的话，那么要实行有效的控制或计划就根本不会有什么困难。只有在必须考虑的因素如此复杂，以致不可能对此得到一个概括的印象的时候，才使分散的权力成为不可避免。但是，一旦分权成为必要，调节的问题就发生了——这种调节就是让各个企业单位调节它们自己的活动去适应只有他们才知道的事实，进而促成他们各自计划的相互调整"②。"可以毫不夸张地说，如果我们曾经必须凭借有意识的集中计划发展我们的工业体系的话，我们就绝不会达到它现在达到的这样高度的多样性、复杂性和灵活性。"③

哈耶克认为，对于大多数社会主义学者而言，对计划经济的热情憧憬，不仅仅是基于分配正义的考虑，更重要的是基于社会生产效率的

① 弗里德里希·奥古斯特·哈耶克:《通往奴役之路》，王明毅等译，中国社会科学出版社，1997，第49页。

② 弗里德里希·奥古斯特·哈耶克:《通往奴役之路》，王明毅等译，中国社会科学出版社，1997，第52页。

③ 弗里德里希·奥古斯特·哈耶克:《通往奴役之路》，王明毅等译，中国社会科学出版社，1997，第53页。

考虑。在他们看来，相比于资本主义市场经济，社会主义计划经济能更有效地配置各种稀缺资源，以更有效率的方式生产出更大数量的产品。哈耶克强调，要驱除社会主义计划经济的谬误，必须充分证明社会主义计划经济在提高社会生产效率方面的无能。社会主义者"在有关这些资源的知识如何产生、如何能够产生以及如何才能得到利用的问题上，犯下了事实方面的错误。……社会主义不可能达到或贯彻它的目标和计划；进而言之，它们甚至在逻辑上也是不能成立的"[1]。哈耶克认为，要解析上述错误，需要回答三个层层递进的关键问题：第一，社会主义计划经济为什么离不开相对价格体系；第二，作为经济计划的产物的"人为相对价格体系"为什么必然偏离理性经济核算；第三，社会主义计划经济中的行为主体为什么表现出低效的理性行为。

哈耶克强调，一个社会所面临的经济问题不同于工程问题。工程师所面临的问题是，给定某种生产要素或产品的生产指标，如何选择成本最小化的生产方式。经济问题则完全不同，如何对各种生产要素和产品的优先级进行排序，本身就是需要解决的问题，它在逻辑上先于如何以成本最小化方式利用生产要素生产产品。"一旦人们为了追求不同的目的而竞相需求那些可资获得的资源，经济问题便产生了。判断经济问题存在与否的标准，乃是人们在生产过程中必须加以考虑的成本问题。"[2] 需要注意的是，这里的成本"意指的只是把特定的资源用于其他方面所会产生的利益"[3]，即经济学中的"机会成本"概念，其中的比较权衡是某种生产要素或产品的多种可能性收益。

要解决经济问题，就必须对各种生产要素和商品的相对重要性进行赋值。哈耶克指出，边际革命以来的经济学发展表明，借助"价值"

---

[1] F. A·哈耶克：《致命的自负》，冯克利等译，中国社会科学出版社，2000，第 2 页。

[2] F. A·冯·哈耶克：《个人主义与经济秩序》，邓正来译，生活·读书·新知三联书店，2003，第 181 页。

[3] F. A·冯·哈耶克：《个人主义与经济秩序》，邓正来译，生活·读书·新知三联书店，2003，第 181 页。

进行理性经济核算，是现代社会取得经济发展奇迹的必要条件。"只要存在理性行动，价值问题就一定会存在；……一致同意的共同的价值序列根本就是不存在的，……世界上根本就不存在任何能够使我们对不同个人的需求所具有的相对重要性进行比较或评估的科学标准。"① 赋值的结果，就是我们所熟知的相对价格体系，它是各种生产要素和商品的相对重要性排序。

社会主义计划经济要有效地解决经济问题，同样绕不开关于"价值"的理性经济核算，同样需要借助相对价格体系来表现不同资源的稀缺性程度和不同个人的主观偏好排序。米塞斯在《社会主义社会中的经济计算》（1920）一文中指出："理性计算的可能性乃是以这样一个事实为基础的，即经由货币表现出来的价格为这种计算的可能性提供了基本条件。"② 米塞斯提出，社会主义者欣赏"为用途而生产"的口号，但他们没有看到，"只有按照市场价格进行核算和分配，才能够使我们发现的资源得到集约化的运用，引导生产服务于各种生产者无法想到的目的，使每个人都能有效地参与生产交换。"③ 只有借助利润这个衡量资本供求关系的价格指标，资源在不同产业、不同生产单位之间的合理配置才成为可能。"从本质上说，这是一个能够节约出多少正在增加的生产资源、提供给和当前的需求有冲突的遥远的未来的问题。当亚当·斯密思考这种资本的个人所有者所面对的问题时，意识到了这个问题的典型性，他写道：'他能够把自己的资本用于哪些类型的国内产业呢，其中哪一种产品有可能最值钱呢？显然，处在自己环境中的个人所做出的判断，要比任何政治家或立法者为他们做出的判断好得多。'"④

---

① F. A·冯·哈耶克：《个人主义与经济秩序》，邓正来译，生活·读书·新知三联书店，2003，第200—201页。

② F. A·冯·哈耶克：《个人主义与经济秩序》，邓正来译，生活·读书·新知三联书店，2003，第208页。

③ F. A·哈耶克：《致命的自负》，冯克利等译，中国社会科学出版社，2000，第64页。

④ F. A·哈耶克：《致命的自负》，冯克利等译，中国社会科学出版社，2000，第99页。

　　哈耶克指出，面对米塞斯的质疑，几乎所有的社会主义者都选择放弃"实物计算"，承认"价值计算"的必要性。但大多数学者仍然坚持，社会主义计划当局有必要制订一种不同于市场自发价格的"人为相对价格体系"，用以引导经济资源的配置，使之符合分配正义原则。正是在这一问题上，哈耶克的批判更具原创性，也更具现实穿透力，他也因此成为继米塞斯之后的新领军人物。哈耶克指出，中央经济计划机构不是全知全能者，同样面对如何有效发现和运用分散性个人知识的问题，"人为相对价格体系"必然扭曲真实的供求关系，在此基础上实施的全盘经济计划无法满足理性经济核算的要求，其结果必然是经济效率的严重缺失。

　　哈耶克认为，主张以经济计划代替市场竞争的学者没有看到现代社会的知识分工特征，他们执著于新古典经济学静态均衡分析的"完备知识"假定，认为中央经济计划机构可以轻而易举地根据"客观要求"合理确定不同生产要素和产品的交换比率，生产者也可以明确地知晓任何有关生产成本的变动。但实际情况正好相反，"完备知识"不是经济活动的起点，而或多或少是市场自由竞争的结果。以指令性经济计划取代市场自由竞争，意味着中央经济计划机构必须承担起分散性个人知识的发现和整合功能，这远远超出了这类机构的理性认知范围。

　　一方面，中央经济计划机构需要搜集数量巨大的资料数据，不仅包括各种生产要素实际使用状况的资料数据，而且包括各种产品数量及有关技术性质的全面描述，还包括关于不同种类产品数量的相对重要性的资料数据。在哈耶克看来，仅仅是收集这些资料数据的任务就"已经超出了人之能力所可能企及的限度"[1]。另一方面，中央经济计划机构还必须对这些资料数据进行加工，计算出各种产品的均衡价格及其对应产量。"在一个比较发达的社会里，这些产品的数量级别至少是成千上万

---

[1] F. A·冯·哈耶克：《个人主义与经济秩序》，邓正来译，生活·读书·新知三联书店，2003，第 226—227 页。

的。这意味着，在每一个持续不断的时点上，每一项决策都必须以求解联立微分方程式的平均数为基础，……从我们当下（1935 年）所拥有的任何已知手段来看，这样一项任务实是我们一生都无法完成的。"[①]

如果经济运行只是重复的静态循环，那么中央经济计划机构可以采取历时性试错法克服上述资料数据收集和计算困难。然而，不可预见的变化才是经济发展的常态，也只有这种变化才能引发"真正的经济问题"。技术变化、消费者偏好变化、气候变化、人口数量和健康状况变化、矿藏资源的发现或耗尽等，都使得历时性试错法不具备时效性，一项经济计划在尚未有效调整经济体系实现均衡之前就已经变得过时，中央经济计划机构不得不改变甚至重新制订计划。这样的经济计划必然造成资源配置严重偏离均衡状态，其实际效果不仅与承诺的最佳资源配置目标相去甚远，而且也无法媲美市场自由竞争条件下的资源配置状态。

为了避免上述困境，一些社会主义者主张生产资料公有制与市场竞争的结合，利用企业间的竞争发现相对价格体系以实现资源合理配置。他们指出，"在独立企业家之间或者个体企业管理者之间应当存有市场和竞争，……但是，这些企业家却不应当是他们所使用的那些生产资料的所有者，而应当是领取薪水的政府官员；他们根据国家的指令行事，而且他们从事生产的目的也不是为了利润，而是为了能够按照正好收回成本的价格出售这些产品。"[②] 对此，哈耶克强调："这种制度充其量只是一种准竞争的制度，这是因为在这种制度中：第一，真正负责的人并不是企业家而是那些批准企业家决策的政府官员；因此第二，所有棘手的难题实际上都是因创新自由及责任判定这两个问题的不明确而产生

[①] F. A·冯·哈耶克：《个人主义与经济秩序》，邓正来译，生活·读书·新知三联书店，2003，第 227 页。

[②] F. A·冯·哈耶克：《个人主义与经济秩序》，邓正来译，生活·读书·新知三联书店，2003，第 234 页。

的，而这两个问题的存在又往往是与官僚制度紧密联系在一起的。"①

　　在这里，哈耶克对社会主义计划经济的批评，由对理性经济核算的质疑过渡到对经济发展动力的质疑。"这种质疑的关键并不在于一个中央权力机构是否能够按照合理的方式决定所有的生产问题和分配问题，而毋宁在于相关的责任和相关的决策是否能够成功地交由那些既非所有权人亦非对自己所负责的生产资料享有直接利益但却彼此竞争的个人去承担。……个体管理者——他们在上述建议的方案中代表社会行使社会所享有的各项财产权——是否会恪尽职守并竭尽所能地去为社会成员的共同目的服务呢？"②

　　哈耶克指出，在资本主义市场经济中，企业家负责投资与经营的决策，他们在获得潜在收益的同时也承担相应风险，收益与风险通常是相互匹配的。哈耶克认为，但在社会主义计划经济中，企业管理者服从于中央经济计划机构的指令，这造成投资与经营的收益无法与风险匹配。在一个排斥市场的计划秩序中，价格由中央经济计划机构确定，企业管理者不可能通过价格竞争的方式取得生产优势。这导致企业管理者丧失对技术革新的兴趣，这当然意味着较高的生产成本。同时，经济资源的处置权实际上处于一种分割状态，企业管理者在规定的合同期内有权管理被委托的企业，但所有新的投资仍由中央经济计划机构做出。在这种情况下，几乎不可能正确评价企业经营中出现错误的责任归属，当然也就不存在评价企业管理者成功与否的合理标准。在这种条件下，企业管理者极有可能采取风险厌恶型行为模式，"这将导致一种偏好安全企业而非风险性企业的趋势。……在资本主义制度中，资本的损失也可能意味着资本者地位的丧失，但是可能获益这一吸引力却始终是抵御

①　F. A·冯·哈耶克：《个人主义与经济秩序》，邓正来译，生活·读书·新知三联书店，2003，第254页。

②　F. A·冯·哈耶克：《个人主义与经济秩序》，邓正来译，生活·读书·新知三联书店，2003，第235—236页。

这种威慑力的因素。然而在社会主义制度中，这种吸引力却是不可能存在的；我们甚至还可以想见这样一种情况：人们普遍不愿意从事任何风险性买卖的趋势完全有可能把利率降到近乎于零的地步。……如果这种情况仅仅是因为人们都沉醉于各种绝对安全的投资途径所致，那么这种情况的出现就是以牺牲所有尝试那些未尝试过的新方法的做法为代价的。"①

总而言之，哈耶克认为，社会主义者主张的全盘经济计划，尽管口头上宣称要克服资本主义市场经济的缺陷，但它不过是建构理性主义的空想，社会主义计划经济实践无法避免严重的效率缺失，与相比于自由竞争市场经济的巨大成就相比，集中性的社会主义计划经济将是一场严重的历史倒退。

四、理性的自负通往奴役道路

前文列举了哈耶克的多处论述，他认为，由于个人认知活动的有限性，以及由此形成的知识分工状态，使得自由主义原则成为现代社会得以存续的必要条件。"主张个人自由的依据，主要在于承认所有的人对于实现其目的及福利所赖以为基础的众多因素，都存有不可避免的无知（inevitable ignorance）。……为了给不可预见的和不可预测的事象提供发展空间，自由乃是必不可少的；……正是因为每个个人知之甚少，而且也因为我们甚少知道我们当中何者知道得最多，我们才相信，众多人士经由独立的和竞争的努力，能促使那些我们见到便会需要的东西的出现。"② 自由造就了自发竞争态势，这为不确定的个人提供了最多的机

① F.A.冯·哈耶克：《个人主义与经济秩序》，邓正来译，生活·读书·新知三联书店，2003，第251—252页。

② 弗里德利希·冯·哈耶克：《自由秩序原理》上册，邓正来译，生活·读书·新知三联书店，1997，第28—29页。

会，赋予行动主体以最大可能性，使之有可能知悉那些为其他人所未意识到的事实。通过自发竞争过程，"人们在其行动中得以使用的知识方远较个人所拥有的知识为多，甚至远较在智识上有可能加以综合的知识为多；也正是通过如此这般地使用分散的知识，人们所可能获致的成就方远较一个人的心智所能预见的为大。正是由于自由意味着对直接控制个人努力之措施的否弃，一个自由社会所能使用的知识才会远较最明智的统治者的心智所能想象者为多"①。

哈耶克认为，"经济学家和政治哲学家的思想，不论正确与否，都要比人们通常所理解的力量大。事实上，这个世界就是由极少数思想统治的。……既得利益群体的力量，与思想所具有的那种潜移默化的力量相比较，可以说被大大地夸大了。……无论是早还是晚，无论是好还是坏，危险的始终是思想，而不是既得利益群体。"②在哈耶克看来，伴随着文明的进步，知识分子越发对自己的理性认知能力感到自负，他们憧憬着通过彻底的变革来谋求更大的进步。在他们看来，传统的自由主义行动框架已经落伍了，是时候完全打碎并更换它了。他们主张以"新自由"取代传统的个人自由，"新自由"是将人类从必然性中解脱出来的自由，它的来临将是人类社会从必然王国向自由王国的飞跃。哈耶克认为，无论是凯恩斯主义干预政策还是社会主义计划经济，都是知识分子为追求"新自由"而有意识谋划的产物。实现"新自由"，要求以"财富分配平等"取代"法律面前人人平等"，即事后的结果平等取代事前的机会平等，这必然需要借助于某种强制力量采取集体行动。国家无疑是现成的工具，而社会主义计划经济则当然是最典型、最完整的国家集体行动。

赞同社会主义计划经济的学者强调，即便集中性计划经济存在效

---

① 弗里德利希·冯·哈耶克：《自由秩序原理》上册，邓正来译，生活·读书·新知三联书店，1997，第30页。

② F. A·冯·哈耶克：《个人主义与经济秩序》，邓正来译，生活·读书·新知三联书店，2003，第159页。

率缺失问题，它仍能解决收入分配不平等问题，这符合公共利益，能够提升社会福利水平。哈耶克反驳认为，"公共利益"、"社会福利"只是虚幻的、没有真实含义的政治口号。他认为，要完成公正分配的任务，中央经济计划机构必须预先构造一个完整的价值序列表，社会成员的每种需要在该序列表中占有一个等级。"简而言之，它预先假定存在一个完整的伦理准则，其中人类的各种不同的价值都适得其位。"[1]哈耶克认为，即便想象这样一整套伦理准则也是非常困难的。如何进行公正的分配，是中央经济计划机构在实践中始终无法回避的一个道德难题。

哈耶克指出，不同个人在个性特征上存在巨大差异，允许个人在法律框架内自由行动，往往意味着作为行为结果的财富分配格局无法实现绝对平等，要实现这种绝对平等，唯有借助于国家强制力实施差别性待遇，中央经济计划机构的决策必定是针对特定情境给予不同经济主体以差别待遇，"它不能事先用一般性的形式规则约束自己以防专断。……并且在做出这些决定时，常常必须对各种人和各个集团的利害逐个地予以比较权衡。"[2]哈耶克强调，有意识地差别对待不同个人，意味着根据某种标准赋予不同个人以相应特权，这是对传统的个人自由权利的否定。由此，哈耶克得出结论：不同个人和集团应当获得何种地位的问题，变成最重要的核心政治问题。由于只有国家强制权力可以决定"谁应得到什么"，所以唯一值得掌握的权力就是参与行使国家管理权。迟早，"一切的经济问题或社会问题将都要变成政治问题，因为这些问题的解决，只取决于谁行使强制之权，谁的意见在一切场合里都占优势。"[3]"在一个政府是惟一的雇主的国家里，反抗就等于慢慢地饿死。

---

① 弗里德里希·奥古斯特·哈耶克:《通往奴役之路》，王明毅等译，中国社会科学出版社，1997，第60页。

② 弗里德里希·奥古斯特·哈耶克:《通往奴役之路》，王明毅等译，中国社会科学出版社，1997，第74—75页。

③ 弗里德里希·奥古斯特·哈耶克:《通往奴役之路》，王明毅等译，中国社会科学出版社，1997，第105页。

'不劳动者不得食'这个旧的原则，已由'不服从者不得食'这个新的原则所代替。"①哈耶克认为，在这样一个社会中，仅仅为了便于政府管理，多样性的人类能力和倾向就将被简化为几种容易相互交换的单位，而其中一些"次要的"差别将被有意识的忽视。哈耶克提出，尽管中央经济计划机构宣称人不再是工具，但事实上，由于对个人自由权利的剥夺，个人不过是推行"社会理想"的工具。②

在哈耶克的经济自由主义分析范式中，对个人自由的保障是以法治原则的确立为前提的，"法治的基本点是很清楚的：即留给执掌强制权力的执行机构的行动自由，应当减少到最低限度。……在已知的竞赛规则之内，个人可以自由地追求他私人的目的和愿望，肯定不会有人有意识地利用政府权力来阻挠他的行动。"③哈耶克认为，在社会主义计划经济中，伴随着个人自由的丧失，法治原则也将变成徒有其表的空壳。哈耶克认为，尽管中央经济计划机构的决策可能采取法律的形式，但这种法律不是反映法治精神的"自由法律"，而是国家专断性决策行为的法律表现。"如果法律规定某一部门或当局可以为所欲为，那么，那个部门和当局所做的任何事都是合法的——但它的行动肯定地不是在受法治原则的支配。通过赋予政府以无限制的权力，可以把最专断的统治合法化。"④

哈耶克进一步指出，废弃法治原则还会导致民主的衰落。他认为，在一个实施集中性经济计划的社会中，为了保证计划的连贯一致，中央经济计划机构倾向于集立法权和统治权于一身，并且要求一种不受任何

---

① 弗里德里希·奥古斯特·哈耶克:《通往奴役之路》，王明毅等译，中国社会科学出版社，1997，第116页。

② 弗里德利希·冯·哈耶克:《自由秩序原理》上册，邓正来译，生活·读书·新知三联书店，1997，第106页。

③ 弗里德里希·奥古斯特·哈耶克:《通往奴役之路》，王明毅等译，中国社会科学出版社，1997，第74页。

④ 弗里德里希·奥古斯特·哈耶克:《通往奴役之路》，王明毅等译，中国社会科学出版社，1997，第82—83页。

规则限制的权力。然而，权力高度集中的背后依旧是各种利益集团的激烈竞争，利益交换和妥协将主导计划的制订和实施，民主将沦为多数派——相关利益集团的临时同盟——推行暴政的工具。而且，从长远看，通过多数投票的民主方式制订和实施经济计划，必定缺乏管理效率。"议会渐渐被视为'清谈馆'，不能或无力贯彻他们被选出担负的任务。人们越来越相信，倘若有效的计划要落实的话，管理必须要'与政治分家'并交由专家——常设的官员或独立自主的机构——掌握。"①这样，将特别的技术性任务授予各个相关机构，就成为一种正常而普遍的现象。然而，分别授权隐含着各个局部性计划无法相互衔接的风险，对计划完整性的呼唤有可能让国家权力旁落到某个不受民主原则控制的官僚机构手中，其结局是独裁取代民主。"独裁是强制推行各种理想的最有效的工具，……集中计划要在很大程度上成为可能的话，独裁本身是必不可少的。"② "着手计划经济生活的民主主义的政治家很快就会面临这样的选择：是僭取独裁权力，还是放弃他的计划，而极权主义的独裁者不久必定会在置一般的道德于不顾和遭受失败之间作出选择。"③

至此，我们可以看出哈耶克的结论：在一个全盘实行计划的社会主义社会中，法治原则的消亡和民主体制的蜕变，意味着个人自由只能是特权者的奢侈品。一个不能保障个人自由的社会，将严重缺乏引起分化与多样性的能力，社会进化难以创造出异己的新生力量，永久的停滞将不可避免。对于大多数个人而言，丧失个人自由不仅意味着贫困落后，更意味着走上一条通往奴役的不归路。

---

① 弗里德里希·奥古斯特·哈耶克：《通往奴役之路》，王明毅等译，中国社会科学出版社，1997，第 64 页。

② 弗里德里希·奥古斯特·哈耶克：《通往奴役之路》，王明毅等译，中国社会科学出版社，1997，第 71 页。

③ 弗里德里希·奥古斯特·哈耶克：《通往奴役之路》，王明毅等译，中国社会科学出版社，1997，第 130 页。

第四章　依据法治原则推动新自由主义边际改革

哈耶克劝诫世人对自由主义传统保存敬畏之心，严厉批判建构理性主义的改革诉求，全盘否定凯恩斯主义国家干预和社会主义计划经济的合理性。这些立场和取向使他成为名副其实的保守主义思想家。当然，保守主义的含义并不清晰，不同的保守主义者要维护的"传统"可能是完全不同的甚至根本相反的。而且，保守主义者也并非抗拒一切变革。依据其维护的特定"传统"，他们总是会指出这样或那样的时弊，同时提出各种相应的改革诉求。哈耶克也不例外，他从自认的"真自由主义"原则出发，提出了若干新自由主义改革措施。

一、依据法治精神改革民主政府建制

在很多政治学者看来，民主选举程序赋予了民主政府以合法性，其行为当然代表大多数社会民众的诉求，因此具有理所当然的合法性。对此，哈耶克表达了针锋相对的意见：对个人自由的最大威胁并不是某个人、某个利益集团，而是对暴力强制工具拥有垄断权的政府；要保障个人自由、维护自由竞争市场秩序，最紧迫的工作就是依据法治精神改革民主政府建制，这是有效约束规范政府行为的关键。

哈耶克认为，依据法治精神改革民主政府建制，首先要破除民主的神话，以自由原则为轴心理解民主原则的含义。从历史上看，对自由的追求确实与民主运动有着密切关联。特别是在 19 世纪建立立宪政府的社会运动中，事实上将自由运动和民主运动很难区分开来。但现实中的相互交织，并不等于自由原则与民主原则的同一性。就其实质含义而言，自由原则与民主原则具有各自的不同规定性。"自由主义关心的是政府的作用，尤其是对它的一切权力的限制，而民主关心的则是谁在领导政府的问题。自由主义要求限制一切权力，因此也包括多数人的权力。而民主则认为多数人当下的意见，是政府权力有无正当性的唯一标准。"[①]坚持自由原则当然会接受民主原则，但这仅仅是基于决策方式的考虑，即把民主视为一种形成决策的合理手段而予以接受。"民主本身并不是一种终极的价值或绝对的价值（an ultimate or absolute value），而且对它的评断也必须根据其所达致的成就来进行。民主很可能是实现某些目的的最佳方法，但其本身却不是目的。尽管在明显要求采取集体行动的场合，人们有很充分的理由采取民主的决策方法，但是扩展集体控制的范围是否可欲的问题，却必须根据其他的判准而非多数统治这种民主原则本身来加以决断。"[②]

哈耶克指出，很多人错误地认为，民主本身就意味着其决策是好的、善的，通过民主形成的多数人意志等价于合理诉求，民主决策的事项越多则社会越进步，民主投票的权力应不受任何限制。遗憾的是，这是对民主的教条主义理解，它背离了自由主义原则和法治精神。设立民主制度的最初目的，就是为了阻止专断的权力。民主不过是保障个人自由的一种政治决策模式，它绝不是无限的，而是有条件的。事实上，多数人投票决策的权威性并非源于多数本身，而是源于他们对"自由法律"的广泛同意。"正是对这些共同的原则的接受，才使人们组成了共

---

① 弗里德里希·冯·哈耶克：《经济、科学与政治：哈耶克思想精粹》，冯克利译，江苏人民出版社，2000，第 350 页。

② 弗里德利希·冯·哈耶克：《自由秩序原理》上册，邓正来译，生活·读书·新知三联书店，1997，第 129 页。

同体。……人群之所以发展成社会，通常都不是因为他们给自己规定了法律，而是因为他们遵循着同样的行为规则。这意味着多数的权力要受到那些为人们共同接受的原则的限制，而且任何合法的权力都不能凌驾于那些原则之上。……如果我们承认少数的权利，那么这就意味着多数的权力归根结蒂源出于少数也接受的原则，并受这些原则的限制。"①

对民主构成限制的"自由法律"，是民主有效运行的限度，是多数人通过民主决策程序支配政府行动的限度。因此，不是所有问题都可以通过民主投票方式决定，多数人的当下意见和权力必须接受一般的、平等适用的"自由法律"之约束。从长期来看，如果对多数人权力及相应的民主政府行为不加限制，那么，"无限民主"将摧毁社会的繁荣及和平，同时也将摧毁民主建制本身。无数事实表明，"无限民主"倡导者往往也是专断意志捍卫者、精英治国鼓吹者。"那些最热心于支持多数应具有这种无限权力（unlimited powers）的人士，常常就是那些行政人员自己，因为他们极为清楚地知道，这些权力一旦确定下来，事实上将是他们而不是多数在行使这些权力。如果说现代经验在这些问题上向我们揭示了什么的话，那就是：一旦为了实现某些特定目标而将宽泛的强制性权力授予了政府机构，那么民主议会就不可能再有效地控制这些权力。如果民主议会自己并不决定所应采用的手段，那么它们的代理者就此所做的决定便将或多或少是专断性的。"②

在哈耶克看来，二战后欧美各国民主政府的权力不断扩张，逐渐背离其限制专制、保障自由的本意。究其根源，就在于民主政府建制原则严重偏离法治精神，民主决策过程日益变成一个"讨价还价体系"。这样的民主形式日益沦为收买选票、贿赂和回报那些不正当特殊利益集

---

① 弗里德利希·冯·哈耶克：《自由秩序原理》上册，邓正来译，生活·读书·新知三联书店，1997，第130页。

② 弗里德利希·冯·哈耶克：《自由秩序原理》上册，邓正来译，生活·读书·新知三联书店，1997，第142—143页。

团的代名词，立法权事实上落到了那些对自己的拥护者许下特殊好处的人手中，民主程序的背后是政治的敲诈勒索和营私舞弊。① 哈耶克认为，在这个体系中，议会职能发生根本性变化，它不再局限于阐发一般性的"自由法律"，而开始就各种现实的具体问题制定各种"法律"，以便"依法"实施问题的解决方案。在哈耶克看来，这些"法律"往往不是建立在真正多数意见的基础上，而是由沆瀣一气的特殊利益集团通过交易达成的妥协结果。"在一个以民主方式选出来的这样的议会里，由于它有权不受任何限制地分配具体利益，或把具体的负担转嫁给某个群体，因此要想形成多数，只有通过牺牲少数，许诺为数不胜数的特殊利益提供好处，以此收买他们的支持。……于是，在全权的议会里，各种决策无不依靠一个充斥着勒索和行贿的过程。"② 哈耶克认为，作为全权式议会决议的实施者，民主政府必然成为各种利益集团追求特殊利益的工具。哈耶克指出，为了达到这个目的，经济干预和再分配成为现代社会中不断增强的趋势。在哈耶克看来，尽管打着公共利益的旗号，但干预和再分配的结果总是有利于某些特定利益集团，这其中当然包括了政治家和官僚系统。这一事实意味着法治精神的名存实亡，从属于全权式议会的民主政府已沦为多数派任意行使专断权的工具，这是对自由主义传统的背离和否定。

哈耶克认为，必须回归自由主义传统，依据法治精神重新确立民主政府的建制原则。在哈耶克看来，个人自由是文明社会存续的基础，只有当民主制度中的多数者也同样受到限制，从而无法利用自己的权力为其提供特殊利益时，民主制度才真正维护个人自由。哈耶克认为，尊奉法治精神，意味着承认"自由法律"的神圣地位，它不是任何个人或

---

① 弗里德利希·冯·哈耶克：《法律、立法与自由》第二、三卷，邓正来等译，中国大百科全书出版社，2000，第267—425页。

② 弗里德里希·冯·哈耶克：《经济、科学与政治：哈耶克思想精粹》，冯克利译，江苏人民出版社，2000，第424页。

群体意志的表达，也不是理性设计的产物，它对不特定的情势做出目的独立且平等适用于任何个人的限制性规定，它为个人的自由行动划定了不受侵犯的边界。只有在法治精神的统摄下，多数人的意见才不会演变成无限制的权力，任何个人，包括作为少数派的个人权利才能得到保护，其利益才不会遭受非法侵害。哈耶克甚至坦言，"和不受限制的（因此本质上是没有法律的）民主政府相比，我更喜欢守法的非民主政府。在我看来，依法治国具有更高的价值，人们寄望于民主这只爱犬加以维护的，也正是这一价值。"[①]

"从法治乃是对一切立法的限制这个事实出发，其逻辑结果便是法治本身是一种绝不同于立法者所制定之法律那种意义上的法。"[②] 在形式上，立法机构以适当形式通过和颁布的任何文献都被冠以"法律"的名号。但其只有其中的一部分，而且通常只有极小的一部分，才是实质性法律，即用以调整个人间以及个人与国家间关系的一般的、抽象的行为规则；而另外绝大部分"法律"并不是真正的法律，而是国家对其官员发布的指令，其解决的是政权组织方式和运作模式的问题。

哈耶克提出，依据法治精神改革民主政府建制，意味着重建实质性法律，即"自由法律"至高无上的统摄地位，政府只能在"自由法律"框架内行使其职能。"在法治之下，行政机构可以在某些领域自由行事的事实，绝不意味着它可以对公民行使强制性权力。权力分立原则绝不能被解释成：当行政机构对待私人公民时，它可以始终不受由立法机构制定的并由独立的法院适用的规则的制约。"[③]

在哈耶克看来，要推动这样的改革，"应当涉及普遍原则，而不是

---

① 弗里德里希·冯·哈耶克:《经济、科学与政治：哈耶克思想精粹》，冯克利译，江苏人民出版社，2000，第 422 页。

② 弗里德利希·冯·哈耶克:《自由秩序原理》上册，邓正来译，生活·读书·新知三联书店，1997，第 261 页。

③ 弗里德利希·冯·哈耶克:《自由秩序原理》上册，邓正来译，生活·读书·新知三联书店，1997，第 268 页。

具体的干预，可能的话，它们应以零星建构方法提出和推行，应该与权力的分散化和制度竞争兼容，而不是促进集权和限制竞争，或以集权和限制竞争为前提"①。"对民主权力最大的、也是最重要的限制，是'权力分立'的原则。"② 基于这种考虑，他提出了两会制设想，其核心是贯彻权力分立原则，由不同机构分别行使立法权和统治权。

哈耶克认为，依据实质性法律、形式性法律的不同分类，可以设立两个独立的议会：一个是纯粹的立法议会，负责制定或确切地说是批准和阐释"自由法律"。它无权发布任何具体命令，也无权以法律形式发布任何有利于特殊群体的特权或歧视性规定。"税法的结构，包括单个的税收种类，它们的内容结构和权重以及税率表，都属于立法会议权力范围内的强制性行为规则。"③ 另一个是政府议会，它接管传统议会的大部分行政任务，在"自由法律"框架内制定各种针对具体情势的法令条例，对政府拥有独享的控制权，包括"政府和官僚机构的选举和监督、决定公共产品和服务的提供，以及规定整体税收制度的加征税率水平。……政府会议没有权力制订关于个人行为和国家行为的普遍规则，也没有权力对整个社会进行计划、控制和干预。"④

为了防止立法议会和政府议会相互勾结串通，哈耶克主张依照不同原则建立立法议会和政府议会，确保两个议会由不同成员组成。对于政府议会，哈耶克指出，它的组成方式可以根据行政统辖要求加以设计，可保留当下议会的若干特征。相比于政府议会，哈耶克更重视立法议会，因为它直接关乎个人自由的保护。哈耶克认为，立法议会的工作

---

① 亨纳·克莱纳韦弗斯：《哈耶克与民主改革》，载格尔哈德·帕普克主编《知识、自由与秩序》，中国社会科学出版社，2001，第279页。

② 弗里德里希·冯·哈耶克：《经济、科学与政治：哈耶克思想精粹》，冯克利译，江苏人民出版社，2000，第421页。

③ 亨纳·克莱纳韦弗斯：《哈耶克与民主改革》，载格尔哈德·帕普克主编《知识、自由与秩序》，中国社会科学出版社，2001，第276页。

④ 亨纳·克莱纳韦弗斯：《哈耶克与民主改革》，载格尔哈德·帕普克主编《知识、自由与秩序》，中国社会科学出版社，2001，第275页。

是阐发和确认实质性法律，其建立原则应当十分不同于现有议会的建立原则。立法议会的成员不应当代表任何特殊利益，应当摆脱与任何政党或派系的瓜葛。立法议会的成员应当长期任职，同时可以考虑任期届满后不得连选连任。立法议会成员"不应是一次选出，而应每年更换任期届满的一小部分成员；或者换言之，如果他们当选后的任职时间是 15年，则每年更换这些成员中的 1/15。……在每次选举中，代表只从一个年龄组选出，并且他本人也属于这个年龄组，这样每个公民一生中——譬如在他 45 岁那年——只须选举一次他那个年龄组中的代表。……一个可能必要的做法是，对那些担任了政府机构或其他政党组织职务的人予以免职。此外，在当选者卸任之后，有必要为他们安排某种荣誉性的、有养老金的职务，譬如非专业法官等等"[1]。

二、依据自由竞争原则推动货币制度改革

在哈耶克的经济自由主义分析范式中，充分发挥价格机制的指导功能是形成自由竞争市场秩序的关键，这要求保持货币中性和相对价格体系稳定。但凯恩斯主义国家干预的流行，导致扩张性货币政策成为破坏货币中性和相对价格体系的主要风险源。以英国为例，1946 年英格兰银行被收归国有，在此后不到 30 年的时间内英镑购买力就骤降了不止四分之三。"我们的主要问题之一是保护我们的货币，抵制那些还会继续提供速效疗法的经济学家，因为这种办法的一时有效，会继续使它有把握受到人们的欢迎。"[2]

在批判货币扩张政策的过程中，哈耶克逐渐认识到，问题不仅仅

① 弗里德里希·冯·哈耶克：《经济、科学与政治：哈耶克思想精粹》，冯克利译，江苏人民出版社，2000，第 444—445 页。

② 弗里德里希·冯·哈耶克：《经济、科学与政治：哈耶克思想精粹》，冯克利译，江苏人民出版社，2000，第 166 页。

在于凯恩斯主义的理论误导，更根本的问题还在于政府垄断发行权的货币制度架构。哈耶克认为，对于民主政府而言，即便组成政府的官员在能力和品行上都十分出色，但为了获得多数票支持，政府也很难超脱于特殊利益集团为增发货币而组织的各种游说活动。他进一步指出，特别是在凯恩斯主义理论流行后，金本位、平衡预算、在财政赤字下紧缩通货、限制"国际流动性"等传统的通货膨胀防范机制遭到系统性破坏，面对特殊利益集团增发货币的诉求，垄断货币发行权的民主政府基本上丧失了所有抵御通货膨胀的工具。

依据法治精神改革民主政府建制固然重要，但这毕竟是迂回的、间接的举措。在哈耶克看来，稳定币值的更直接、更有效的改革举措，是破除政府的排他性货币发行权，依据自由竞争原则推动货币制度改革。"货币确实是个过于危险的工具，因此不能任凭政客——或许还有经济学家——将它作为一时的权宜之计加以利用。"[1] 在哈耶克看来，稳定币值的唯一希望，就是找到一种方式，使货币免受政治的影响。"防止政府滥用货币最有效的方法，莫过于让人们可以自由地拒绝他们不信任的货币，选择他们抱有信心的货币。"[2] 哈耶克的方案是推动货币私有化：打破政府对货币发行权的垄断，让私人银行发行竞争性货币，创立自由货币制度。

哈耶克认为，能够自由地选择使用何种货币用于日常交换，当然是不可剥夺的个人自由。哈耶克提出，即便是民主政府，只要垄断货币发行权，就是对个人自由选择货币行为的专断性强制，就是对自由主义原则的背离，因此必须予以破除。哈耶克认为，需要强调的是，"十分危险因而必须予以废止的，不是政府发行货币的权利，而是从事这项工

---

[1] 弗里德里希·冯·哈耶克：《经济、科学与政治：哈耶克思想精粹》，冯克利译，江苏人民出版社，2000，第169页。

[2] 弗里德里希·冯·哈耶克：《经济、科学与政治：哈耶克思想精粹》，冯克利译，江苏人民出版社，2000，第171页。

作的垄断权，以及它们强迫人民使用这种货币并接受其特定价值的权力。"①进一步指出，一旦破除了政府对货币发行的垄断权，其他各种经济主体也就相应获得了发行其他种类替代性货币的权利，货币的发行和使用也因此形成了自由竞争格局。对于民主政府而言，它仍然可以发行货币，只不过它现在需要应对其他货币发行机构的竞争，政府将不得不遵守各种市场约束，例如，它必须言明，在清偿由这种货币计价的债务时，必须接受什么条件；还要说明对于一些非契约性的法律义务——纳税义务、民事侵权债务等，必须以什么方式支付。

显然，在这个改革方案中，货币的私人发行不是目的，而只是打破政府发行货币垄断权的手段；改革货币制度的最终目的，是造就货币发行与使用的自由竞争态势，从而保证相对价格体系的稳定，有效发挥价格机制对经济活动的指导功能。"'货币的数量（或者更确切地是所有最易流动资产的总量）要维持在人们既不愿增加也不愿减少他们适应他们改变流动性偏好权衡的目标上'，……只可能由市场的力量来确定，因为'货币的最优数量是没有任何权威机构能事先确定，唯一是市场能够发现的。'"②

在哈耶克看来，不同机构发行不同种类的货币，它们为争夺使用客户而展开自由竞争，这就保证了经济当事人能够自由拒绝他们不信任的货币，选择他们认为可靠的货币。逐渐地，所有商业和资本交易都将迅速转而使用那些币值更为稳定的货币，因为它们是经济核算的可靠依据。而在货币供给方面，"财政行为端正的信誉，会成为一切货币发行部门热情捍卫的宝贵财富，因为它们知道，哪怕稍稍偏离诚实之道，都会减少对它们的产品的需求。"③哈耶克认为，就宏观经济运行而言，造

---

① 弗里德里希·冯·哈耶克：《经济、科学与政治：哈耶克思想精粹》，冯克利译，江苏人民出版社，2000，第169—170页。

② 谭力文：《伦敦学派》，武汉出版社，1996，第96页。

③ 弗里德里希·冯·哈耶克：《经济、科学与政治：哈耶克思想精粹》，冯克利译，江苏人民出版社，2000，第173页。

就不同货币的自由竞争态势，能够确保一国货币政策保持在正确轨道上，货币中性和相对价格体系稳定的目标也将得到很好的实现。

或许有些学者担忧，在格雷欣法则的支配下，不同货币间的自由竞争会造成劣币驱逐良币的恶果。对此，哈耶克强调，格雷欣法则是有条件的：只有当不同货币之间维持固定汇率时，劣币才会把良币从市场中驱逐出去；而当人们可以自由地以他们认同的汇率交换各种货币时，情况正好相反，是良币在驱逐劣币。哈耶克进而指出，考察历史上出现严重通货膨胀的时期，可以看到，即便政府示以最严厉的惩罚，也仍然无法阻止人们抛弃法币转而使用其他各种替代性货币，甚至包括香烟、白兰地酒之类的商品。

尽管肯定了政府参与货币发行的权利，但哈耶克无疑更希望由私有企业来承担这项极为重要的经济职能。在他看来，"国家能为货币做出的最好的事情，就是提供一个法律框架，使人们可以发展出最适合自己的货币制度。……如果我们能够阻止政府插手货币事务，我们的表现会比政府所做过的一切更为出色。私有企业大概也会有比它们已经做出的最出色成就更为杰出的表现。"[①]

作为货币私有化改革方案的自然延伸，哈耶克还倡议不同国家的货币在国际上自由流动和竞争。他坦言："与任何形式的货币联盟相比，我更喜欢让一切货币交易自由化，这是因为前者需要一个国际性货币当局，我相信这既行不通，甚至也不可取——它几乎不可能比一国货币当局更守信用。……我们所需要的不是拥有命令权的国际性权力机构，而是一个国际组织（或得到有效实施的国际条约），它能够……有效地禁止一切对不同货币交易（和持有，或货币主张）所施加的限

---

① 弗里德里希·冯·哈耶克：《经济、科学与政治：哈耶克思想精粹》，冯克利译，江苏人民出版社，2000，第175页。

制……。"① 显然，这种倡议与 1969 年欧共体的欧洲货币联盟构想是完全相反的。在他看来，应该鼓励人民自由地选择和买卖美元、法郎、英镑、马克等货币，允许不同货币的汇率自由波动。"我们能够指望政府做到的最好的事情，就是欧洲经济共同体的全体成员国，或最好是大西洋共同体内的所有政府，都能相互自我约束，不要对在它们领土上自由使用彼此的货币——或任何其他货币——施加限制，这也包括以任何双方确定的价格达成的货币交易，或利用它们作为结算单位。"② 哈耶克认为，为了保证国际货币市场的有效运转，各国政府应当允许其他国家的银行在本国设立分支机构，有力促进银行业务在国际范围内实现自由竞争。

三、探索政府经济治理的合理空间

哈耶克不是一个"自然主义者"或"自由放任者"，他并不否定政府应当肩负一定的经济治理功能。在他看来，自由竞争市场秩序不是绝对自由放任的结果，其制度基础"自由法律"需要国家强制力量作为保障。同时，他认为，随着社会的进步，诸如卫生与健康设施、国防设施等公共产品是自由竞争得以展开的必要基础，其供给主要依赖于国家的公共职能而不是市场主体的逐利活动。另外，他提出，出于稳定经济和社会的考虑，政府通常把财政政策、货币政策、社会救济政策等作为行使社会共同体管理职责的工具。

哈耶克认为，衡量政府经济治理优劣的合理标准，"是政府活动的质，而不是量。一个功效显著的市场经济，乃是以国家采取某些行动为

---

① 弗里德里希·冯·哈耶克：《经济、科学与政治：哈耶克思想精粹》，冯克利译，江苏人民出版社，2000，第 174—175 页。

② 弗里德里希·冯·哈耶克：《经济、科学与政治：哈耶克思想精粹》，冯克利译，江苏人民出版社，2000，第 170 页。

前提的；有一些政府行动对于增进市场经济的作用而言，极有助益；而且市场经济还能容受更多的政府行动，只要它们是那类符合有效市场的行动。但是，对于那些与自由制度赖以为基础的原则相冲突的政府行动，必须加以完全排除，否则自由制度将无从运行。因此，与一个较多关注经济事务但却只采取那些有助于自发性经济力量发展的措施的政府相比较，一个对经济活动较少关注但却经常采取错误措施的政府，将会更为严重地侵损市场经济的力量"①。

在哈耶克看来，"与自由制度相容合的政府行动，至少从原则上讲，不仅范围相当广，而且种类也相当多，……在那个恒久的法律框架内，有着足够大的空间，可供进行试验与改进"②。但在进行这种探索之前，哈耶克认为，首先需要明确的是，政府经济治理必须符合法治精神，不能妨碍个人的自由经济活动。这样的政府经济治理，通常需要遵循下述三原则："（1）政府不要求垄断，通过市场提供服务的新方式（如现在社会保险所发现的一些方法）不会受到阻挠；（2）以统一的原则征税，不把征税当作收入再分配的手段使用；并且（3）得到满足的需要，是作为一个整体的共同体的集体需要，而不仅仅是特殊群体的集体需要。"③

哈耶克指出，民主政府往往不能约束自身服从法治精神，对个人经济自由构成挑战的强制性措施层出不穷。"其间最为重要的措施包括：决定谁应当被允许提供不同的服务或商品的政府措施，并且以何种价格或以何等数量提供这些不同的服务或商品的政府措施——换言之，亦即那些旨在对进入不同行业和职业的渠道、销售条件、生产或销售的

---

① 弗里德利希·冯·哈耶克：《自由秩序原理》上册，邓正来译，生活·读书·新知三联书店，1997，第281页。
② 弗里德利希·冯·哈耶克：《自由秩序原理》上册，邓正来译，生活·读书·新知三联书店，1997，第292页。
③ 弗里德里希·冯·哈耶克：《经济、科学与政治：哈耶克思想精粹》，冯克利译，江苏人民出版社，2000，第439页。

数量进行管制的政府措施。"① 显然，这些管制措施与"自由法律"相冲突。"……政府直接管制价格的做法（不论政府是实际上规定价格，还是仅仅制定那些决定通行价格所须依凭的规则），……必将是一种自由裁量的决断，一定是那种即时的特定的决策，且必定是根据非常武断的理由对人施以区别待遇的决定。一如经验所恰当表明的，价格管制只有通过对数量的控制（亦即由有关当局决定应当允许特定人士或商行购买或销售多少数量的产品）方能有效。然而，一切控制数量的措施的实施都必定是自由裁量的，因为他们并不是根据一般性规则所确定的，而是根据当局对特定目的之相对重要性的判断所确定的。"②

哈耶克认为，政府经济治理应当服务于知识的发现和运用，从而助力自由竞争市场秩序的生成。在哈耶克看来，作为秩序生成的助力者，政府经济治理可以采取委托代理的转包方式间接地达成。"在大多数情形中，政府亦绝无必要在实际上对这些活动进行直接的管理；如果由政府承担一些或全部财政责任，而由独立并在某种程度上属于竞争性的机构去具体实施这些服务，那么从一般意义上讲，这些服务将不仅会得到提供，而且还将得到更为有效的提供。"③ 此外，哈耶克提出，基于权力分立的考虑，在供给公共产品和公共服务时，应当尽可能将治理职能赋予地方政府而不是中央政府。他认为，这种做法不仅有利于加强受惠者和付费者（地方纳税人）之间的联系，而且能够避免中央政府变得过于强大从而威胁个人自由。

由于哈耶克坚持进化理性主义立场，因此他拒绝给出一个政府经济治理种类的一览表，而主张通过渐进的、实验的方法来寻找其合理空

---

① 弗里德里希·冯·哈耶克:《自由秩序原理》上册，邓正来译，生活·读书·新知三联书店，1997，第287页。

② 弗里德里希·冯·哈耶克:《自由秩序原理》上册，邓正来译，生活·读书·新知三联书店，1997，第288—289页。

③ 弗里德利希·冯·哈耶克:《自由秩序原理》上册，邓正来译，生活·读书·新知三联书店，1997，第283页。

间。针对二战后欧美国家经济发展的主要问题，哈耶克围绕反垄断、社会救济和保障、农业扶持、教育补贴等问题，提出了改革政府经济治理行为的规范性建议。

哈耶克认为，垄断是动态竞争过程的一个必要组成部分，它的合理性在于，通过提供一种对垄断性产品的实质性激励，促使人们去改进资源的使用和分配方式。即便市场中只有一个事实上的供给者，只要不存在非正当强制，潜在竞争者可以自由地进入该市场，那么这种"垄断"就没什么不好的。因为潜在竞争可以限制实际进入者的价格制定行为，促使其在决定供给价格时以获取平均利润为参考标准。相反，当垄断与非正当强制结合在一起，从而使得在对该新知识、新产品的法定独享权消失后，垄断地位仍然能够在事实上得到保护和维持时，这时垄断才会变成一个严重的问题。因此，政府的反垄断政策不应着眼于增加市场主体的数目，而应着眼于消除非正当强制。

哈耶克指出，尽管通过共谋、歧视等方法，垄断者能够挤压其他潜在进入者的自由活动空间以便维持自己的垄断地位，但这种情况并不能长久维持下去，因此其危害性也相对较低。哈耶克认为，只有通过政治暴力工具获得的垄断权，才是最具危害的，因为它是一切市场竞争主体都无法克服的。"各国的经验都表明，一旦赋予政府以处理垄断的自由裁量权，这种权力就很快会被用来区别'善的'垄断和'恶的'垄断（'good' and 'bad' monopolies），而且当局也会很快采取各种措施去保护所谓善的垄断，而不是去努力防阻恶的垄断。……的确，一些过渡的和暂时性质的垄断始终是很难避免的，但是需要指出的是，这类性质的垄断常常在政府的关照下，变成了一种持久性的垄断。"[1] 在哈耶克看来，现代经济中最具危害的不是某个垄断企业，而是被立法机构赋予"合法侵权"权力的工会组织。哈耶克认为，工会组织垄断了劳动力供给，

---

[1] 弗里德利希·冯·哈耶克：《自由秩序原理》下册，邓正来译，生活·读书·新知三联书店，1997，第19—20页。

这无疑会阻碍劳动力自由流动，对劳动者自由择业权构成侵犯；同时，"……在那些对特殊设备已经投入了大量资本的场合，此类工会实际上还能够剥夺所有者的财富，并且能够在很大的程度上支配该企业的全部回报"①。因此，哈耶克提出，政府反垄断政策的最紧迫任务，是解除工会的强制性特权。"这首先意味着，必须禁止工会的各种群众纠察活动，因为它不仅是导致暴力的主要且通常的原因，而且就是其最为和平的形式也是一种强制性手段。其次，工会不得使任何非工会会员处于失业状态。这意味着，只雇佣工会会员的契约（包括诸如'工会会员资格保留条款'（maintenance of membership）和'优先雇佣'（preferential hiring）条款等形式）必须被视作贸易限制契约，并拒绝给予法律保护。"②

在哈耶克看来，在任何社会经济中，总有一些人由于意料之外的不可控原因而陷入极度贫困和饥饿状态，对这些人进行公共救济并不违反自由主义原则。随着大都市兴起和流动人口增长，公共救济开始从地方性制度安排演变为全国性制度，专门提供公共救济的特殊机构随之产生。与此同时，作为预防性制度安排的社会保障制度也开始出现，国家强制要求每个人都参加某些保险，这"一方面是个人力图保护自己以免受其他人因极端贫困而导致的结果的牵累，另一方面则立基于要求个人采取更为有效的手段以自力地解决自身需求的愿望"③。哈耶克肯定了政府应当承担社会救济和社会保障职能。但他强调，这种救济和保障不能由政府通过排他性特权的方式予以提供。在哈耶克看来，尽管在特定时期内，由政府承担社会救济和社会保障可能会具有更高的效率和更大的行政便利；但同样不争的事实是，如果这种政府权力演变成一种永久性

① 弗里德利希·冯·哈耶克：《自由秩序原理》下册，邓正来译，生活·读书·新知三联书店，1997，第24—25页。

② 弗里德利希·冯·哈耶克：《自由秩序原理》下册，邓正来译，生活·读书·新知三联书店，1997，第35—36页。

③ 弗里德利希·冯·哈耶克：《自由秩序原理》下册，邓正来译，生活·读书·新知三联书店，1997，第46页。

的、排他性垄断权，那么必定会由于破坏竞争而导致严重的效率缺失。

不仅如此，哈耶克认为，一旦社会救济和社会保障由政府强制性提供，那么这种公共服务就有可能变成一种收入再分配活动。或许有人会辩解称，即便是提供最低限度的社会救济，也必然牵涉政府对收入的某种再分配。对此，哈耶克指出，这种再分配一般总是基于一种公意，即绝大多数能够自食其力的劳动者同意给予那些无法谋生的人以救济和帮助；而且，救济的限度一般也是根据被救济者在正常运作的市场上所能获得的收益来确定。哈耶克认为，与这种再分配不同，现代政府提供的社会救济和社会保障，是一种在不同群体间依据某种"公正"标准重新分配收入的活动。他认为，这种收入再分配不是以完全同意为基础，而是多数人凭借民主制度和国家暴力从少数人那里取走其部分财产，这是对个人财产权的侵犯，是对自由主义原则的践踏。因此，他提出，必须取缔这种性质的社会救济和社会保障，破除政府对社会保险的垄断权，让个人能够在各种竞争性私人保险机构中做出选择。

为了维持农业人口的收入水平而对农业进行价格管制或财政补贴，是很多国家的政府治理经济的重要举措。对此，哈耶克认为，这些农业管制或补贴政策不仅违背供求规律，而且和法治精神背道而驰。他指出，科技进步有力提高了农业生产力，但人均农产品消费量却趋于停滞，这必然导致农业人口不断出现过剩，解决农业过剩人口收入偏低的唯一途径就是让他们转移到其他行业就业。

哈耶克认为，政府的农业补贴政策无助于农业人口的转移，而且延滞了农业生产对供求变化的调整过程。在哈耶克看来，各国政府通行的农产品价格管制和财政补贴政策，不过是以强制手段实施的收入再分配政策。他指出，这些政策对农业人口意味着获得某种特权，但对其他人而言则是一种强制和剥夺。基于上述判断，哈耶克强烈建议取消农产品价格管制和财政补贴政策，主张在法治框架下寻找更为适宜的农业扶持政策。例如，政府应当逐渐完善法律制度，特别是有关所有权和土地使用权的法律制度。这些法律制度的改进，能够使市场机制更有效地发挥作用，因而也会促使农业生产者更好地做出各种调整和适应。再如，政府可以提供一些真正的农业服务，"政府……主要是为农民提供某种信息上的便利，因为这种信息上的便利在某些阶段上不大可能通过其他方式来提供。"①哈耶克认为，对于这种知识和信息，政府不应当享有排他性提供权，政府应当促进那些愿意提供这些帮助的自愿性机构不断涌现和发展。

教育具有鲜明的公共产品和公共服务属性，对教育进行补贴是很多国家的重要举措。对此，哈耶克认为，要维持和扩展自由竞争市场秩序，就必须确保大多数社会成员拥有必要的交流常识和自由主义价值观。他认为，教育是传播这些交流常识和价值观的重要途径，政府必须担负起补贴教育的重要职责。

在传播交流常识和价值观方面，基础教育发挥着至关重要的作用。哈耶克指出，资助基础教育是政府不可推卸的重要责任，这种教育甚至可以采取公共教育的形式。但同时，哈耶克强烈反对政府直接管理或支配基础教育制度。原因在于，政府很可能对基础教育的内容，尤其是其中的价值规范做出特定选择，这会限制社会个体自由地选择目标，从而扼杀自由社会的多样性发展。论及如何更好地提供基础教育，哈耶克表达了与弗里德曼的共鸣：政府可以向每个学龄儿童的父母发放一种凭证，保证负担基础教育费用，孩子可以据此自由地选择不同的私立学校。与现有的基础教育制度相比，"孩子的父母毋需面临下述抉择：要么必须接受政府所提供的任何教育，要么自己为一种不同的、稍微昂贵的教育偿付全部费用"②。关于高额教育补贴，哈耶克主张废除政府附加

---

① 弗里德利希·冯·哈耶克:《自由秩序原理》下册，邓正来译，生活·读书·新知三联书店，1997，第145页。

② 弗里德利希·冯·哈耶克:《自由秩序原理》下册，邓正来译，生活·读书·新知三联书店，1997，第166页。

的排他性判断权，这主要包括"一是判断某种特定类型的教育具有多少价值，二是判断应当对进一步的教育给予多少投资，三是判断应当对不同类型教育中的哪一种教育进行投资"①。哈耶克认为，对高等教育机会的分配，既不应该采取平均化的方案，也不应交由某些政府机构或权威机构来指定。在哈耶克看来，尽管还没达到尽善尽美的地步，但"通过各种私人捐款而形成的基金，以资助有限的研究领域，可以说是美国状况最有希望的特征之一"②。哈耶克认为，这些私人性质的基金会是相互独立的资助机构，因此那些非正统的思想——它们恰恰可能孕育着科学思想的变革——才有可能作为支撑，与那种由某个单一权力机构根据计划控制资金使用的情况相比，多元化的资助方式肯定要更为可取。

① 弗里德利希·冯·哈耶克:《自由秩序原理》下册，邓正来译，生活·读书·新知三联书店，1997，第 171 页。
② 弗里德利希·冯·哈耶克:《自由秩序原理》下册，邓正来译，生活·读书·新知三联书店，1997，第 182 页。

新自由主义的乌托邦幻象

第五章　脆弱的唯心主义哲学基础

作为诺贝尔经济学奖获得者，哈耶克的经济学研究成果无疑具有很强的专业性，其主要内容是围绕货币数量与相对价格变动的关系，论证了市场机制在发现和运用知识方面的效率优势。众所周知，受学术知识门槛的限制，专业性研究成果的受众群体通常较小，相应的社会影响力当然也比较有限，而哈耶克显然是一个另类。作为公认的新自由主义精神领袖，哈耶克的经济自由主义理论拥有广泛受众，其社会影响远超同时代其他新自由主义经济学家。究其原因，对专业性成果进行通俗化解释固然必要，但更为关键的是哈耶克的经济学理论紧密联系着其唯心主义哲学观念，受资产阶级意识形态影响的西方大众很容易从这些观念中获得共鸣。

有学者将哈耶克的研究生涯分为"哈耶克 I"和"哈耶克 II"：前者讨论价格理论，后者讨论自发秩序理论和社会哲学。[1] 这种区分隐含着哈耶克跨学科研究成果的内在关联，包括进化理性主义和方法论个人主义的唯心主义哲学立场，是哈耶克经济学研究的逻辑前提。托马斯·库恩的"范式"和拉卡托斯的"科学研究纲领"提示我们，理论假说赖以建立的哲学前提才是真正的要害，理论批判最终必然指向其哲学前提的合理性。事实上，哈耶克正是循着上述路径完成了研究转向，关于自由竞争市场秩序的论证可回溯至进化理性主义的洞察，而关于凯恩

---

① Ulrich Witt, "The Hayekian Puzzle: Spontaneous Order and the Business Cycle," *Scottish Journal of Political Economy* 44（2003）: 44–58.

斯主义和社会主义计划经济的批判则可回溯至建构理性主义的谬误。但不幸的是，这种哲学前提不过是 19 世纪的陈旧遗产，其中不仅存在严重的内在矛盾和逻辑断裂，而且在关照现实世界时也表现出明显的认知局限。

一、主观主义怀疑论的内在矛盾

哈耶克提出进化理性主义的认识论主张，用以与他批判的建构理性主义观念相区别。总的来说，进化理性主义包含着两种基本哲学立场：第一，"我思故我在"的主观主义立场，认为全部社会现象都只能经由主观认知才能获得相应的确定含义，因此不存在客观的社会发展规律；第二，"否认绝对真理"的怀疑主义立场，认为人类理性在认知社会发展整体进程方面能力有限，因此它既不能预测也不能规划未来社会发展的方向和路径。熟悉哲学史的人都知道，主观主义和怀疑主义并不是什么新观念或新见解；事实上，它们长久以来饱受来自哲学界和科学界的激烈批评。哈耶克的进化理性主义同样受到严厉批评，无论是其主观主义立场还是怀疑主义立场，都蕴含着不可克服的内在矛盾。

哈耶克认为，客观主义方法论是在自然科学研究中通行的且取得巨大成功的基本纲领。"科学所研究的世界，不是我们的既有的观念或感觉的世界。它致力于对我们有关外部世界的全部经验重新加以组织，它在这样做时不仅改变我们的概念模式，而且抛弃感觉性质，用另一种事物分类去代替它们。对科学来说，人类实际形成的、在其日常生活中出色引导着他的那个世界图式，他的感知和概念，都不是研究的对象，而是一个有待改进的不完善的工具。……当科学家强调自己研究客观事实时，他的意思是，要独立于人们对事物的想法或行为去研究事物。人们对外部世界所持的观点，永远是他要予以克服的一个阶段。"①

但社会科学研究的对象具有完全不同的性质，它的研究对象不是物与物的关系，而恰恰是人与物或者人与人的关系，它研究人的行为和观念。"作为我们的研究对象的人，他们自身不但由各种观念产生动机，而且对于其行为的未经设计的结果，还有自己的想法——有关不同社会结构或形态的各种流行学说，我们与他们共享并且我们的研究必须予以修正和改进的学说。"②显然，观念、动机、想法等都是思维活动，当然具有鲜明的主观特征。所谓的"社会事实"总是暗含了某种先在性知识分类结构，任何社会性整体都不可能是纯粹客观的、给定的，而是我们的主观意识依据既有的知识分类结构不断进行思想重建的结果。

在哈耶克看来，在社会科学研究领域，主观主义方法论才是合适的选择。"在所有这些研究中，我们必须从人们的想法和行为、从如下事实入手：组成社会的个人的行为，是受着事与物的某种分类的支配；这种分类与结构相同的感觉性质和观念的体系相一致；我们知道这些性质或观念，是因为我们也是人；不同的个人所拥有的具体知识在一些重要方面是不同的。不但人们针对外在事物的行为，而且人与人之间的全部关系和所有社会制度，都只能根据人们对它们的想法去理解。我们所了解的社会，现实的社会，是由人们所持的各种观念和想法形成的；我们能够认识社会现象，它们对我们有意义，仅仅是因为它们反映在人们的头脑中。"③

哈耶克指出，社会科学研究所独有的主观主义特征，在经济学的发展中表现得最为突出和明显。"大概可以毫不夸张地说，过去一百年

---

① 弗里德里希·A.哈耶克:《科学的反革命：理性滥用之研究》，冯克利译，译林出版社，2003，第15—16页。

② 弗里德里希·A.哈耶克:《科学的反革命：理性滥用之研究》，冯克利译，译林出版社，2003，第30—31页。

③ 弗里德里希·A.哈耶克:《科学的反革命：理性滥用之研究》，冯克利译，译林出版社，2003，第27—28页。

里经济学的每一项重大进步，都是向着不断采用主观主义的方向又前进了一步。对经济活动的对象进行定义不能从客观的角度，而是只能参照人类的意图，这已经成了不言而喻的常识。不管是'商品'或'经济物品'，还是'食品'或'货币'，都不能从自然角度，而只能根据人们对事物的观点进行定义。……其实，任何具体商品的历史都表明，随着人类知识的变化，同样的物质可以代表非常不同的经济范畴。我们也无法从自然科学的角度，区分出两个人是在进行实物交换或交易，还是在玩游戏或举行宗教仪式。"①

哈耶克肯定主观主义方法论在社会科学研究中的适应性，折射了康德在18世纪提出的经典问题：除了先天分析判断和后天综合判断两类命题外，是否还存在一种先天综合判断的命题？有学者指出，"先天综合判断是否存在，在某种意义上是哲学的一个关键问题。如果不存在先天综合判断，那么，全部有意义的科学陈述就分成两组：纯粹逻辑的（分析或句法的）命题与事实陈述（经验的命题）。前者没有任何现实内容，后者绝无例外地依赖专门经验科学。"②

哈耶克强调，这种知识分类结构不是先验的，而是进化的、经验的产物，其变化意味着相同的刺激会产生不同的认知结果。通过引入"进化论"，哈耶克肯定了先在性知识分类结构的经验属性，这是对先天综合判断存在的肯定。对于社会科学研究者而言，这种知识分类结构是先于认知活动的分析工具，同时又是社会进化中经验世代累积的综合结果。或许在哈耶克的认知框架中，先在性知识分类结构固然随着社会进化而发生变化，但它毕竟是经验的产物，而经验是主观的而不是客观的，因此进化论可以融入主观主义立场。

但不幸的是，将进化论嫁接于主观主义立场的做法并不成功，社

---

① 弗里德里希·A.哈耶克:《科学的反革命：理性滥用之研究》，冯克利译，译林出版社，2003，第24—25页。

② 格哈特·福尔迈:《进化认识论》，舒远招译，武汉大学出版社，1994，第177页。

会进化的客观性事实上在不断挑战主观主义的合理性。究其原因，就在于哈耶克狭隘地理解"物质"范畴，对历史唯物主义的研究进展缺乏基本的了解。列宁指出："物质是标志客观实在的哲学范畴，这种客观实在是人通过感觉感知的，它不依赖于我们的感觉而存在，为我们的感觉所复写、摄影、反映。"①作为哲学范畴的"物质"，它完全不是日常用语中的"物质"概念，它撇开了所有具体的、特殊的物的个性和差异点，而仅仅共有着客观实在性。简而言之，"物质"就是客观实在。基于此，历史唯物主义视域中的社会存在，就不仅仅是包括人类社会赖以存在和发展的自然因素，而且包括更为重要的社会生产实践活动。在这种社会生产实践活动中，不同历史时期的人们遵照不同技术方式建立起不同的分工合作组织，并由此形成相应的生产关系和交换关系。显然，这样的实践活动是无数社会成员"合力"作用的结果，它无法被简化还原为社会成员的主观意识，这就是社会科学研究中最关键的"客观实在"。

在分析社会进化时，哈耶克所重视的那些传播、传承知识的"工具"——既包括物质性器具也包括社会性规则，对应的正是历史唯物主义话语体系中的"社会存在"，它们是独立于且决定着社会意识的客观实在。但在哈耶克的分类模式下，这些客观实在却被武断地定义为经验性知识，成为与理性知识相对的另一种主观意识。相较于历史唯物主义关于社会存在和社会意识的解读，哈耶克的分类和定义无疑充满了逻辑混乱。如果严格依照哈耶克的分类和定义，那么社会科学研究中的主客体界限就将变得极其模糊，作为客观实在的社会进化过程事实上被简化为主观性的知识变迁过程。曾被哈耶克高度重视的种群间生存竞争，以及决定竞争成败的物质性器具和社会性规则，都将成为可有可无的点缀性证据，这等于在事实上消解了其主观主义立场中的社会进化的因素，

---

① 《列宁选集》第2卷，人民出版社，2012，第89页。

回到了哈耶克 1942 年在《社会科学的事实》一文中表达的早期观点。

如果肯定哈耶克的进化理性主义是对其早期观点的发展，那么社会进化因素是无论如何不能被消解掉的，我们必须首先肯定社会进化中客观实在与主观意识的区别，进而分析二者之间的相互联系和作用。

遗传学研究已经证明，人类的认知结构具有生理依赖性，因此人的认识能力是可以遗传获得的。伯纳德·巴芬克认为："人类确实是凭借某些直观和思维形式接近现象界，并依照这些形式对现象界加以整理的。但是，这些形式本身必须……依赖经验才得以形成，它们正是在人与自然之间的持续抗争中形成起来的。"[1]雅克·莫诺指出："生物所有禀赋……其中也包括遗传禀赋：不论蜜蜂的刻板行为，还是人类认识的天赋框架……（都）是来自于进化过程中由所有世代累积起来的经验。"[2]冯·贝塔朗菲强调："经验形式是一种通过适应而产生的、在几百万年的生存斗争中经受了检验的装置，这个观点，更加肯定地提出：'现象'与'现实'之间存在着充分的相似。动物和人类还存在着这个事实，即证明他们的经验形式在某种程度上与现实相符。"[3]如果肯定人类的认知结构与外在的客观实在具有某种同构性，那么合理的推论，当然是承认这种认知结构是对客观实在的能动反映。从个体发育的角度看，先天综合性的认知结构是存在的，它们不仅独立于任何个人经验，而且先于任何个人经验；对于我们的知觉和经验，它们是构造性的，规定了知觉和经验的内容，因而归根结底使个人经验成为可能。然而，从物种进化的角度考察，认知结构不过是物种进化中生存竞争的结果，不能独立于经验，而必须在进化过程中凭借经验证明自身的有效，即它能在一定程度上适合于现实世界的结构。造成这一事实的原因只是在于，进化中的突变和选择迫使认识结构去适应现实结构，并由此和外部世界

---

① 格哈特·福尔迈：《进化认识论》，舒远招译，武汉大学出版社，1994，第 249—250 页。

② 格哈特·福尔迈：《进化认识论》，舒远招译，武汉大学出版社，1994，第 186 页。

③ 格哈特·福尔迈：《进化认识论》，舒远招译，武汉大学出版社，1994，第 148 页。

中的关乎生存的各种根本条件形成局部同型。

不同于一般的生物进化，人的进化是在改造自然的实践中，在人化自然的不断型构中完成的。所谓的先在性知识分类结构，必然是社会生产实践活动不断丰富发展的结果。列宁指出："人的实践经过亿万次的重复，在人的意识中以逻辑的式固定下来。这些式正是（而且只是）由于亿万次的重复才有着先入之见的巩固性和公理的性质。"① 在这个不断发展的历史进程中，伴随着生产力、生产关系、法律和政治上层建筑等客观实在的历史性变化，社会成员的主观意识也相应发生变化。对此，马克思在《〈政治经济学批判〉序言》中进行了精辟阐述："人们在自己生活的社会生产中发生一定的、必然的、不以他们的意志为转移的关系，即同他们的物质生产力的一定发展阶段相适合的生产关系。这些生产关系的总和构成社会的经济结构，即有法律的和政治的上层建筑竖立其上并有一定的社会意识形式与之相适应的现实基础。物质生活的生产方式制约着整个社会生活、政治生活和精神生活的过程。不是人们的意识决定人们的存在，相反，是人们的社会存在决定人们的意识。"②

正如 Stephen D. Parsons 和 John Watkins 评论的，尽管哈耶克强调个人行动的内在性特征，但他并未始终如一地坚持主观主义，在分析社会现象时滑向了客观主义，转而采取了不同于内省法的"客观"分析模式。③ 当哈耶克引入社会进化因素来赋予先在性知识结构以经验内容时，他事实上已大大偏离其早期的主观主义立场；存在于社会进化论与主观主义立场之间的紧张关系，构成了哈耶克进化理性主义的第一重内在矛盾。

哈耶克主张进化理性主义，目的是为经济自由主义理念奠定认识

---

① 《列宁全集》第 55 卷，人民出版社，2017，第 186 页。

② 《马克思恩格斯文集》第 2 卷，人民出版社，2009，第 591 页。

③ Stephen D. Parsons, John Watkins, "Hayek and the Limitations of Knowledge: Philosophical Aspects," in S. F. Frowen, ed., *Hayek: Economist and Social Philosopher——A Critical Retrospect* (London: Palgrave Macmillan , 1997) ,pp.63–93.

论基础。为了服务这一目的，仅仅停留在主观主义立场、论证知识分类结构的先在性是不够的，还必须进一步过渡到怀疑主义立场，证明理性在认识和规划社会发展方面的无能。

哈耶克高度肯定苏格兰学派的贡献，明确表达了对休谟怀疑主义立场的赞同，认为这是反对建构理性主义、破除"社会主义乌托邦幻想"的有力武器。①当然，哈耶克对怀疑主义立场的坚持，不仅仅是缘于批判的需要，更是其主观主义立场的自然延伸。Parsons指出，在哈耶克的分析中，理性认识的有限性命题不是基于特定条件的经验性命题，而是从先在性知识分类结构出发进行推演的逻辑结果。②

哈耶克认为，先在性知识分类结构赋予人们以抽象思维的能力。显然，这种抽象思维不是运用逻辑推理对各种认识进行有选择的抽取，而是赋予经验认识和理性认识以具体的内容。这意味着人类的主观认识只能与实在世界的特定部分发生关联，它无法涉及这个实在世界的全域，而只能涉及该全域的一个部分。正是在这个意义上，人的认知能力——无论是经验认识还是理性认识，必然是有限的。特别是在社会科学领域，社会现象比物理和化学现象更为复杂，社会进化与生物进化一样不可能被预先决定，进化的趋势将是多样化而非趋同化，这导致个人认知能力的有限性更为明显。③作为理性认识的社会科学研究，只能勾勒当前社会模式（秩序）变动的可能范围，而无法像物理学那样预测出它在这个可能范围中到底采取哪种确定选项。由此，哈耶克为理性认识划定了行动边界，即理解社会进化的自发性、捍卫自由竞争市场秩

---

① John N. Gray, "Hayek, the Scottish School, and Contemporary Economics," in G. C. Winston & R. F. Teichgraeber III, eds., *The Boundaries of Economics*（Cambridge, Mass: Cambridge University Press, 1988）, pp.53-70.

② Stephen D. Parsons, John Watkins, "Hayek and the Limitations of Knowledge: Philosophical Aspects", in S. F. Frowen, ed., *Hayek: Economist and Social Philosopher——A Critical Retrospect*（London: Palgrave Macmillan, 1997）, pp.63-93.

③ 弗里德里希·冯·哈耶克：《经济、科学与政治：哈耶克思想精粹》，冯克利译，江苏人民出版社，2000，第498—520页。

序。依据这一划界标准，凯恩斯主义和社会主义都是越界的理性自负，是建构理性主义的不同变种，其改造、规划或控制社会进化过程的企图将注定失败。

20世纪70年代后期凯恩斯主义理论的衰落，以及90年代初苏联的解体，似乎验证了哈耶克关于理性认识之行动边界的论断。[①] 然而，怀疑主义立场对于任何理论体系的建构而言都是一把双刃剑，它在质疑建构理性主义理论体系的同时，也从根本上挑战了哈耶克自己建构的经济自由主义理论体系。

哈耶克贬低理性认识能力，否认理性认识拥有自上而下审视、评判和改造各种经验性习俗和传统的能力。如果贯彻这种怀疑主义立场，那么哈耶克的最合理的行动就是只破不立，其学术生命力只能限于理论批判，而绝不能扩展到经济自由主义理论体系的建构，因为后者正是以理性认识自上而下地审视、评判和辩护资本主义市场经济制度。显然，哈耶克自己没有一直坚持怀疑主义立场，其跨学科研究的目的就是为资本主义市场经济提供系统的理性捍卫。对此，Chandran Kukathas 评论道："给定哈耶克依循休谟理路而认定个人理性在社会生活中只具有限的作用，那么哈耶克的理论又如何有可能在为自由主义提供系统捍卫的同时，而不沦为他所批判的唯理主义的牺牲品？"[②]Diamond 也表达了类似的看法："作为一个理性怀疑主义者，哈耶克坚持人类智识在综合各种实质性事实并为伦理学提供正当理论基础方面是力有所限的，但他自己却反其道而行之，力图为自由市场提供一个合理的道德辩护，为其政治哲学构建一个可靠的理性基础。"[③]

[①] 关于这些重大历史事件是否真的证伪了凯恩斯主义理论和社会主义理论，学术界存在重大分歧。在本书第六、七章，我们将对照现实的资本主义和社会主义发展趋势，对哈耶克经济自由主义理论的"真伪检验"进行相应分析。

[②] 邓正来：《哈耶克社会理论》，复旦大学出版社，2009，第63页。

[③] Arthur M. Diamond, Jr., "F. A. Hayek on Constuctivism and Ethics," *Journal of Libertarian Studies* 4（1980）: 353-365.

　　哈耶克对怀疑主义立场的偏离，不过间接证明了理性认识是对感性经验的超越。肯定理性认识在理解和推动社会发展方面具有积极的能动作用，这是绝大多数自然科学家和社会科学家的共识。生物学家贝塔朗菲指出："人们不能期望经验范畴完全符合现实世界，更不能期望它们完善地描绘它，……它们毋需反映现实事件的这种联系，而只须同这种联系——以某种宽容——局部同型。"[1] 要认识和把握隐藏在感性经验背后的规律，就必须运用抽象思维对感知觉材料进行加工、整理和概括，在此基础上形成概念、判断和推理，用以揭示事物的本质及其运动规律，这就是从感性经验向理性认识的飞跃。近代以来人类文明的伟大成就离不开工业革命的强力推动，其中科学，特别是自然科学的巨大进步可以说居功至伟，而这当然是理性认识的杰出成就。

　　如上文所述，哈耶克在引入社会进化因素后已从主观主义立场向后退却，那么，他关于社会科学研究不同于自然科学研究的结论就必定是错误的。我们不禁要问，在自然科学研究中发挥了重要作用的理性认识，为什么不能在社会科学研究中大放异彩？否定理性认识有能力自上而下地审视、评判和改造社会发展进程，这样的结论不仅武断，而且完全与重大历史事实相悖。即便依据哈耶克的价值评判标准，只考察英国光荣革命、法国大革命和美国废奴运动等"进步"大事件，也能看到理性认识在颠覆传统社会制度架构方面的关键作用。在这些大事件中，先进政党运用理性认识发挥领导作用，是革命得以成功、资本主义制度得以确立的必要条件。没有集体理性的引导，社会运动就无法形成合力；无论是打破前资本主义旧秩序，还是建立资本主义新秩序，都只能是不切实际的空想。

　　卡尔·波普是哈耶克志同道合的好友，很自然地，其证伪主义思想被哈耶克用来批判建构理性主义。但与波普不同，哈耶克似乎并未认

---

[1] 格哈特·福尔迈：《进化认识论》，舒远招译，武汉大学出版社，1994，第167页。

真考虑"真理"问题，更不用说理性认识如何向真理逼近的问题。恰恰在这里，哈耶克暴露了形而上学思维方式的局限，仅仅从孤立的、静止的观点看待理性认识，而未能从人类社会实践的动态发展中把握理性认识。

马克思指出："人的思维是否具有客观的真理性，这不是一个理论的问题，而是一个实践的问题。"① 实践是认识的来源和发展动力，也是检验认识真伪的标准。正是在实践的动态发展中，人的认识经历着不断深化的辩证发展过程。"实践、认识、再实践、再认识，这种形式，循环往复以至无穷，而实践和认识之每一循环的内容，都比较地进到了高一级的程度。"② 不可否认，理性认识对规律的认识过程必然是一个不断证伪的过程；但每一次证伪不过表明了认识接受实践检验并向高级发展，证伪的功能是推动理性认识日益逼近而不是背离规律。在这个过程中，"思维的至上性是在一系列非常不至上地思维着的人中实现的；拥有无条件的真理权的认识是在一系列相对的谬误中实现的；二者都只有通过人类生活的无限延续才能完全实现"③。况且，波普之后的科学哲学研究成果表明，证伪并不是科学发展的常态，理性认识被证伪之前通常会长时间处于证实状态，并因此能在相当程度上成功指导人类社会实践，这恰恰表明理性认识能够把握客观规律。正如恩格斯指出的，对不可知论"及其他一切哲学上的怪论的最令人信服的驳斥是实践，即实验和工业。既然我们自己能够制造出某一自然过程，按照它的条件把它生产出来，并使它为我们的目的服务，从而证明我们对这一过程的理解是正确的，那么康德的不可捉摸的'自在之物'就完结了"④。

---

① 《马克思恩格斯文集》第1卷，人民出版社，2009，第500页。
② 《毛泽东选集》第1卷，人民出版社，1991，第296—297页。
③ 《马克思恩格斯文集》第9卷，人民出版社，2009，第91页。
④ 《马克思恩格斯文集》第4卷，人民出版社，2009，第279页。

二、个人主义方法论的逻辑断裂

哈耶克由主观主义怀疑论出发，否认理性指导、控制社会进化的可能，进而得出自由主义结论[1]，这是一个逻辑完整的论证闭环。在阐述主观主义怀疑论时，哈耶克的分析重心是先在性知识分类结构，以及由分散性个人知识组成的知识分工体系；在总结自由主义结论时，哈耶克的关注重点是保障个人自由权利，使其免受专断性意志的强制。不难发现，个人主义方法论构成了主观主义怀疑论和自由主义政治诉求的底层逻辑。然而，当哈耶克试图从种群竞争的视角论证自由竞争市场秩序的合意性时，个人主义方法论与社会进化论的分歧开始显现。个人主义方法论能否成为哈耶克经济自由主义分析范式的一贯逻辑，这是极其令人怀疑的。

在社会科学研究中，个人与社会整体之间的关系是无法绕过的经典问题。马尔科姆·卢瑟福认为，根据对该问题的不同解答，学术界分为两种对立的立场，即所谓的整体主义方法论和个人主义方法论。卢瑟福认为，整体主义方法论通常包括三个基本命题："1. 社会整体大于其部分之和；2. 社会整体显著地影响和制约其部分的行为或功能；3. 个人的行为应该从自成一体并适用于作为整体的社会系统的宏观或社会的法律、目的或力量演绎而来，从个人在整体当中的地位（或作用）演绎而来。"[2] 而个人主义方法论则包括另外三个基本命题："1. 只有个人才有目标和利益；2. 社会系统及其变迁产生于个人的行为；3. 所有大规模的社会学现象最终都应该根据只考虑个人，考虑他们的气质、信念、资源以

---

① 弗里德利希·冯·哈耶克：《自由秩序原理（上）》，邓正来译，生活·读书·新知三联书店，1997，第165页。
② 马尔科姆·卢瑟福：《经济学中的制度：老制度经济主义和新制度经济主义》，陈建波等译，中国社会科学出版社，1999，第33—34页。

及相互关系的理论加以解释"①。

以上对基本命题的概括，反映了双方阵营的代表性意见，并不意味着其中的学者严格依照阵营划分泾渭分明地支持或反对每一条命题。卡尔·波普是个人主义方法论的拥护者，但他承认社会整体大于其成员的简单加总，社会整体有历史和结构并对个人发生着影响。作为个人主义方法论的坚定拥护者，哈耶克承认个人动机和行为总是部分地取决于传统习俗和制度规则，反对从原子式的抽象个人出发分析社会进化过程。② 这样看来，个人主义方法论与整体主义方法论的根本分歧，指向的是不同的社会科学研究纲领，即上述两种基本命题概括中的第三项。在个人主义方法论那里，社会现象归根到底取决于个人行为及其相互关系；但在整体主义方法论那里，社会整体的功能或目的决定了个人行为及其相互关系。

与客观唯心主义不同，主观唯心主义总是指向个人观念。当哈耶克强调社会科学研究的主观唯心主义属性时，他实际上已成功植入了个人主义方法论，使之成为社会科学研究的底层逻辑。哈耶克强调，作为社会科学研究对象的社会整体，不是感觉经验所能直接获得的结果。感觉经验直接获得的是个人的观念、意见等，它们作为社会科学的论据，构成了原子要素，是它们组成了社会整体。③ 他认为，社会科学理论的实质就在于，"把已作这种分类的个体行为的不同类别作为要素，再用这些要素来建立假想的模型，从而努力重现我们已知的周围世界中的社会关系模式"④。社会科学理论的任务既不是解释社会行为，也不是通过

---

① 马尔科姆·卢瑟福:《经济学中的制度：老制度经济主义和新制度经济主义》，陈建波等译，中国社会科学出版社，1999，第38页。

② Piyo M. Rattansi, "Hayek, Popper and Scientism," in S. F. Frowen, ed., *Hayek: Economist and Social Philosopher——A Critical Retrospect* (London: St. Martin's Press, 1997), pp.155–183.

③ T. Lawson 把哈耶克的社会科学方法称作建构方法。Tony Lawson, "Development in Hayek's Social Theorising," in S. F. Frowen, ed., *Hayek: Economist and Social Philosopher——A Critical Retrospect* (London: Macmillan Press, 1997), pp.125–154。

④ A·哈耶克:《个人主义与经济秩序》，贾湛等译，北京经济学院出版社，1991，第65页。

所谓的经验观察来发现人类行为的法则，或者发现社会整体客观变化规律；从思想上重建由个人行为——有意识的或无意识的——所产生的并非出于设计的总合秩序，从而组成社会整体、提供社会结构的关系体系，可能是社会科学更为适合的任务。①

另外，传统自由主义捍卫的是个人的自由权利，这当然与个人主义方法论存在密切的内在联系。哈耶克指出，约翰·洛克、伯纳德·孟德维尔、大卫·休谟、亚当·斯密、艾德蒙·伯克、阿列克塞·托克维尔等自由主义学者，无一例外都坚持个人主义方法论。原因在于，如果把个人行为和观念作为确定的、不受任何检验的逻辑起点，那么也就意味着个人自由具有首要价值地位，从而为自由主义树立起了一道有效的屏障。个人主义蕴含着一个极具实践意义的重要结论："它要求对所有的强制性权力或一切排他性权力都施以严格的限制。"②"个人主义教导我们：只有当社会是自由的时候，社会才会比个人更伟大；换言之，只要社会受到控制或指导，那么社会的发展就会受到控制或指导它的个人心智所具有的力量的限制。如果现代心智妄自尊大，不尊重不受个人理性有意识控制的任何事物，而且也不知道在哪里及时止步，那么……'我们的视域及我们周遭的一切都将不断地萎缩，直至把我们的所思所虑最终限制在我们的心智所及的范围之内'。"③

哈耶克强调，坚持个人主义方法论"首要目的就在于反对那些不折不扣的集体主义的社会理论，因为那些社会理论谎称它们有能力直接

---

① Caldwell 指出，对于大多数经济学家而言，无论他们是明确或是隐蔽地坚持某种方法论，但对本体论这个前提问题基本上采取了避而不谈的策略。考虑到这种状况，哈耶克的努力显然是意义重大的，因为他试图把方法论与本体论联系起来。Bruce Caldwell, "Four theses on Hayek," in M. Colonna, H. Hagemann and O. F. Hamouda ,eds., *Capitalism, Socialism and Knowledge* (Aldershot: Edward Elgar, 1994)。

② F. A·冯·哈耶克：《个人主义与经济秩序》，邓正来译，生活·读书·新知三联书店，2003，第22—23页。

③ F. A·冯·哈耶克：《个人主义与经济秩序》，邓正来译，生活·读书·新知三联书店，2003，第43页。

把类似于社会这样的社会整体理解成自成一类的实体：这就是说，这类实体乃是独立于构成它们的个人而存在的"①。集体主义方法论错误地将表征个别现象间暂时性关系的理论和模式当成客观事实，不自觉地成为"观念实在论"的牺牲品。② 这最终导致一种颠倒的、错误的观点："我们能够直接认识的事物、我们赖以重建整体的那些因素，只有通过整体才能理解；在我们能够理解这些因素之前，必须先明白这些整体。"③但事实正好相反，社会科学研究的整体从来就不是既定的，它们不过是思维活动主观构建的结果。"我们作为相同的集合体或整体而放在一起的实例，是个别事件之不同的复合体，它们本身可能大不相同，但我们相信它们以某种方式相互联系在一起；它们是根据某种有关其一致性的理论，从一个复杂图式中选择出来的某些要素。它们并不表示明确的物或物类别（如果我们从物质的或具体的意义上理解'物'这个词的话），而是代表着一种可以使不同之物相互联系在一起的模式或秩序——它不是一种空间或时间秩序，而是只能根据可以理解的人类态度之关系来定义。……换言之，只有当我们所建立的理论是正确的，才存在着我们所说的这种整体；它是有关各部分所包含的关系之理论，是我们只能用那些关系所形成的模式加以明确表述的理论。"④

哈耶克认为，个人主义方法论是进行社会科学研究的基本依据，把个人观念和行为作为社会科学研究的"事实"，接下来的工作就是在思想上重建由不同个人组成的社会关系结构图式，理解蕴含于其中的自发的、未经设计的秩序。"在社会科学中，我们所熟悉的要素是个人的

---

① F. A·冯·哈耶克：《个人主义与经济秩序》，邓正来译，生活·读书·新知三联书店，2003，第12页。

② 弗里德里希·A. 哈耶克：《科学的反革命：理性滥用之研究》，冯克利译，译林出版社，2003，第52页。

③ 弗里德里希·A. 哈耶克：《科学的反革命：理性滥用之研究》，冯克利译，译林出版社，2003，第74页。

④ 弗里德里希·A. 哈耶克：《科学的反革命：理性滥用之研究》，冯克利译，译林出版社，2003，第53—54页。

态度，我们通过组合这些要素，尝试着重建复杂现象，即个人行为的那些我们所知不多的结果——这个过程经常导致发现一些不是（大概也无法）通过直接观察而建立的复杂现象之结构统一性的原理，而自然科学则必须从自然界的复杂现象入手，再回过头来推导出那些构成它们的要素。……从这个意义上说，自然科学的方法是分析的，而社会科学的方法最好称为综合的。"[①]

作为思想重建的综合结果，哈耶克勾勒的自由竞争市场秩序具有鲜明的个人主义方法论烙印。第一，依据个人行为及其互动认识自由竞争市场秩序的基本规定性：个人拥有行动自由权，可依据具体条件自由行动以追逐自身经济利益；不同个人的自由行动会形成自发竞争的态势，每个人的行动得失因此取决于其他相关个体的自由行动。第二，构建个人自由竞争行为与市场秩序整体效率的逻辑关系：相对价格体系蕴含着引导个人行为均衡和市场供求均衡的重要信息，价格机制以最简洁的形式将最重要的信息传递给相关的经济当事人，是一种高效的信息交流与沟通机制；借助于相对价格体系，分散性个人知识相互嵌合成知识分工体系，相互竞争的个人自由行动联结成一个极具生产效率的有机体系。第三，勾勒个人自由竞争行为造成的社会进化图景：个人自由竞争行动造成了社会进化中新要素的涌现，它们或是资源使用的新组合，或是协调个体行动的新安排和新模式；这些新要素在种群的生存竞争中脱颖而出，被他人学习模仿而成为新的常规做法，由此推动自由竞争市场秩序实现多样性的分化。

有学者主张，严格的个人主义方法论要求意向性解释，即以未来的需要和意愿来解释当前的行为。显然，哈耶克从未坚持这种严格的个人主义方法论。在他看来，对个人主义方法论最愚蠢的理解，莫过于原子式的意向性解释，它以孤立的或自足的个人存在为分析前提，完全忽

[①] 弗里德里希·A.哈耶克：《科学的反革命：理性滥用之研究》，冯克利译，译林出版社，2003，第32—33页。

略了个人的整个性质和特征都取决于他们存在于社会之中这样一个事实。[①] "真个人主义的基本主张认为，通过对个人行动之综合影响的探究，我们发现：第一，人类赖以取得成就的许多制度乃是在心智未加设计和指导的情况下逐渐形成并正在发挥作用的；第二，套用亚当·弗格森的话来说，'民族或国家乃是因偶然缘故而形成的，但是它们的制度则实实在在是人之行动的结果，而非人之设计的结果'；第三，自由人经由自生自发的合作而创造的成就，往往要比他们个人的心智所能充分理解的东西更伟大。"[②]

哈耶克之所以反对严格的个人主义方法论，原因当然在于它明显违背常识。任何现实的个人行为，总是以该个人所处社会的既存制度规则为前提的，很难想象一个没有任何制度规则的历史时刻，其时仅仅是个人天性适应物质环境形成一定的理性行为。[③] 但为了批驳这种严格的个人主义方法论，哈耶克转而承认个人行为总是受制于社会的整体性因素，这事实上已经背离了个人主义方法论的基本立场，即主张社会现象归根到底取决于个人行为及其相互关系。由此构造的经济自由主义分析范式，必然是三心二意地运用个人主义方法论的不纯粹产物。

在后期研究中，哈耶克转而从社会进化论视角论证自由竞争市场秩序的合理性，这就更大程度地背离了个人主义方法论基本立场。Parsons 指出，哈耶克将"群体选择"（group selection）作为理解社会进化的关键环节，这标志着他从个人主义方法论转向整体主义功能性解释，即主要依据制度规则对社会系统运行／目标的效能来解释其变迁过

[①] F. A·冯·哈耶克：《个人主义与经济秩序》，邓正来译，生活·读书·新知三联书店，2003，第 11 页。

[②] F. A·冯·哈耶克：《个人主义与经济秩序》，邓正来译，生活·读书·新知三联书店，2003，第 12 页。

[③] 马尔科姆·卢瑟福：《经济学中的制度：老制度经济主义和新制度经济主义》，陈建波等译，中国社会科学出版社，1999，第 81—97 页。

程。①Vanberg 也表达了类似的看法：当哈耶克强调文化进化过程中的群体选择过程——根本不同于个体式的变动和选择过程——是最重要的时候，他实际上是在求助于一种整体性的功能主义观点。根据这种观点，文化规则的进化是一个筛选过程，这一过程的完成是通过实践这些规则的不同群体所获得的差别性优势来实现的；至于何以采纳某一规则，则并非源于个人的动机和理性行动，而是出于不为人知、甚或纯粹偶然的原因。②

当然，也有一些新制度主义学者试图贯彻个人主义方法论，尝试将制度生成与变迁还原为个人（有意或无意）的最优决策行为，其中较为典型的理论是关于交易费用、产权、企业组织等的研究成果。然而，一旦制度研究拓展到社会进化的维度，个人主义方法论的局限性就立刻显现出来，从个人主义方法论向整体主义功能性解释的转向就成为必然选择，典型例子是道格拉斯·诺斯在分析社会制度变迁时对意识形态功能、国家作用的高度重视。或许有人会争辩认为，哈耶克将分散性个人知识的发现和运用确立为种群间生存竞争的成败标准，这难道不是基于个人主义方法论进行的功能性解释吗？

答案是否定的。上述争辩不经意间暴露了哈耶克个人主义方法论的逻辑断裂点：哈耶克所强调的分散性个人知识，只是社会进化和制度变迁的"无知之幕"，推动社会进化和制度变迁的根本动力是种群间的生存竞争，决定竞争成败的关键是知识分工体系的架构，这被哈耶克归类为理性无法触达的整体性因素，它不是个人理性地发现和运用知识的结果。也就是说，个人发现和运用分散性知识的理性行为，不是推动自由竞争市场秩序生成、演化的动力；恰恰相反，依赖于作为文明偶发奇

---

① Stephen D. Parsons, John Watkins, "Hayek and the Limitations of Knowledge: Philosophical Aspects," in S. F. Frowen, ed., *Hayek: Economist and Social Philosopher——A Critical Retrospect* (London: Palgrave Macmillan, 1997), pp.63–93.

② Viktor Vanberg, "Spontaneous Market Order and Social Rules: A Critical Examination of F. A. Hayek's Theory of Cultural Evolution," *Economics & Philosophy* 2 (1986): 75–100.

迹的自由竞争市场秩序，个人才得以有效地发现和运用分散性知识。

我们不禁要问，在自由竞争市场秩序的生成历史中，个人行为扮演了什么角色，是否能将种群间生存竞争进一步还原为个人的理性行为？遗憾的是，对于理性认识的质疑立场限制了哈耶克的研究取向，他从未就此问题展开过认真深入的探讨。对于哈耶克个人主义方法论的逻辑断裂，Harsanyi 评价道：由于缺乏功能需求与规范形成之间的实际机制，即无法在个人建立和维护这些社会规范的行为和社会整体的有效功能之间构建一个有效的激励机制，因此它并不构成一种真正的解释。而且，这种企图实际上假定存在一种脱离有目的的行为者的目的。①

引入社会进化与群体选择，固然造成个人主义方法论的逻辑断裂，但相应的好处也非常明显，使哈耶克关于自由竞争市场秩序的合意性论证获得了更多信徒。这一事实表明，就社会进化和制度变迁而言，整体主义方法论较之个人主义方法论具有更强的解释力。如果我们从社会进化和群体选择出发再向前走一步，就会看到马克思主义唯物史观关于个人与社会关系的科学阐述。

马克思指出："人是最名副其实的政治动物，不仅是一种合群的动物，而且是只有在社会中才能独立的动物。"② "社会不是由个人构成，而是表示这些个人彼此发生的那些联系和关系的总和。这就好比有人这样说：从社会的角度来看，并不存在奴隶和公民；两者都是人。其实正相反，在社会之外他们才是人。成为奴隶或成为公民，这是社会的规定，……他在社会里并通过社会才成为奴隶。"③ 因此，作为社会成员的个人从来不是自由意志者，其行为总是受到各种具体的历史条件的制约。"人们自己创造自己的历史，但是他们并不是随心所欲地创造，并

---

① John C. Harsanyi, "Individualistic and Functionalistic Explanations in the Light of Game Theory: The Example of Social Status," *Studies in Logic and the Foundations of Mathematics* 49（1968）: 305-348.

② 《马克思恩格斯文集》第 8 卷，人民出版社，2009，第 6 页。

③ 《马克思恩格斯全集》第 30 卷，人民出版社，1995，第 221-222 页。

不是在他们自己选定的条件下创造，而是在直接碰到的、既定的、从过去承继下来的条件下创造。"①

　　构成这些历史条件的核心要素，不是地理的、自然的要素，而是特定的社会生产方式及相应的生产关系。"人们不能自由选择自己的生产力——这是他们的全部历史的基础，……这种能力本身决定于人们所处的条件，决定于先前已经获得的生产力，决定于在他们以前已经存在、不是由他们创立而是由前一代人创立的社会形式。后来的每一代人都得到前一代人已经取得的生产力并当做原料来为自己新的生产服务，由于这一简单的事实，就形成人们的历史中的联系，就形成人类的历史，这个历史随着人们的生产力以及人们的社会关系的愈益发展而愈益成为人类的历史。由此就必然得出一个结论：人们的社会历史始终只是他们的个体发展的历史，而不管他们是否意识到这一点。他们的物质关系形成他们的一切关系的基础。这种物质关系不过是他们的物质的和个体的活动所借以实现的必然形式罢了。"②

　　在前资本主义阶段，人们以血缘、宗族等自然纽带结成"自然共同体"，"人的生产能力只是在狭小的范围内和孤立的地点上发展着"。③ "我们越往前追溯历史，个人，从而也是进行生产的个人，就越表现为不独立，从属于一个较大的整体：最初还是十分自然地在家庭和扩大成为氏族的家庭中，后来是在由氏族间的冲突和融合而产生的各种形式的公社中。只有到18世纪，在'市民社会'中，社会联系的各种形式，对个人说来，才表现为只是达到他私人目的的手段，才表现为外在的必然性。但是，产生这种孤立个人的观点的时代，正是具有迄今为止最发达的社会关系（从这种观点看来是一般关系）的时代。"④ "在这

---

①《马克思恩格斯文集》第 2 卷，人民出版社，2009，第 470—471 页。

②《马克思恩格斯文集》第 10 卷，人民出版社，2009，第 43 页。

③《马克思恩格斯文集》第 8 卷，人民出版社，2009，第 52 页。

④《马克思恩格斯文集》第 8 卷，人民出版社，2009，第 6 页。

个自由竞争的社会里，单个的人表现为摆脱了自然联系等等，而在过去的历史时代，自然联系等等使他成为一定的狭隘人群的附属物。"[1]

三、"超历史"抽象的认知局限

哈耶克构建的经济自由主义分析范式，事实上被他本人视为必要的批判武器，用以对抗集体主义，特别是社会主义运动。显然，在集体主义和社会主义运动中，马克思主义以其唯物史观的宏大叙事形成了持久而广泛的深远影响。对哈耶克而言，为了让自己的批判武器与其有效抗衡，就必须涉足人类社会发展历史，在历史事实中获得火力相当的弹药补给。正是基于这一考虑，哈耶克在后期涉足历史研究，并毫不犹豫地引入了社会进化论观点，以便有力地回击"历史决定论"，即便这会破坏他前期研究所表达的主观主义立场，甚至造成个人主义方法论的逻辑断裂。

哈耶克认为，文明的起源和延续，表现为不断向外扩展的人类合作关系。"人类最终能够像现在这样稠密地占据地球的大部分地区，甚至能够在几乎生产不出任何必需品的地方维持众多的人口，这是因为人类就像一个自我伸展的庞大机体，学会了扩展到最遥远的角落，从每个地方汲取整体所需要的不同养分。"[2] "这种秩序的更为常见但会让人产生一定误解的称呼是资本主义。"[3] 尊奉资本主义经济秩序的群体，其人口和财富相比其他群体得以更快增长，该秩序因此表现为社会进化的自然选择结果，成为人类文明的代名词。在哈耶克看来，资本主义经济秩序的生成，标志着人类社会从原始野蛮状态过渡到现代文明状态；能否在社会进化中维护资本主义经济秩序，标志着人类文明是进步还是

---

[1]《马克思恩格斯文集》第 8 卷，人民出版社，2009，第 5 页。

[2] F. A·哈耶克:《致命的自负》，冯克利等译，中国社会科学出版社，2000，第 45 页。

[3] F. A·哈耶克:《致命的自负》，冯克利等译，中国社会科学出版社，2000，第 1 页。

倒退。

　　哈耶克认为，处于原始野蛮状态的人类，其行为受集体主义本能的支配。这种集体主义本能可以被称为"自然道德"[①]，它"适用于流动的小部落或群体的生活，人类及其前辈就是在这些群体中演化了数十万年，形成了人类基本的生物学构造。这些由遗传而得到继承的本能，主导着一个群体内的合作，而这种合作必然范围狭小，仅限于相互了解和信任的同胞之间的交往。……休戚与共和利他主义的本能，对这些协作方式起着决定性作用。这些本能适用于自己团体中的成员，却不适用于外人。"[②]受集体主义本能支配的人类行为表现出明显的封闭性，人际合作关系无法向外扩展，对应的群体当然也就无法人丁兴旺、物产丰盈。

　　哈耶克认为，与原始野蛮状态适成对照，身处现代文明中的人们只接受抽象行为规则——对应上一章所说的"自由法律"——的约束，这些行为规则是不同于"自然道德"的"新道德"，包括"有关私有财产、诚信、契约、交换、贸易、竞争、收获和私生活的规则……，其主要内容则是一些划定了个人决定之可调整范围的禁令（'不得如何'）"[③]。在哈耶克看来，遵循行为规则意味着否弃集体主义本能。"……这时我们不再主要服务于熟悉的同伴或追求共同的目标，而是逐步形成了各种制度、道德体系和传统，它们所导致并维持其生存的人口，是生活在文明开始前人口数量的许多倍，这些人主要是以和平竞争的方式，在同成千上万他们素不相识的人的合作中，追求着自己所选择的成千上万个不同的目标。"[④]哈耶克认为，以扩展的合作关系为特征的资本主义经济秩序，是人类文明得以生成的基本标志。

　　哈耶克主张，对文明起源史的考察表明，"……现代文明的独特基

①F. A·哈耶克:《致命的自负》，冯克利等译，中国社会科学出版社，2000，第8页。

②F. A·哈耶克:《致命的自负》，冯克利等译，中国社会科学出版社，2000，第7—8页。

③F. A·哈耶克:《致命的自负》，冯克利等译，中国社会科学出版社，2000，第8页。

④F. A·哈耶克:《致命的自负》，冯克利等译，中国社会科学出版社，2000，第156—157页。

础是在地中海周围地区的古代形成的。……地中海地区是最早承认个人有权支配得到认可的私人领域的地方，这使个人能够在不同团体之间发展出密集的商业关系网。这个网络的运行独立于地方头领的观点和愿望，因为当时对那些航海商人的活动，很难进行集中管理"①。不过哈耶克认为，文明的进化并不是一帆风顺的，"自然道德"与"新道德"的相互冲突构成了社会进化的主线。人类往往出于本能冲动，试图依照"自然道德"标准来控制改造社会。但不幸的是，"如果我们把微观组织（例如小部落或小群体或我们家庭）中的那种一成不变的、不加限制的规则，用于宏观组织（如我们更为广大的文明）——我们的本能和情感欲望经常使我们愿意这样做——我们就会毁了它"②。

哈耶克指出，在罗马共和国时代晚期和罗马帝国时代早期，元老院成员深深卷入商业利益，由此形成了一个以个人财产绝对观念为核心的罗马私法体系。但此后不久，罗马的中央政府逐步取消创业自由，这导致刚刚成长的资本主义经济秩序开始衰落并最终崩溃。在欧洲，"这个过程一再出现：文明可以扩展。但是在接管了公民日常事务处理权的政府的统治下，它不太可能得到很大的发展。……一再被'强大的'政府所中断"③。欧洲文明在中世纪晚期的复兴，主要是"得益于政治上的无政府状态。……在文艺复兴时期的意大利、德国南部和低地国家的城市里，最后是在治理宽松的英格兰，也就是说，在资产阶级而不是军阀的统治下，近代的产业制度才得到了发展。保护分立的财产，而不是政府主宰其用途，为密集的服务交换网络的成长奠定了基础，也正是这一网络形成了扩展秩序"④。在哈耶克眼中，相比之下，亚洲的文明进程被强大的政府所阻碍，"这些政府（和欧洲中世纪的封建制度相似，但

---

① F. A·哈耶克：《致命的自负》，冯克利等译，中国社会科学出版社，2000，第28—29页。

② F. A·哈耶克：《致命的自负》，冯克利等译，中国社会科学出版社，2000，第16页。

③ F. A·哈耶克：《致命的自负》，冯克利等译，中国社会科学出版社，2000，第32页。

④ F. A·哈耶克：《致命的自负》，冯克利等译，中国社会科学出版社，2000，第33页。

其权力却超过了欧洲）也有效地抑制了私人的首创精神。其中最显著者莫过于中华帝国，在一再出现的政府控制暂时受到削弱的'麻烦时期'，文明和精巧的工业技术获得了巨大进步。但是这些反叛或脱离常规的表现，无一例外地被国家的力量所窒息，因为它一心只想原封不动地维护传统秩序"①。

哈耶克选择社会进化视角来论证资本主义经济秩序的合理性，这对于普通大众而言无疑更容易理解，哈耶克也因此赢得了更广泛的社会影响力。然而，通俗化往往意味着简单化。具有反讽意味的是，哈耶克向人们展示的社会进化史实在是太过简单，它仅仅是一部"野蛮"与"文明"的较量史。那些被历史学家努力勾勒出的不同历史发展阶段，在哈耶克这里被标签化为野蛮状态和文明状态的历史更迭，而资本主义经济秩序则被塑造成超历史的、普适的文明模式。

这种非黑即白的简化，生动地再现了马克思批判的资产阶级庸俗经济学家的研究视域。在1847年出版的《哲学的贫困》一书中，马克思指出："经济学家们的论证方式是非常奇怪的。他们认为只有两种制度：一种是人为的，一种是天然的。封建制度是人为的，资产阶级制度是天然的。在这方面，经济学家很像那些把宗教也分为两类的神学家。一切异教都是人们臆造的，而他们自己的宗教则是神的启示。经济学家所以说现存的关系（资产阶级生产关系）是天然的，是想以此说明，这些关系正是使生产财富和发展生产力得以按照自然规律进行的那些关系。因此，这些关系是不受时间影响的自然规律。这是应当永远支配社会的永恒规律。于是，以前是有历史的，现在再也没有历史了。"②

事实上，哈耶克并不反对以宗教方式为资本主义经济秩序提供合理性论证。在他看来，"有益的传统被保留下来并至少传递了足够长的时间，使遵循它们的群体的人口得以增加并有机会在自然或文化选择中

---

① F.A·哈耶克：《致命的自负》，冯克利等译，中国社会科学出版社，2000，第32页。
②《马克思恩格斯文集》第1卷，人民出版社，2009，第612页。

扩张，我们认为这在一定程度上要归因于神秘主义和宗教信仰，而且我相信，尤其应归因于一神教信仰。……我有时认为，至少它们中间的一部分，也许可以被恰当地叫做'象征性真理'，……过早失掉我们视为不真实的信仰，会使人类在我们正享受着的扩展秩序的长期发展中失去一个强有力的支持，而且即使到了今天，失去这些无论真实还是虚假的信仰，仍会造成很大的困难。……一方面是宗教，另一方面是一些形成并推动了文明的价值观念，如家庭和分立的财产，它们之间有着无可怀疑的历史联系，但这不一定是指在宗教本身和这些价值之间有任何内在关系。在过去两千年的宗教创始人中，许多是反对财产和家庭的。但是，只有那些赞同财产和家庭的宗教延续了下来"①。

从实用主义观点看，由于欧洲各国拥有悠久的一神教传统，这赋予了资本主义经济秩序以神秘主义色彩，因此更容易获得广大天主教、基督教信徒的共鸣。但就严肃的学术研究而言，乞灵于神秘主义和宗教信仰，无疑是理性认知的倒退。或许对于晚年的哈耶克而言，意识形态的教化才是第一位的，为了突出资本主义经济秩序的普适性，牺牲学术严谨性是必要的代价。如果事实是这样，我们也就不难理解，为什么哈耶克会完全否定社会科学研究中的历史主义取向。他批评道："从黑格尔和孔德尤其是马克思，到松巴特和斯宾格勒，这些伪造的理论逐渐被人们看成社会科学的代表性成果；……由于它认为我们可以直接观察社会整体或任何有着特定变化的社会现象整体中的变化，并且认为整体中的一切也必然同它一起变化，于是得出结论说，对于形成这些整体的因素，不可能存在着永恒不变的通则，对于它们可能结合成整体的方式，不可能存在普适性的理论。也就是说，任何社会理论必然都是历史的，是'zeitgebunden'（有时代局限的），只具有相对于一定历史阶段或制

---

① F.A·哈耶克:《致命的自负》，冯克利等译，中国社会科学出版社，2000，第158—159页。

度的真实性。"①与历史主义取向不同，哈耶克只承认普适性的文明进化模式。在他看来，适应未知的变化是社会进化的核心问题，但这并不意味社会进化无章可循。大量事实表明，无论是低级生物、高级生物还是人，在应对变化的环境时都遵循一定模式，其微观个体的行为也因此呈现出某种规律性。通过考察人类历史不同时期，哈耶克得出结论：不断重复出现的资本主义经济秩序，是人类文明进化的一般模式，是普遍适用于任何历史时期的终极模式。

为了对抗所谓的社会主义"历史决定论"，哈耶克曾强调："不管是遗传还是别的什么因素，都不能决定文化的进化，它的结果是多变的，不是千篇一律的。"②可是当他赞美资本主义经济秩序是文明进化的终极模式时，难道不正是在宣告历史的终结吗？这难道不是比"历史决定论"更武断的结论吗？

现实的人类社会发展史，决不是哈耶克描绘的"野蛮状态"与"文明状态"的交替史，因此它也不可能终结于资本主义经济秩序。无数的考古学、人类学和历史学证据表明，人类社会发展存在不同阶段，表征量变的进化和表征质变的革命，共同构成了人类历史起承转合的全部逻辑。正如马克思指出的："……现实的、从事活动的人们，他们受自己的生产力和与之相适应的交往的一定发展——直到交往的最遥远的形态——所制约。"③"生产力与交往形式的关系就是交往形式与个人的行动或活动的关系。……个人相互交往的条件，……起初是自主活动的条件，后来却变成了自主活动的桎梏，这些条件在整个历史发展过程中构成各种交往形式的相互联系的序列，各种交往形式的联系就在于：已成为桎梏的旧交往形式被适应于比较发达的生产力，因而也适应于进

---

① 弗里德里希·A.哈耶克：《科学的反革命：理性滥用之研究》，冯克利译，译林出版社，2003，第75—76页。

② F.A·哈耶克：《致命的自负》，冯克利等译，中国社会科学出版社，2000，第25页。

③《马克思恩格斯文集》第1卷，人民出版社，2009，第524—525页。

步的个人自主活动方式的新交往形式所代替；新的交往形式又会成为桎梏，然后又为另一种交往形式所代替。由于这些条件在历史发展的每一阶段都是与同一时期的生产力的发展相适应的，所以它们的历史同时也是发展着的、由每一个新的一代承受下来的生产力的历史，从而也是个人本身力量发展的历史。"① 以发展的观点看，"社会的物质生产力发展到一定阶段，便同它们一直在其中运动的现存生产关系或财产关系（这只是生产关系的法律用语）发生矛盾。于是这些关系便由生产力的发展形式变成生产力的桎梏。那时社会革命的时代就到来了。随着经济基础的变更，全部庞大的上层建筑也或慢或快地发生变革"②。

　　肯定个人行为受到生产力与生产关系、经济基础与上层建筑矛盾运动的整体性制约，意味着承认历史发展规律的客观性。和自然规律一样，它们既是人类实践活动的约束条件，同时也是实践得以展开的客观依据。一方面，"一个社会即使探索到了本身运动的自然规律，……它还是既不能跳过也不能用法令取消自然的发展阶段"③。另一方面，社会发展总是通过人们的实践活动才得以实现。人们在实践中直接碰到的条件并非某种具有内在统一性的单一体系，而是在很大程度上具有间断的、偶然的性质。从这个意义上讲，历史发展的具体进程从来不是被预先决定的，作为历史主体的人们具有一定程度的自由④，在认识和遵循历史发展规律的基础上，通过有意识、有目的的集体性社会运动，缩短和减轻历史发展中"分娩的痛苦"，从而"自己创造自己的历史"。

---

① 《马克思恩格斯文集》第 1 卷，人民出版社，2009，第 575—576 页。
② 《马克思恩格斯文集》第 2 卷，人民出版社，2009，第 591—592 页。
③ 《马克思恩格斯文集》第 5 卷，人民出版社，2009，第 9—10 页。
④ 王南湜：《马克思的历史概念》，《哲学研究》2007 年第 10 期，第 3—8 页。

第六章　对资本主义矛盾的意识形态遮蔽

哈耶克努力捍卫自由主义传统，目的不是鼓动社会大众努力达致一种新的"理想国"，而是劝诫社会大众遵守服从既有的资本主义经济秩序。即便那些赞同其经济自由主义理论的学者也不得不承认，这种理论兼具学术研究的开放性和意识形态的封闭性。[①] 当哈耶克大胆地混用自由竞争市场秩序、扩展的合作秩序和资本主义经济秩序时，有关自由竞争市场秩序的自发性分析、经济效率论证，及其对个人自由的维护，自然也就被搬过来成为论证资本主义制度合理性的基本论据。因此，哈耶克对自由竞争市场秩序的辩护，具有鲜明的实践导向，即维护现实的资本主义经济秩序及其背后的基本制度架构。然而，这种移花接木式的辩护是不成功的。

丰富的经济史研究成果表明，在市场中交换商品是人类的悠久传统。原始部族间的易物交换、古希腊和古罗马的奴隶买卖、欧洲中世纪的定期集市和交易所的兴起、中国唐宋明时期繁华的都市商业，都是市场交换活动兴旺发展的重要证据。但对于绝大多数经济学家而言，这些市场交换活动当然不是自由竞争市场秩序，更不等同于资本主义经济秩序。事实上，经济学界的一项基本共识是，大体在 17 世纪后，当资产阶级反抗封建君主的胜利逐渐席卷西欧后，资本主义文明开始成为引领世界发展的潮流，包括产品市场和要素市场在内的市场体系不断发育完

---

① 邓正来：《自由与秩序》，江西教育出版社，1998，第 7 页。

整，社会经济活动由此表现出市场秩序。在这个共识中，资本主义是近代革命的产物，市场秩序是这个资本主义的专有特征。哈耶克为了论证普适性文明进化模式，断然取消了资本主义的历史性。他勾勒的自由竞争市场秩序对历史资本主义进行了选择性剪裁，问题、矛盾、危机等负面因素被排除在研究议题之外，这无疑是伪装成学术研究的资产阶级意识形态辩护。

一、资本主义经济秩序的扩展真相

哈耶克坚信，自由竞争市场秩序是社会自发进化的产物，而国家则往往是破坏自由竞争市场秩序的"邪恶"力量。有学者指出，哈耶克重视自由竞争市场秩序的制度基础，不断重申"自由法律"对国家行动的约束，试图以制度的自发变迁作为秩序自发扩展的基础。[①] 在他看来，"自由法律"的确立是社会进化中群体选择的偶然结果，但由于它保障了个人的行动自由，促进了分散性个人知识的发现和运用，因此在群体竞争中凭借效率优势成为自然选择的结果。遵守"自由法律"保证了一个群体得以向外扩展其分工交换网络，作为群体成员的个人相应地获得更多的财富和收入。在这里，个人谋求自身利益的经验性调适行为，促成了"自由法律"的生成和维持，它是自发进化的结果。

值得肯定的是，当哈耶克的聚焦点由秩序扩展问题转向制度变迁问题时，不仅研究的广度得到了扩展，研究的深度也得到了加强。但不幸的是，恰恰是研究深度的加强，导致哈耶克的论证缺陷异常清晰地暴露出来。众多学者指出，构成自由竞争市场秩序——准确地讲是资本主义经济秩序——制度基础的"自由法律"，从来不是自发变迁的产物，它之所以被树立为社会公认的行为规则，离不开资产阶级有目的、

---

① Viktor Vanberg, "Spontaneous Market Order and Social Rules: A Critical Examination of F. A. Hayek's Theory of Cultural Evolution," *Economics & Philosophy* 2（1986）: 75–100.

有纲领的集体行动。作为"总资本家"的资本主义国家是资产阶级开展集体行动的暴力工具，是资本主义经济秩序向外扩展的重要机器，它从根本上解构了自由竞争市场秩序自发扩展的可能性。

即便是那些坚持个人主义方法论的学者，也承认自利的个人面临囚徒困境，其理性选择是背弃而非遵守合作的市场交换规则。为了破解囚徒困境，一些新制度经济学者引入重复博弈和互惠机制（the mechanism of reciprocity），以期诱导个人遵守合作的市场交换规则。但正如批评意见指出的，只有当个人再次相遇的可能性及其违反规则被识别的可能性都足够大时，他才会充分考虑未来交往的得失，从而主动遵守合作的市场交换规则；事实上，随着经济活动参与者数量的增长及其流动性的提高，上述两种可能性不断降低，这要求一个有组织的强制力量来约束个人行为使之服从于合作的市场交换规则。[1]通过考察 15 世纪至 18 世纪的欧洲社会经济史，费尔南·布罗代尔指出，16 世纪至 17 世纪的英格兰之所以涌现出大量私人贸易，其先决条件之一是独立派政治团体的出现，他们促成了各地区交通的开放和畅通。[2]卡尔·博兰尼也表达了类似意见：在非市场交易准则占优势的前资本主义社会中，个人的交换行为通常不能自发地形成市场交换规则占主导的社会模式。作为一种基本社会经济制度出现的市场经济，它的产生离不开国家有目的的强力干预行为。只有借助于国家强制力量，才能有效地消除地方保护主义对非竞争性的地区贸易和远程贸易的分割，为建立竞争性的国内市场提供必要条件。[3]

更残酷的事实是，资本主义经济秩序的生成是以劳动力市场的生

---

① Viktor Vanberg, "Spontaneous Market Order and Social Rules: A Critical Examination of F. A. Hayek's Theory of Cultural Evolution," *Economics & Philosophy* 2（1986）：75-100.

② 费尔南·布罗代尔：《15 至 18 世纪的物质文明、经济和资本主义》第 2 卷，顾良等译，生活·读书·新知三联书店，1992，第 566-612 页。

③ 卡尔·博兰尼：《市场模式的演化》，载许宝强、渠敬东选编《反市场的资本主义》，中央编译出版社，2001，第 1-14 页。

成为前提的，后者根本不是斯密愉快假定的"和平牧歌运动"，而是资本原始积累消灭自然经济的血腥过程，封建贵族和新兴资产阶级的集体行动是资本原始积累的真实推动力，而国家则是实施这些集体行动的暴力机器。迈克尔·佩罗曼的研究表明，至少在古典政治经济学时期，与自给自足的家庭生产方式相比，商业生产方式并不具有效率优势，相反，它们甚至有些落后。但对于资本家而言，商业生产方式才能获得更多利润，他们有强烈动机去打破自给自足的自然经济，以便获得充足的劳动力供给。自然经济具有封闭性和完整性，只有借助于国家的强制力量，才能瓦解自给自足的生产方式，从而有效地将农民转变为丧失一切生产资料的雇佣劳动者。以该时期的英国《狩猎法》为例，它一方面禁止贫苦乡民拥有武器从而有利于剥削，另一方面迫使农村人口加入到雇佣劳动力的行列中来，由此成为加速资本原始积累的有效工具。①

国家暴力机器对资本原始积累的强力推动，折射的是社会历史进程中阶级矛盾的客观存在。事实上，也只有从阶级矛盾的视角才能理解国家的本质。恩格斯指出："这个社会陷入了不可解决的自我矛盾，分裂为不可调和的对立面而又无力摆脱这些对立面。而为了使这些对立面，这些经济利益互相冲突的阶级，不致在无谓的斗争中把自己和社会消灭，就需要有一种表面上凌驾于社会之上的力量，这种力量应当缓和冲突，把冲突保持在'秩序'的范围以内；这种从社会中产生但又自居于社会之上并且日益同社会相异化的力量，就是国家。"② "由于国家是从控制阶级对立的需要中产生的，由于它同时又是在这些阶级的冲突中产生的，所以，它照例是最强大的、在经济上占统治地位的阶级的国家，这个阶级借助于国家而在政治上也成为占统治地位的阶级，因而

---

① 迈克尔·佩罗曼：《资本主义的诞生——对古典政治经济学的一种诠释》，斐达鹰译，广西师范大学出版社，2001，第30~53页。
② 《马克思恩格斯文集》第4卷，人民出版社，2009，第189页。

获得了镇压和剥削被压迫阶级的新手段。"①资本主义国家也不例外，它"也只是资产阶级社会为了维护资本主义生产方式的一般外部条件使之不受工人和个别资本家的侵犯而建立的组织。……不管它的形式如何，本质上都是资本主义的机器，资本家的国家，理想的总资本家"②。

透过资本主义国家的"必要行动"，可以清晰识别资本主义经济秩序下的阶级矛盾的客观存在。而经由这些矛盾的现实形式及其深化过程，可以有力地破除资本主义经济秩序和制度自发进化的幻象。

资本主义经济之所以区别于简单商品经济，关键在于生产资料所有制的根本差异，前者的生产资料为资产阶级所独占，后者的生产资料为全部商品生产者各自占有。围绕生产资料资本主义私有制建立起来的生产关系，自然赋予了资本家对雇佣劳动者的支配权力，因为后者只有被资本家雇佣才能进行生产，进而获得生存所需的微薄工资。随着资本积累的深化，占人口少数的资产阶级手中掌握着的庞大财富不断累积。但在无产阶级那里，失业问题和贫困问题不仅始终无法化解，甚至会在衰退时期威胁到其个人和家庭成员的生存。这种反差鲜明的阶级分化，恰恰是资本主义生产关系的必然产物。

失业，即相对过剩人口的常态化存在，是技术进步作用于资本主义生产的特殊产物。以机器替代活劳动为特征的技术进步，不仅为率先采取该技术的单个资本家带来超额利润，而且有可能让整个资产阶级享受相对剩余价值生产的好处。但对于因机器排挤而失业的雇佣劳动者，这意味着收入来源被彻底切断；对于整个无产阶级，这意味着更弱的工资议价能力。马克思指出："产业后备军在停滞和中等繁荣时期加压力于现役劳动军，在生产过剩和亢进时期又抑制现役劳动军的要求。所以，相对过剩人口是劳动供求规律借以运动的背景。它把这个规律的作用范围限制在绝对符合资本的剥削欲和统治欲的界限之内。……资本

---

① 《马克思恩格斯文集》第 4 卷，人民出版社，2009，第 191 页。
② 《马克思恩格斯文集》第 3 卷，人民出版社，2009，第 559 页。

主义生产的机制安排好，不让资本的绝对增长伴有劳动总需求的相应增加。……劳动供求规律在这个基础上的运动成全了资本的专制。"①

贫困，是资本主义生产关系中阶级剥削的直接后果。无论是绝对贫困还是相对贫困，折射的都是利润和工资间的对立运动。资本主义生产关系决定了雇佣劳动者在生产中隶属于资本家，在分配环节，雇佣劳动者的工资收入相应地隶属于资本家的利润收入，工资的增长以不能损害利润增长为前提。20世纪70年代初期，"当利润率显著下降时，制造商的第一反应异乎寻常地一致，即通过削减直接和间接劳动成本来弥补利润。对于这一举动，各国政府也采取了各种措施予以支持。这样，发达资本主义世界中的雇主们就成功地发动了一场大规模的旨在打击工会组织并降低工人生活标准的战役。结果是，实际工资和社会支出的增长都以惊人的速度在萎缩，在20世纪70年代，直接和间接劳动成本增长对利润的压力就已经被大大消解了。以美国为例，在1973年以后的大约20年间，实际工资增长几乎陷入停滞状态，还不到0.5%"②。

资本主义社会的失业和贫困，暴露了劳资间不可调和的阶级矛盾。无产阶级为争取自身利益而组织的斗争，注定是破坏资本主义经济秩序和制度的主要风险。如何瓦解和镇压无产阶级斗争，直接关系资本主义经济秩序和制度的稳固，这无疑是整个资产阶级的共同利益诉求。作为"总资本家"的资本主义国家，当然要义不容辞地承担起这一职责，以强制力量规范无产阶级行动，使之顺从资本主义经济秩序、遵守资本主义制度。

不仅如此，不同于前资本主义剥削方式，资产阶级对无产阶级剩余劳动的榨取必须借助于商品流通过程。在此过程中，资本盈利有可能遭受来自于要素市场和产品市场的供求变动冲击：第一，原材料成本和劳动力成本可能在经济扩张期上升，在其他条件不变时会挤占利

①《马克思恩格斯文集》第5卷，人民出版社，2009，第736—737页。
②罗伯特·布伦纳：《繁荣与泡沫》，王生升译，经济科学出版社，2003，第19页。

润份额，从而压低实际利润率；第二，贫富两极分化限制了有效需求规模，商品中的剩余价值无法实现，从而压低实际利润率。① 应对上述冲击的有效方案，是对外拓展市场。马克思指出："创造世界市场的趋势已经直接包含在资本的概念本身中。任何界限都表现为必须克服的限制。"② "资产阶级社会的真正任务是建成世界市场（至少是一个轮廓）和确立以这种市场为基础的生产。"③ "资本一方面要力求摧毁交往即交换的一切地方限制，征服整个地球作为它的市场，另一方面，它又力求用时间去消灭空间，就是说，把商品从一个地方转移到另一个地方所花费的时间缩减到最低限度。资本越发展，从而资本借以流通的市场，构成资本流通空间道路的市场越扩大，资本同时也就越是力求在空间上更加扩大市场，力求用时间去更多地消灭空间。"④

为了扩张海外市场，资产阶级从不吝啬对国家强制力量的使用，全球性市场秩序的形成根本不是自发进化的产物。正如沃勒斯坦指出的，在现代世界体系里，规则的最终制定者是国家，它在维护和分配利益方面扮演重要角色。所有现实的资本家都喜爱和尊崇国家，他们积极地与国家打交道，以换取订立一些有利于自身利益的规则。⑤ 德国、美国等国在 19 世纪下半叶的崛起经验表明，经济上获得成功发展的国家都是那些"肆意地违反公认的自由市场原则"的国家，没有贸易保护主义政策，没有政府的有力扶持与保护，国内经济就不可能独立，更不可能成长起来。二战后，发达资本主义国家的"黄金年代"依赖于廉价充足的石油资源，而这恰恰离不开国家暴力的支撑，美国五角大楼预算的

---

① 保罗·斯威齐:《资本主义发展论》，陈观烈等译，商务印书馆，1997，第 151—262 页；霍华德·谢尔曼:《激进政治经济学基础》，云岭译，商务印书馆，1993，第 155—177 页。

②《马克思恩格斯文集》第 8 卷，人民出版社，2009，第 88 页。

③《马克思恩格斯文集》第 10 卷，人民出版社，2009，第 166 页。

④《马克思恩格斯文集》第 8 卷，人民出版社，2009，第 169 页。

⑤ 伊曼纽尔·沃勒斯坦:《资本主义市场：理论与现实》，载许宝强、渠敬东选编《反市场的资本主义》，中央编译出版社，2001，第 92—100 页。

一大部分是用于控制中东石油价格，使之处于美国政府及能源公司认可的合适范围。①

无论从哪个方面看，资本主义经济秩序和制度的生成与维持，都不可能是哈耶克勾勒的自发进化过程！

二、支配制度竞争的生产力效率

尽管哈耶克的研究具有明显的跨学科特征，但经济学研究无疑是他的主业。在论证资本主义经济秩序的合理性时，认识论和政治学的论据固然重要，但最主要的论据当然是经济学论据。哈耶克认为，社会进化过程是不同群体的生存竞争过程，遵守不同行为规则的群体在发现和运用知识方面存在效率差异，这是决定群体间竞争成败的关键；在竞争中获胜的群体，其遵守的行为规则得以广泛传播并实现代际传递，由此造就了行为规则的自发进化和自然选择。对主观主义认识论和个人主义方法论的坚持，使得哈耶克强调知识的个人性、分散性和有限性。他强调，判定不同群体竞争力高低的效率标准，确切地讲，是该群体在发现和运用分散性个人知识方面的能力。

一般来说，根据研究时序和研究深度，关于对分散性个人知识的发现和运用问题，哈耶克的分析包括渐次递进的两组论据。第一组论据主张，价格机制是一种有效的信息传递交流机制，能够协调经济当事人的供求行为，促进了对分散性个人知识的利用和整合。在经济学研究中，这组论据并不新颖，它不过是重新阐发了奥地利学派的价格理论。有批评者指出，哈耶克关于价格机制的论述，与他所批判的完全竞争市

---

① 诺姆·乔姆斯基：《新自由主义和全球秩序》，徐海铭、季海宏译，江苏人民出版社，2000，第15—16页。

场均衡理论相比，不过是五十步与一百步的差异。① 经济当事人仅仅凭借价格变动就能正确决策并保证供求均衡，这样的想法纯属天方夜谭。弗雷德·布洛克认为，在现代市场经济中，公共部门和非盈利部门的扩大、特大型公司的涌现、专业化分工的发展、长期性交易契约的流行等等，都大大降低了价格信号的相对重要性。② 事实上，市场主体、特别是企业管理者的决策中体现着众多种类的知识，相对价格的变动仅仅是其中之一，竞争性价格机制并不能保证市场均衡一定实现。或许是意识到这种片面性，哈耶克在后期研究中提供了第二组论据。这组论据主张，行为规则蕴含着指导个人"如何做"的知识，它减少了个人决策需要考虑的因素，促进了对分散性个人知识的发现和协调。从价格机制到行为规则的转换，无疑更加接近社会经济发展的现实过程。有学者指出，行为规则蕴含着众多无法被抽象为价格信号的知识，它是价格机制发生作用的必要场景，是联结价格机制与市场供求关系的必要条件；正是由于行为规则对所有经济当事人的规范，个人才能对其他人形成合理预期，从而准确地将价格信号转换为供求信息，价格机制也因此得以传递。③

　　将研究视野从价格机制扩展到行为规则，确实能更全面地呈现知识的发现和运用问题。但问题是，知识的发现和运用能力，真的决定了群体间生存竞争的成败吗？它真的是有效衡量社会进步程度的效率标准吗？答案是否定的。

　　在最后一部学术著作中，哈耶克重新定义了"知识"。他认为，

---

① J. Eatwell & M. Milgate, "Competition, Pricec and Market Order," in M. Colona and H. Hageman, eds., *Economics of Hayek, vol. 1: Money and Business Cycles* (Aldershot: Edward Elgar, 1994).

② 弗雷德·布洛克：《自我调节的市场的矛盾》，载许宝强、渠敬东选编《反市场的资本主义》，中央编译出版社，2001，第 151—175 页。

③ Starvos Ioannides, *The Market, Competition and Democracy* (Aldershot: Edward Elgar Pub, 1992).

"只有在我们对知识的解释包括了人们对于这些环境所做的一切调适的时候，知识的增长与文明的发展，才是同一回事。……我们的习惯及技术、我们的偏好和态度、我们的工具以及我们的制度，在这个意义上讲，都是我们对过去经验的调适。"① 显然，这里的"知识"概念，外延被无限扩展，几乎囊括了人类社会发展的所有要素。由此产生的结果，是知识的发现和运用变成人类社会经济活动的同义语，因此前者在逻辑上无法成为判定后者进步与否的效率标准。

哈耶克使用如此含混不清的"知识"概念，当然是因为其早期研究中定义的知识——分散性个人知识——并不构成人类社会经济活动的枢纽性要素；因此发现和运用分散性个人知识的方式无法令人信服地解释人类社会的发展变化。知识是人类智慧的结晶，其鲜明特征是社会性而非个人性。肯定知识是时代积累的产物，也就是承认了它作为客观存在的实体独立于每一个现实的人的主观意识。这意味着，为特定个人所掌握的默示知识——被视为分散性个人知识的典型形态，决不是以客体方式存在的知识大厦的主体内容，真正重要的知识必然是可以明示书写的、易于交流传播的理论知识。不仅如此，哈耶克强调发现和运用知识的重要性，目的是论证资本主义经济秩序和制度是社会进化的优选结果。那些作为资本主义经济体系主体的近现代产业，当然是历次工业革命的伟大成就，而工业革命当然又是近现代科学理论在社会生产实践中的应用结果。因此，要论证资本主义经济秩序和制度的效率优势，分析的重点也应当是那些可以明示并易于传播的理论知识，而不是为特定个人所专有的默示知识。

肯定理论知识、特别是自然科学知识增长是推动资本主义经济发展的重要因素，预示着哈耶克树立的效率标准面临更大的难解问题。一个明显的事实是，知识的增长与物质财富的增加不是一回事，科学知识

---

① 弗里德利希·冯·哈耶克：《自由秩序原理（上）》，邓正来译，生活·读书·新知三联书店，1997，第24页。

只有与生产实践活动相结合从而转变成现实生产力后，它才能有力促进财富的增加和人口的繁衍。

依照哈耶克的猜想，文艺复兴时期的意大利、德国南部和低地国家的城市，以及治理宽松的英格兰是资本主义经济秩序的复兴之地，当然也应当是物质丰裕、人丁兴旺之所；相比之下，在明清时期大一统的中国，其工商业发展则因强大的中央集权专制而陷入停滞，这里应当是财富匮乏、人丁凋零之所。但是，长时段经济史学的研究成果彻底证伪了哈耶克的上述猜想。根据麦迪逊估算，以 1990 年美元计价，1500年西欧国家 GDP 总和约为 443.15 亿美元，占全球的比重仅为 17.9%；同期中国 GDP 总量约为 618 亿美元，占当时全球 GDP 总额的约 25%。1500 年，西欧国家 GDP 总量排名前三的分别是意大利（约为 115.5 亿美元）、法国（约为 109.12 亿美元）、德国（约为 81.22 亿美元）；而"治理宽松"的英格兰，其 GDP 仅为 28.15 亿美元。[1] 在工业革命爆发前夕的 1700 年，同样以 1990 年美元计价，中国 GDP 总量约为 828 亿美元，占当时全球 GDP 的 22.3%；欧洲全部国家 GDP 总量约为 926 亿美元，占当时全球 GDP 的 24.9%；人口方面，中国人口总数约为 1.38 亿，欧洲人口总数约为 1 亿。[2]19 世纪以前，中国的生产和出口长期居于世界领先地位，中国是名副其实的世界经济和贸易中心。贡德·弗兰克指出："'对中国大陆贸易的起伏跌宕决定了海上贸易的起伏跌宕。'……整个世界经济秩序当时名副其实地是以中国为中心的。哥伦布以及在他之后直到亚当·斯密的许多欧洲人都清楚这一点。……这种以中国为中心的全球多边贸易，因欧洲人输入了美洲的金钱而得以扩张。实际上，这才使欧洲人越来越多地参与到世界经济中，但是直到 18 世纪以前，

---

[1] 安格斯·麦迪逊：《世界千年经济史》，伍晓鹰、许宪春等译，北京大学出版社，2003，第259—262 页，表 B-18 至 B-21。

[2] 安格斯·麦迪逊：《中国经济的长期表现：公元 960—2030》，伍晓鹰、马德斌译，上海人民出版社，2016，第 44 页，表 2.1 和表 2.2a。

甚至在 18 世纪，这个世界经济一直被亚洲的生产、竞争力和贸易支配着。"①

哈耶克将知识的增长直接等同于财富的增加，忽略了联结二者的社会生产实践。而恰恰是社会生产实践的效率优劣，才真正决定了不同群体间生存竞争的成败。社会生产实践是人类以集体方式改造征服自然的活动，一方面表现为人类使用特定工具作用于自然对象，另一方面表现为人类结成某种特定的集体关系。准确地说，社会生产实践是生产力和生产关系的辩证统一。只有认识生产力发展对资本主义生产关系的决定作用，才能理解资本主义经济秩序的生成和扩展；只有认识资本主义生产关系对生产力发展的反作用，才能理解资本主义制度在效率上的两面性。

从现象层面看，典型的资本就是能实现价值增殖的货币。在前资本主义社会，居于社会再生产主体地位的农业基本上采取自给自足的生产方式，作为社会总产品主要内容的农产品不是商品，商业资本或借贷资本对社会再生产的影响是极其有限的。只是到了资本主义时代，伴随着工业的兴起及其取代农业成为社会再生产主体部门，工业资本成为组织社会再生产的决定性力量，工业产品成为蕴含着剩余价值的商品，价值增殖才成为社会经济活动的典型特征。从这个意义上讲，不考察近代工业生产部门的特殊性，就无法识别资本主义经济秩序的生成和扩展史。

马克思指出："资本主义生产实际上是在同一个资本同时雇用人数较多的工人，因而劳动过程扩大了自己的规模并提供了较大量的产品的时候才开始的。"② 这样的生产过程，是组织为数众多的劳动者进行分工协作的过程，它首先是近代以来生产力发展的历史产物。政治经济学研

---

① 贡德·弗兰克：《白银资本：重视经济全球化中的东方》，刘北成译，四川人民出版社，2017，第 116—126 页。
②《马克思恩格斯文集》第 5 卷，人民出版社，2009，第 374 页。

究表明，生产过程中分工协作的发育程度，从根本上取决于科学技术的发育程度，不是劳动者主观意愿而是大机器生产工具规定了生产中分工协作的具体形式。众所周知，第一次工业革命的标志是瓦特蒸汽机、珍妮纺纱机等新式机器的发明和广泛使用，它们不仅大幅提高了劳动生产率，而且有力推动了工业部门内部分工协作的深化，以前所未有的规模将劳动者分门别类地组织起来进行生产成为可能。组织这样的生产，需要一支自由流动的劳动力大军。在英国，15 世纪中叶开始高涨的圈地运动日益剥夺农业劳动者的生产资料，使他们沦为一无所有的自由劳动者。因此，早在第一次工业革命爆发前，英国的劳动力市场就已经形成，规模庞大的劳动力商品供给迫切需要转化为工业生产部门的现实生产要素。一旦工业革命赋予机器大生产以效率优势，由资本家来雇佣组织自由劳动者进行商品生产就成为普遍潮流，资本家与雇佣劳动者的关系随之成为典型的生产关系。正如马克思指出的："人们是在一定的生产关系中制造呢绒、麻布和丝织品的。……这些一定的社会关系同麻布、亚麻等一样，也是人们生产出来的。社会关系和生产力密切相联。随着新生产力的获得，人们改变自己的生产方式，随着生产方式即谋生的方式的改变，人们也就会改变自己的一切社会关系。手推磨产生的是封建主的社会，蒸汽磨产生的是工业资本家的社会。"[1]

马克思强调，劳动力市场的形成是货币转化为资本的决定性条件，资本对劳动力商品的"充分"使用是其价值增殖的基本源泉。依据资本主义生产关系的规定性，资本主义劳动力市场具有典型的"两极"供求结构：一极是丧失生产资料的无产阶级，他们作为供给方售卖自身劳动力以获得工资收入；另一极是独占生产资料的资本家，他们作为需求方购买无产阶级劳动力以组织商品生产。从社会再生产循环的动态视角看，劳动力市场的"两极"供求结构，是理解资本主义经济秩序得以维

---

[1]《马克思恩格斯文集》第 1 卷，人民出版社，2009，第 602 页。

持并不断扩展的关键因素。第一，劳动者是社会生产中最能动、最活跃的要素。"两极"供求结构迫使劳动者在高度流动和激烈竞争中争夺就业岗位，由此形成了一个包含各类具体劳动的弹性劳动力市场。这是资本主义市场体系中最核心的要件，对于维持以利润为导向的资本主义经济秩序发挥着关键作用。第二，"两极"供求结构导致无产阶级只能通过就业获得单纯的工资收入，为了再生产出自身劳动力，他们必须以合理的跨期消费方式在生活资料市场中花掉全部工资收入，无产阶级工资收入和消费品产值之间因此存在着稳定的比例关系。这意味着，资本主义劳动力市场越是发育，一个种类繁多、形态各异的生活资料市场就越是成熟。第三，技术进步的基本着力点是生产资料、特别是生产工具的革新。"两极"供求结构对单个资本家形成强大压力，这有力强化了资本家引入技术进步的动机，种类繁多、性能各异的新型生产资料不断涌现，生产资料生产部门的社会分工程度不断提高，由此造就出一个快速发育壮大的生产资料市场。抽象地说，消费是生产的目的，生产资料生产应当是从属于消费资料生产的派生产物。但就资本主义生产特殊性而言，盈利是资本组织生产的目的，满足消费不过是不得不克服的外在约束，这赋予了生产资料生产以极大的相对独立性，生产资料市场的膨胀和收缩似乎成为支配资本主义市场经济繁荣与衰退的主导力量。

显然，资本主义劳动力市场、生活资料市场和生产资料市场之间存在密切的联动关系：一方面，劳动力市场要始终维持供过于求的状态，以相当规模的产业后备军压低劳动力商品价格，从而供给符合资本增殖条件的劳动力数量；另一方面，生活资料市场和生产资料市场要能够实现各自的供求平衡，确保社会总产品实现价值补偿和实物补偿，从而确保社会总资本能够不断完成循环。正是基于上述三大市场间的联动关系，资本主义经济运行才清晰呈现出某种稳定秩序。因此，哈耶克所鼓吹的资本主义经济秩序及其扩展性，不过反映了近代以来资本主义劳动力市场、生产资料市场和生产资料市场的快速发育及其内在关联，其背后是机器大工业的迅速发展以及资本主义生产关系的"普照之光"。

事实上，也只有审视资本主义生产关系对生产力发展的反作用，才能客观全面地评价资本主义经济秩序的效率优劣。从历史发展的观点看，这种效率评价必然是辩证的，不仅包括对资本主义生产关系促进生产力发展的肯定性评价，还要包括对资本主义生产关系阻碍生产力发展的否定性评价。

与前资本主义社会的剥削阶级不同，资产阶级追求的是抽象的财富积累，即在永无止境的资本循环中获取利润并进行资本积累。又由于社会总资本只能以无数单个资本对立竞争的方式存在，因此每个资本家都面临强大的市场竞争外在压力。在内在驱动和外在压力的双重作用下，资本家有强烈的冲动引入创新技术，从而在竞争中获得成本优势并获得超额利润。特别是当技术进步引起生活必需品贬值时，劳动力成本有可能相对下降，整个资产阶级的盈利水平都将相应提高。从这个意义上讲，资本主义生产关系蕴含着推动技术创新的强烈动机，它以空前的速度促进生产力发展，由此带来了劳动生产率的持续提高，以及商品种类和数量的持续增长。正如马克思评价的："资产阶级在它的不到一百年的阶级统治中所创造的生产力，比过去一切世代创造的全部生产力还要多，还要大。自然力的征服，机器的采用，化学在工业和农业中的应用，轮船的行驶，铁路的通行，电报的使用，整个整个大陆的开垦，河川的通航，仿佛用法术从地下呼唤出来的大量人口——过去哪一个世纪料想到在社会劳动里蕴藏有这样的生产力呢？"[1]

毋庸置疑，效率评价总是进行优劣比较的结果。肯定资本主义经济秩序的效率优势，实际上总是或明或暗地将自给自足的自然经济作为参照物。世界近代史的残酷事实表明，资本主义经济秩序的扩展，就是发达资本主义国家对其他国家和地区的征服。在征服的背后，是发达资

---

[1]《马克思恩格斯文集》第2卷，人民出版社，2009，第36页。

本主义国家与其他国家地区间的悬殊力量对比，这当然是资本主义生产关系促进生产力发展的历史结果。在资本主义生产关系下，资产阶级无止境地追逐剩余价值并进行资本积累，持续扩大的社会再生产成为发达资本主义国家经济发展的常态。在这个过程中，与社会总产品价值及剩余价值的增长相适应，发达资本主义国家的物质财富总量和剩余产品总量都在持续增大，这为其海外征服活动奠定了雄厚的实力基础。更为重要的是，资本主义生产关系对技术创新的有力推动，造就了一个涵盖能源、矿藏、制造等门类的生产资料生产部门，处于统治地位的资产阶级因此获得了改造、征服自然的更强大能力。事实上，这种能力不仅可以改造、征服自然，更可以改造、征服世界。马克思一针见血地指出："资产阶级，由于一切生产工具的迅速改进，由于交通的极其便利，把一切民族甚至最野蛮的民族都卷到文明中来了。它的商品的低廉价格，是它用来摧毁一切万里长城、征服野蛮人最顽强的仇外心理的重炮。它迫使一切民族——如果它们不想灭亡的话——采用资产阶级的生产方式；它迫使它们在自己那里推行所谓的文明，即变成资产者。一句话，它按照自己的面貌为自己创造出一个世界。"[①]

正所谓，"成也萧何败也萧何"。资本主义生产关系蕴含着不可调和的对抗性矛盾，生产资料作为异己力量成为使无产阶级遭受剥削的枷锁，以利润为导向的社会再生产过程，不仅持续地造就出规模庞大的产业后备军，而且还周期性地引发生产过剩的经济危机。随着生产力的发展，这些矛盾和问题不断积累深化，资本主义生产关系对生产力发展的阻碍效应越发明显，资本主义经济秩序的效率局限性也日益暴露。

在劳动力市场，伴随着技术进步，资本不断用更先进的机器来替代活劳动，资本有机构成因此趋于上升，即投资中的不变资本比重逐步提高，而可变资本比重相应下降。除非资本积累规模足够大，否则部

[①]《马克思恩格斯文集》第 2 卷，人民出版社，2009，第 35—36 页。

分雇佣劳动者将被排除在生产之外，劳动力市场将长期处于供过于求的失衡状态。根据国际货币基金组织公布的数据，1980—2021 年，美、英、法、德、意、加的失业率持续处于高位，42 年中的平均失业率分别为 6.2%、7.3%、9.1%、7.0%、9.4% 和 8.2%。① 在产品市场，资本积累与社会消费的对抗性矛盾——它是利润增长优先于工资增长的派生产物——造成了生产资料生产和生活资料生产的普遍过剩。支配着经济生活的资产阶级，实质上是资本的人格化，其行为方式服从于资本增殖规律。面对普遍的生产过剩，资本家们不会变成"一个只关心使用价值的善良市民"，他们感兴趣的依然是资本积累而不是生活消费，他们宁可从枯燥无味的、但又更现实的束紧腰带方式上，而不是从花天酒地的生活上来寻求补偿。② 这意味着，普遍的生产过剩是资本主义经济增长的必然结果，它不仅表现为库存挤压、产能过剩，以及部门比例失衡，而且还往往催生出规模庞大的金融投机泡沫。而一旦生产过剩或金融投机超过临界点，周期性经济危机就会爆发，随后来临的经济衰退或萧条成为解决上述矛盾的强制手段。并且存在于劳动力市场和产品市场的供给过剩表明，资本主义生产关系同时具有阻碍生产力发展的消极作用，它造成了生产力两大要素——劳动者和生产资料——的巨大浪费，这无疑从根本上动摇了资本主义经济秩序的效率论证。

特别是进入垄断资本主义阶段后，位居资产阶级统治集团塔尖的金融垄断资本，日益采取虚拟资本运动形式，借助于灵活性、信息、规模等优势发力于全球金融市场，在世界范围内攫取高额利润。以美国为例，进入 21 世纪，层出不穷的金融衍生品创新推动美国金融业体量迅速扩张，在美元霸权加持下，美国金融垄断资本在世界范围内进行"剥夺性积累"的能力不断增强。相关研究表明，美国金融投机活动的持续

---

① 据国际货币基金组织经济统计数据库：https://www.imf.org/external/datamapper/datasets/
　WEO。

② 保罗·斯威齐：《资本主义发展论》，陈观烈等译，商务印书馆，1997，第 161 页。

深化不断拉高金融资产价格并吸引更多资本竞相进入金融业，资本积累越来越依赖于虚拟资本价格的波动，金融活动也越来越脱离职能资本的循环而独立化。[①] 急剧扩张的金融交易，并没有让金融资产获得更清晰的定价，实体经济部门没有因此获得更好的金融保障，社会其他部门也没有从中受益，它的存在与扩张对于经济进步而言毫无意义。[②] 更为严重的是，金融业的高盈利性往往依赖于投机性掠夺，这不仅成倍放大了金融市场的系统性风险，而且严重制约了实体经济的投资规模。美国官方统计数据显示，1945—1980 年，私人非住宅固定投资的年均增长率约为 10.4%；1981—1998 年，该数值已降至 5.9%。1999 年《金融服务现代化法案》的出台加速了金融化进程，1999—2020 年的 22 年间，该数值仅为 3.4%。即便美国政府在 2008 年后先后出台超大规模逆周期调节政策和制造业回归政策，也依旧无法改变实体经济投资率下降的趋势。[③] 美国经济"脱实向虚"的变化表明，资本越来越表现出腐朽性和寄生性，资本主义生产关系越来越难以容纳生产力的发展，资本主义经济秩序的效率局限性随着美国霸权的衰落而越来越清晰地呈现在我们面前。

三、自由主义原则的阶级属性

作为自由主义传统的捍卫者，哈耶克把自由视作唯一的、终极的价值目标。[④] 作为对上述立场的注释，罗宾斯表达了两点意见：第一，

---

① 张俊山：《虚拟经济的政治经济学原理》，《天津师范大学学报（社会科学版）》2019 年第 6 期，第 30—36 页。

② John Gapper, "Promises that proved ultimately empty," *Financial Times*, January 10（2012）.

③ 据 An official website of the United States government 数据：https://apps.bea.gov, BEA Fixed Assets Accounts Table 4.7.

④ S. Gordon, "The Political Economy of F. A. Hayek," in J. C. Wood and R. N. Woods, eds., *F. A. Hayek: Critical Assessments*（*III*）（London: Routledge, 1991）, p. 290.

自由的正当性并不依赖于功利主义的工具性解释，自由本身就是一种终极目标；第二，只是在具备了自由的条件以后，一项决策才可能成为任何严格的道德判断的对象，对人类的行动才进行道德上的分类。①

哈耶克认为，自由的准确含义，就是其原始含义。"自由意味着始终存在着一个人按其自己的决定和计划行事的可能性；此一状态与一人必须屈从于另一人的意志（他凭藉专断决定可以强制他人以某种具体方式作为或不作为）的状态适成对照。"② "个人是否自由，并不取决于他可选择的范围大小，而取决于他能否期望按其现有的意图形成自己的行动途径，或者取决于他人是否有权力操纵各种条件以使他按照他人的意志而非行动者本人的意志行事，因此，自由预设了个人具有某种确获保障的私域，亦预设了他的生活环境中存有一系列情势是他人所不能干涉的。"③ 作为补充，哈耶克又不厌其烦地阐述了与自由相对的"强制"概念的含义："当一个人被迫采取行动以服务于另一个人的意志，亦即实现他人的目的而不是自己的目的时，便构成强制。……强制意味着我仍进行了选择，只是我的心智已被迫沦为了他人的工具，因为我所面临的种种替代性选择完全是由他人操纵的，以致于强制者想让我选择的行动，对于我来讲，乃是这些选择中痛苦最少的选择。"④

不难发现，哈耶克定义的自由和强制，描述的是"抽象的个人"所具有的行动状态。这个"抽象的个人"与其他"抽象的个人"相对立，同时结成"抽象的社会关系"，该种关系不包含任何具体的历史内容，仅仅意味着"抽象的个人"彼此间互为无法摆脱的外在限制。而关

---

① L. 罗宾斯:《过去和现在的政治经济学》，陈尚霖等译，商务印书馆，1997。

② 弗里德利希·冯·哈耶克:《自由秩序原理（上）》，邓正来译，生活·读书·新知三联书店，1997，第4页。

③ 弗里德利希·冯·哈耶克:《自由秩序原理（上）》，邓正来译，生活·读书·新知三联书店，1997，第6页。

④ 弗里德利希·冯·哈耶克:《自由秩序原理（上）》，邓正来译，生活·读书·新知三联书店，1997，第164页

于什么样的外在限制符合自由主义原则、什么样的外在限制构成了强制，哈耶克对此语焉不详，只是笼统地主张依据"法治"标准进行评判。可见，哈耶克的"自由"概念在逻辑上是不独立的，它依附于更为基本的"法治"概念。同样不出意料的是，哈耶克关于"法治"的分析依旧极其抽象，他仅仅从抽象性、一般性、确定性等方面描述了"自由法律"的形式特征，而拒绝描述构成"自由法律"的实质性内容。很多批评者指出，仅仅依据"自由法律"的形式特征，根本无法保障哈耶克所追求的个人自由。"法治"仅仅是保障个人自由的必要条件，但却被哈耶克误用为充分条件。[①] 同时代的另一些自由主义学者，如约翰·罗尔斯、罗伯特·诺齐克、罗纳德·德沃金等认为，个人权利体系是自由主义原则的基础，它赋予了"法治"以实质性内容。[②] 相比而言，为了避免被贴上建构理性主义的标签，哈耶克从未认真思考过个人权利体系的问题。他强调，个人权利体系的具体内容是经验性的进化结果，理性认识无法提供一个完整无遗的个人权利体系清单。就思想的交锋而言，哈耶克回避个人权利体系问题无疑是藏拙之举，确实能大大降低被攻击的可能性；但就理论的现实解释力而言，这种藏拙的代价是使理论脱离现实而空洞无物，它无法为资本主义经济秩序提供有效的辩护。

作为补救措施，哈耶克不断重申私有财产权在个人权利体系中的基础地位，承认它在保障个人自由方面的极端重要性。在这一点上，哈耶克和休谟、洛克等传统自由主义者的观点完全一致。在这里作者需要特别指出，所谓的个人财产，不过是人类以集体方式从事生产并以某种方式分配产品的结果；生产资料所有制从根本上规定了生产关系及分配关系，从而决定了财产所有权的特定结构。一个社会的生产资料越是分

---

① Ronald Hamowy, "Law and the Liberal Society: F. A. Hayek's Constitution of Liberty," in J. C. Wood and R. N. Woods, eds., *F. A. Hayek: Critical Assessments* (*III*) (London: Routledge, 1991).

② 石元康：《当代西方自由主义理论》，生活·读书·新知三联书店，2000，第29—31页。

散地归属于各个社会成员，该社会的财产所有权就越是表现为平均分布的状态；反之，则表现为集中分布的状态。

在私有财产权与个人自由之间建立逻辑联系，似乎有助于维护以私有制为基础的资本主义经济秩序、批判以公有制为基础的社会主义经济秩序。然而这仅仅是表象。根据哈耶克的逻辑，如果私有财产在社会成员中的分布是高度集中的，那么对私有财产权的行使情况也必然是严重分化的，不占有或只占有少量私有财产的个人，其自由行动的"私域"必定是极其狭小的，而占有大量私有财产的个人则拥有可以自由行动的广阔"私域"。显然，这种图景不是哈耶克描绘的自由主义理想蓝图，但它却更接近人类社会历史发展的真相。事实上，只要那些对社会生产起关键性作用的生产资料被少数人独占，该社会的大部分财产就必定为这些少数人所私有，他们同时也获得了政治上的统治地位，其中的个人则凭借其阶级身份获得相应的个人自由。马克思指出："只有在共同体中，个人才能获得全面发展其才能的手段，也就是说，只有在共同体中才可能有个人自由。在过去的种种冒充的共同体中，如在国家等等中，个人自由只是对那些在统治阶级范围内发展的个人来说是存在的，他们之所以有个人自由，只是因为他们是这一阶级的个人。"①从这个意义上讲，阶级社会中的个人自由，总是具有无法剥离的阶级属性。

在资本主义经济秩序中，私有财产是否会采取较为平均的分布方式，从而保证每个社会成员都拥有大体相同的个人自由呢？对这个问题，哈耶克轻描淡写地认为："所有的人在法治下享有自由，并不要求所有的人都能拥有个人财产，而是要求许多人都能够这样做。"②在他看来，只要尊奉"自由法律"，就能够自发地生成合理的私有财产分布结构，从而保障社会成员运用其个人禀赋参与自由竞争。对此，Schmidtchen 评论道：哈耶克的自发性规则蕴含着私有财产权的界定，

①《马克思恩格斯文集》第 1 卷，人民出版社，2009，第 571 页。
②F. A·哈耶克：《致命的自负》，冯克利等译，中国社会科学出版社，2000，第 87 页。

任何默许的惯例都可以被理解为事实上的所有权规定：它告诉个人能够使用何种物质性对象或服务，哪些行为领域对他是开放的，等等。[1]

　　然而，讽刺的是，近代西欧经济史向我们展现了一个迥然不同的私有财产权变迁过程。很多研究表明，如果没有暴力剥夺广大农民的生产资料及其个人财产，就没有资本的原始积累，当然更不可能看到资本主义经济秩序的生成。以 18 世纪的苏格兰为例，为了满足对奢侈品的新欲望，地主们放弃了原有的对氏族的责任。他们原先之所以拥有土地，不过是因为他们身为族长，但后来他们却宣称土地是自己的私有财产，以令人生疑的所有权为基础，把大批人赶出了土地。1773 年的《爱丁堡新闻报》报道，在两年的时间里有 1500 人从苏格兰的萨瑟兰郡移民出来，1814—1820 年，更有 15000 名居民被强行驱赶出来。正是借助于这种血腥的暴力手段，自然经济模式被打破，财产在社会成员中重新分配并迅速集中于少数人手中，生产资料资本主义私有制的出现具备了现实可能性。[2]

　　被哈耶克标榜为现代文明标志的个人自由和人权，实际上是资本主义生产关系的派生产物，反映了资本在自由竞争中实现价值增殖的客观规律。马克思指出："自由竞争是与资本生产过程相适应的形式。自由竞争越发展，资本运动的形式就表现得越纯粹。……资本的统治是自由竞争的前提，就像罗马的皇帝专制政体是自由的罗马'私法'的前提一样。……包含在资本本性里面的东西，只有通过竞争才作为外在的必然性现实地表现出来，而竞争无非是许多资本把资本的内在规定互相强加给对方并强加给自己。"[3] "资本决不是废除一切界限和一切限制，而只是废除同它不相适应的、对它来说成为限制的那些界限。……只有

---

[1] Dieter Schmidtchen, "Rules and Order," in B. Bouckaert and A. Kroon, eds., *Hayek Revisited* (London: Edward Elgar, 2000).

[2] 迈克尔·佩罗曼：《资本主义的诞生——对古典政治经济学的一种诠释》，广西师范大学出版社，2001，斐达鹰译，第 147—148 页。

[3]《马克思恩格斯文集》第 8 卷，人民出版社，2009，第 180 页。

随着自由竞争的发展，资本的内在规律——这些规律在资本发展的历史准备阶段上仅仅表现为一些倾向——才确立为规律，以资本为基础的生产才在与它相适应的形式上确立起来。因为自由竞争就是以资本为基础的生产方式的自由发展，就是资本的条件和资本这一不断再生产这些条件的过程的自由发展。"①"在自由竞争中自由的并不是个人，而是资本。只要以资本为基础的生产还是发展社会生产力所必需的、因而是最适当的形式，个人在资本的纯粹条件范围内的运动，就表现为个人的自由，然而，人们又通过不断回顾被自由竞争所摧毁的那些限制来把这种自由教条地宣扬为自由。……各资本在竞争中相互之间施加的、以及资本对劳动等等施加的那种相互强制（工人之间的竞争仅仅是各资本竞争的另一种形式），就是财富作为资本取得的自由的同时也是现实的发展。"②

如果承认，这种自由的基础资本主义生产关系，是以接受资产阶级统治为前提的，那么我们最终会发现，"这种个人自由同时也是最彻底地取消任何个人自由，而使个性完全屈从于这样的社会条件，这些社会条件采取物的权力的形式，而且是极其强大的物，离开彼此发生关系的个人本身而独立的物"③。在市场交换活动中，"……占统治地位的只是自由、平等、所有权和边沁。自由！因为商品例如劳动力的买者和卖者，只取决于自己的自由意志。他们是作为自由的、在法律上平等的人缔结契约的。契约是他们的意志借以得到共同的法律表现的最后结果。平等！因为他们彼此只是作为商品占有者发生关系，用等价物交换等价物。所有权！因为每一个人都只支配自己的东西。边沁！因为双方都只顾自己。使他们连在一起并发生关系的唯一力量，是他们的利己心，是他们的特殊利益，是他们的私人利益。正因为人人只顾自己，谁也不管

---

①《马克思恩格斯文集》第8卷，人民出版社，2009，第178—179页。

②《马克思恩格斯文集》第8卷，人民出版社，2009，第179页。

③《马克思恩格斯文集》第8卷，人民出版社，2009，第180—181页。

别人，所以大家都是在事物的前定和谐下，或者说，在全能的神的保佑下，完成着互惠互利、共同有益、全体有利的事业"[①]。然而，一旦我们离开市场流通领域，跟随签订完劳动力买卖契约的当事人双方进入"非公莫入"的生产场所，"就会看到，我们的剧中人的面貌已经起了某些变化。原来的货币占有者作为资本家，昂首前行；劳动力占有者作为他的工人，尾随于后。一个笑容满面，雄心勃勃；一个战战兢兢，畏缩不前，像在市场上出卖了自己的皮一样，只有一个前途——让人家来鞣"[②]。

伴随着资本主义生产规模的扩张，资本主义生产关系也实现了扩大再生产，社会日益分裂为两大对立阶级，即资产阶级和无产阶级。在这个过程中，生产资料全部成为资产阶级的专有物，资产阶级因此获得了源源不断的剩余价值，规模庞大的财产在资产阶级手中持续累积；但对于不拥有生产资料的无产阶级而言，他们只能获得数量有限的生活资料，而且这些生活资料终将在维持家庭生计中消耗殆尽。拉尔夫·密里本德的研究表明，发达资本主义国家的私有财产权高度集中于少数资产阶级手中。1960 年的英国，1% 的人口拥有 42% 的私人财产，5% 的人口拥有 75% 的私人财产，10% 的人口拥有 83% 的私人财产。1922 年的美国，1% 的成年人拥有 61.5% 的公司股本；到了 1953 年，1% 的成年人拥有 76% 的公司股本。与此同时，人数众多的普通民众只拥有很少财产或一无所有，他们除了出卖劳动力以外几乎没有任何所有权收入。[③]名义上，无产阶级与资产阶级同样享有法律赋予的、不可剥夺的私有财产权；但事实上，私有财产的集中式分布意味着：两大阶级有能力真正行使的私有财产权判若云泥。这意味着：现实生活中的"私域"，

[①]《马克思恩格斯文集》第 5 卷，人民出版社，2009，第 204—205 页。

[②]《马克思恩格斯文集》第 5 卷，人民出版社，2009，第 205 页。

[③] 拉尔夫·密里本德：《资本主义社会的国家》，沈汉等译，商务印书馆，1997，第 29—32 页。

主要是资产阶级从事盈利性活动的必要依据；对于无产阶级而言，这些"私域"是约束其行动的限制条件。

基于现实"私域"的阶级属性，个人自由的实现度相应地呈现出明显的阶级分化特征：无产阶级享有的个人自由，更多的只是一种法律赋予的可能性；而资产阶级享有的个人自由，不仅是法律赋予的可能性，更是具象化为组织管理社会生产体系的现实性活动。部分西方法学家的研究表明，"自由法律"并不代表社会成员的普遍利益，它总是对富有的资本所有者更有利，而对贫穷的雇佣劳动者不利；这种法律总是反映资本主义政治结构和阶级结构，并为维护和再生产这种结构服务；司法判决并不是特殊法律推理的产物，而是基于价值取向和政治选择形成的判断。

Galeotti尖锐地指出，当财富和生存机会显失平等时，暴力能力有限的小政府（minimal state）根本无法维持资本主义经济秩序。历史经验表明，19世纪的法制国家（"law and order" state）无一例外地通过大规模暴力镇压来平息此起彼伏的工人运动。[①] 可见，私有财产的不平等分布结构，以及由此造成的个人自由实现度的两极分化，对资本主义经济秩序和制度构成严重挑战。基于此，许多持自由主义立场的学者也开始重视平等问题，其研究逐渐转向法律在保障个人自由方面的实际效果，以及个人行使自由权的现实性等问题。在这一问题上，同属自由主义阵营的罗宾斯表达了与哈耶克不同的主张。他认为，市场过程意味着个人自由选择，而自由选择的实现程度依赖于其所占有的财富的多寡。自发竞争的市场过程不能消除不平等，有必要借助政府干预来推行有限的平等政策，分散过于集中的财产所有权，从而降低个人自由实现的不

---

① Anna Elisabetta Galeotti, "Individualism, Social Rules, Tradition: The Case of Friedrich A. Hayek," in J. C. Wood and R. N. Woods, eds., *F. A. Hayek: Critical Assessments*（*IV*）（London: Routledge, 1987）, pp.163–181.

平等程度。①

　　哈耶克曾担忧地表示，把自由理解为政治过程中的集体自由或达成某种目标的能力自由，将极有可能危害真正的个人自由。他甚至断言："尽管民族自由的概念类似于个人自由的概念，但它们却并不是相同的概念，因为对民族自由的追求并不总是能够增进个人自由的。对民族自由的追求，有时会导使人们倾向于选择一个他们本族的专制君主，而不选择一个由外族多数构成的自由政府；而且它还常常能够为暴虐限制少数民族成员的个人自由提供借口。"②当哈耶克将"集体自由"、"能力自由"视为错误观念并进行猛烈批判时，他没有看到，这些观念不过是折射了包括无产阶级在内的广大被压迫者为争取自身解放而进行的集体斗争。主张"集体自由"和"能力自由"，确实会威胁哈耶克所鼓吹的"个人自由"，因此这种自由不过是资产阶级自由的意识形态伪装，其实质是维护资产阶级的剥削和统治。在两大阶级激烈斗争的背景下，如果无产阶级不主张"集体自由"和"能力自由"，就无法通过集体行动增强其经济政治影响力，自然也就无法降低受剥削程度，无法减轻私有财产权分布的不平等程度，其能够真正实现的个人自由当然也就极其有限。如果我们肯定自由的价值在于社会发展的多样化，那么，这种多样化离不开构成社会成员大多数的无产阶级的解放。从这个意义上讲，不是哈耶克的"个人自由"，而是无产阶级的"集体自由"和"能力自由"，才为更广泛的社会成员提供了自由发展的现实条件，这才是文明进步的真正潮流。

①L. 罗宾斯:《过去和现在的政治经济学》，陈尚霖等译，商务印书馆，2016。

②弗里德利希·冯·哈耶克:《自由秩序原理（上）》，邓正来译，生活·读书·新知三联书店，1997，第8页。

第七章　对社会主义经济实践的片面认知

纵观哈耶克一生中的论战，他投入精力最多、措辞最激烈的批判对象，无疑是社会主义运动。毕竟，在凯恩斯主义国家干预与社会主义经济计划二者中，前者从未试图动摇资本主义制度和秩序，而社会主义运动特别是共产党人领导的社会主义革命和建设，从根本上威胁到发达资本主义国家的全球统治。面对这种现实冲击，全心全意为资本主义经济秩序辩护的哈耶克，甚至在耄耋之年还准备组织一场东西方大辩论，用以"肃清"他眼中的"社会主义流毒"。马克思主义和社会主义被哈耶克视为终生的死敌。然而，哈耶克对这两个"死敌"的认识，却存在严重的系统性偏差：他不仅曲解了作为科学社会主义基础的唯物史观基本原理，而且完全抹杀了科学社会主义实践形式丰富发展的可能性。就此而言，哈耶克的相关批判在当时和现在都是完全落伍的。

一、歪曲解读马克思主义的唯物史观原理

哈耶克特意树立起一个建构理性主义认识论传统，并将其视为社会主义者的基本立场，试图以其谬误瓦解整个社会主义运动的合理性。在他看来，持有这一基本立场的学者盲目夸大理性认识能力，努力运用理性来改造整个社会，这是一种幼稚的理性主义，是对理性的一种滥用。"这种观点……习惯于假定人类的一切制度都有一个发明者，不管这些制度是语言或文法，法律或道德。……它宣布，适用于历史的观念，

也适用于未来的纲领；对自己的行为了如指掌的人类，应当运用理性所赋予的设计能力，按部就班地创造一种文明。……正是从这种社会理性主义或建构主义中，产生出了现代社会主义、计划和极权主义。"① "这种对社会形态的建构主义解释，不仅是一种有害的哲学思辩，并且也是一种在解释社会过程和政治行动的机会时，据以得出结论的事实断言。……这种有违事实的断言，等于是说我们现代社会中的复杂秩序，完全应归因于使人的行动必须受预测——对因果关系的认识——的支配这种条件，或至少可以通过设计使它产生。"②

为了向读者生动展示建构理性主义者的社会改造蓝图，哈耶克列举了圣西门关于改造和重组社会的大胆设想。圣西门认为，"作为一切社会主义制度的根本，为了一个共同的目标对社会进行组织，与个人自由是无法调和的，必须有一种能够'对全民族各种力量所采取的方向做出抉择'的精神力量。现存的'立宪制、代表制或议会制是杂种体制，它徒劳无益地延续着反科学和反工业趋势的存在，因为它允许不同目标相互竞争。"③圣西门设想在未来社会中，将当时的英国式议会制度转化为某种集权性组织，领导权分属三个分立的机构执行：第一个机构是"发明会"，包括两百名工程师和一百名艺术家，由他们为公共事业拟订各种计划；第二个机构是"审议会"，由一百名生物学家、一百名物理学家和一百名数学家组成，负责审查和批准这些计划；第三个机构是"执行会"，由最富有和最成功的企业家组成，负责监督这些计划的执行。为了实现这一目标，在重组社会的初始阶段，拥有领导权的集权性组织必须废除原有的私有财产制度，重新制定财产法使之最有利于生

---

① 弗里德里希·冯·哈耶克:《经济、科学与政治：哈耶克思想精粹》，冯克利译，江苏人民出版社，2000，第595页。

② 弗里德里希·冯·哈耶克:《经济、科学与政治：哈耶克思想精粹》，冯克利译，江苏人民出版社，2000，第611页。

③ 弗里德里希·A·哈耶克:《科学的反革命：理性滥用之研究》，冯克利译，译林出版社，2003，第158页。

产。在哈耶克看来，圣西门的影响极其深远，在"1840 年前后，圣西门主义思想已经不再是一个特殊学派的财富，而是变成了一切社会主义运动的基础"①。

哈耶克认为，建构理性主义认识论最早滥觞于培根、霍布斯和笛卡儿，其后经过卢梭、黑格尔、马克思等人大力宣扬，最终在哲学和法律实证主义者那里达到顶峰。然而，这种思想史溯源恰恰表明，建构理性主义从未被任何学者完整地坚持过，这种认识论不过是哈耶克自己树立的一个"稻草人"靶子，由此形成的批判在很大程度上只是唐·吉诃德对战"风车巨人"的翻版。Diamond 指出，哈耶克关于建构理性主义和批判理性主义这两个思想阵营的划分是不成功的。弗里德里希·黑格尔和卡尔·马克思都被哈耶克归入了建构理性主义者的行列，但可以肯定地说，"人类社会是理性设计的结果"这一主张是与他们根本不沾边的；相反，社会制度的必然的历史进化倒是他们理论体系的一个主要特征。而被哈耶克视为批判理性主义阵营领袖的卡尔·波普，在理性认识的能力问题上和哈耶克本人的分歧也是非常明显的。当哈耶克将认识论上的悲观态度视为批判理性主义实质的同时，波普却从未对人类理性能力持相同的态度，在后者看来，理性认识是自由的先决条件。②Rubel 等人指出，正是在 G. Vico、A. Ferguson、B. Mandeville 这些思想家那里，马克思从多样的甚至是矛盾的形式中发现了普罗米修斯式历史观的组成要素。如果哈耶克宣称 Vico、Ferguson 和 Mandville 是批判理性主义者，那么将黑格尔和马克思归入建构理性主义者就明显是自相矛盾之举。③

将马克思归类为建构理性主义者，认为他也和圣西门一样试图全

---

① 弗里德里希·A.哈耶克:《科学的反革命：理性滥用之研究》，冯克利译，译林出版社，2003，第 203 页。

② Diamond, A. M.（1980），"F. A. Hayek on Constructivism and Ethics" in J. C. Wood and R. N. Woods, eds., *F. A. Hayek: Critical Assessments*（*III*）（London: Routledge, 1991）.

③ Diamond, A. M.（1980），"F. A. Hayek on Constructivism and Ethics" in J. C. Wood and R. N. Woods, eds., *F. A. Hayek: Critical Assessments*（*III*）（London: Routledge, 1991）.

盘设计和规划未来的社会主义社会，这个判断无疑是对马克思主义唯物史观基本原理的偏见和歪曲。为破除这种偏见和歪曲，需要厘清马克思主义关于认识论两大基本问题的观点：其一，从实践视角把握主观认识的螺旋式上升过程；其二，从辩证视角把握必然性规律统摄下的个人能动性。

马克思主义确立了辩证唯物主义认识论，科学阐明了理性认识在实践中实现螺旋式上升的过程，对世界的可知性问题给出了肯定回答。这确实不同于哈耶克在阐述进化理性主义时表达的怀疑论立场，但不能因此就把辩证唯物主义认识论歪曲为建构理性主义。

在马克思以前，旧唯物主义者坚持的是直观的反映论，把认识看成是主体被动消极地接受外界刺激的结果，"从前的一切唯物主义——包括费尔巴哈的唯物主义——的主要缺点是：对对象、现实、感性，只是从客体的或者直观的形式去理解，而不是把它们当做人的感性活动，当做实践去理解，不是从主体方面去理解"[1]。马克思主义在认识论中引入实践范畴，把实践作为人类理性认识的现实基础，创立了能动的革命的反映论。毛泽东指出："实践的观点是辩证唯物主义认识论的第一和基本的观点。"[2]

实践是人类能动地改造客观世界的活动，是主体和客体通过不断丰富发展的中介相互作用的客观过程。一方面，客观实在和主观认识是随着实践的展开而不断独立分化的，客观实在总是经过某种实践活动的重塑后才以认识对象的面貌呈现出来，主观认识也总是基于不断发展的实践活动而具有独立性和能动性。另一方面，客观实在和主观认识随着实践的展开而逐步实现辩证统一，主观认识源于改造客观世界的实践，这不仅意味着客观实在的运动规律构成了主观认识的真实内容，而且意味着主观认识是依据实践来实现自身的重建。在这个过程中，对于具体

①《马克思恩格斯文集》第 1 卷，人民出版社，2009，第 503 页。
②《毛泽东选集》第 1 卷，人民出版社，1991，第 284 页。

时代的人们来说，主体对客观实在运动规律的认识是有局限的、不完全的，任何理论知识都只是对无限世界的部分的、片段的反映，真理因此具有相对性。与此同时，实践在不断丰富发展，相比于其历史前辈，每个具体时代的人们不断丰富发展着主观认识，从而日益接近而不是远离客观实在的运动规律。从这个意义上讲，人类的理性认识有能力认识无限发展的客观世界，不存在事先划定的理性不及的认知区域。

　　肯定人的主观认识依据实践的丰富发展而不断深化，这种主张在形式上反倒接近于哈耶克的进化理性主义，与所谓的建构理性主义毫不搭边。但更重要的是，马克思主义者还同时强调，不断深化的主观认识能够把握客观实在的运动规律，它在指导实践的过程中同时完成了对自身真伪的检验，从而实现了从相对真理到绝对真理的过渡。正是在这一点上，辩证唯物主义反映论完全超越了哈耶克进化理性主义的怀疑论局限。

　　马克思指出："人的思维是否具有客观的 [gegenständliche] 真理性，这不是一个理论的问题，而是一个实践的问题。人应该在实践中证明自己思维的真理性，即自己思维的现实性和力量，自己思维的此岸性。关于思维——离开实践的思维——的现实性或非现实性的争论，是一个纯粹经院哲学的问题。"[①]在马克思主义者看来，人的认识不是一下子完成的，而是随着实践活动的发展而不断深化的辩证发展过程，从生动的直观到抽象的思维，进而从抽象的思维到能动的实践，这是主观认识不断逼近真理、最终把握客观实在运动规律的一般过程。列宁指出："认识是思维对客体的永远的、无止境的接近。自然界在人的思想中的反映，要理解为不是'僵死的'，不是'抽象的'，不是没有运动的，不是没有矛盾的，而是处在运动的永恒过程中，处在矛盾的发生和解决的永恒过程中。"[②]依据矛盾发生和解决的顺序，人们在实践中形成各类感性

①《马克思恩格斯文集》第 1 卷，人民出版社，2009，第 500 页。
②《列宁全集》第 55 卷，人民出版社，2017，第 165 页。

认识，再经过分析、比较等思维过程上升为以概念、判断和推理为主要形式的理性认识。理性认识意味着事物的内部联系、本质和规律在思维中得以全面再现。然而，主观认识过程并非就此达到了它的终点。毛泽东在《实践论》中指出："辩证唯物论的认识运动，如果只到理性认识为止，那末还只说到问题的一半。而且对于马克思主义的哲学说来，还只说到非十分重要的那一半。马克思主义的哲学认为十分重要的问题，不在于懂得了客观世界的规律性，因而能够解释世界，而在于拿了这种对于客观规律性的认识去能动地改造世界。"① 因此，认识过程还要经历第二个环节，这就是从理性认识到实践的能动飞跃。这样，整个认识辨证运动的全过程就是"实践、认识、再实践、再认识，这种形式，循环往复以至无穷"②。

相比而言，哈耶克的进化理性主义认识论中没有实践范畴，这导致主观的理性认识和客观的社会实在完全割裂开来，二者间的完全对立不仅否认了社会实在的可知性，而且衍生出非决定论的历史发展观——这被哈耶克视为批判社会主义运动的基本依据。

哈耶克认为，社会主义运动的合理性在很大程度上依赖于马克思主义的历史发展规律学说，而后者不过是 19 世纪牛顿力学理论的思想残余，是一种否定个人自由的历史决定论。"传统的社会主义以不同的方式和科学联系在一起。今天，它们之间大概最没有意义的联系，就是所谓的历史决定论和它的联系。按照这种理论，由于某种内在的必然性，人们不必做任何事情，资本主义便会发展成社会主义。"③ 按照这种理解，承认存在不以人的意志为转移的历史发展规律，就是否定人的意志自由和行动自由，这当然会引起哈耶克的不快。但受限于进化理性主

---

① 《毛泽东选集》第 1 卷，人民出版社，1991，第 292 页。
② 《毛泽东选集》第 1 卷，人民出版社，1991，第 296 页。
③ 弗里德里希·冯·哈耶克：《经济、科学与政治：哈耶克思想精粹》，冯克利译，江苏人民出版社，2000，第 253 页。

义的怀疑论立场，哈耶克无法提供历史决定论何以谬误的系统论证。作为哈耶克的亲密朋友，波普提供了一个令哈耶克倍感欣慰的论证逻辑，它包括五个渐次递进命题：（1）人类历史的进程受到知识增长的强烈影响；（2）知识的增长过程是一个不断证伪和试错的过程，我们不可能用合理的或科学的方法预测科学知识的增长；（3）因此，人类历史的未来发展是不能被预测的；（4）这就是说，我们必须摈弃理论历史学的可能性，即摈弃与理论物理学相当的历史社会科学的可能性，没有一种科学的历史发展理论能作为预测未来历史发展的根据；（5）总而言之，历史决定论的基本目的是错误的，历史决定论不能成立。①

哈耶克和波普对历史决定论的批评，指向的是马克思主义的历史发展规律理论，目的在于推翻"资本主义必然灭亡、社会主义必然胜利"的重大结论。在肯定"两个必然"这个意义上，马克思主义唯物史观确实具有鲜明的历史决定论色彩，这与哈耶克、波普的立场形成鲜明对照。根据唯物史观基本原理，社会基本矛盾是推动人类社会历史发展的根本动力，生产力与生产关系、经济基础与上层建筑的矛盾运动，构成了每一个现实的人的行动条件和外部制约。正是在社会基本矛盾的支配下，人类社会历史发展进程表现出某种必然性的规律。恩格斯指出："历史事件似乎总的说来同样是由偶然性支配着的。但是，在表面上是偶然性在起作用的地方，这种偶然性始终是受内部的隐蔽着的规律支配的，而问题只是在于发现这些规律。"②

在马克思主义者看来，历史发展规律的必然性意味着，一个社会即使探索到了本身运动的自然规律，还是既不能跳过也不能用法令取消其自然的发展阶段。这里的必然性，指向的不是个别的历史事件，而是历史进程的总体趋势，它规定了偶然的、个别的历史事件的发生范围。从这个意义上讲，唯物史观对历史发展规律的肯定，完全不同于拉普拉

---

① 卡尔·波普：《历史决定论的贫困》，杜汝楫、邱仁宗译，华夏出版社，1987，第1—2页。
② 《马克思恩格斯文集》第4卷，人民出版社，2009，第302页。

斯的机械决定论思维。① "一般规律作为一种占统治地位的趋势，始终只是以一种极其错综复杂和近似的方式，作为从不断波动中得出的、但永远不能确定的平均情况来发生作用。"② 事实上，历史发展过程的总体确定性只有通过不确定的个别历史事件才能得到实现，必然性也只是通过偶然性才开辟出自己的道路，宿命论在唯物史观体系中完全没有一丁点位置。因此，历史发展规律不能一劳永逸地规定人类社会发展的具体路径。根据具体的历史条件，受必然性规律支配的人类社会历史发展必然呈现出多样性面貌。马克思明确表达过如下看法："他一定要把我关于西欧资本主义起源的历史概述彻底变成一般发展道路的历史哲学理论，一切民族，不管它们所处的历史环境如何，都注定要走这条道路，——以便最后都达到在保证社会劳动生产力极高度发展的同时又保证每个生产者个人最全面的发展的这样一种经济形态。但是我要请他原谅。（他这样做，会给我过多的荣誉，同时也会给我过多的侮辱。）"③ 恩格斯也强调："我们是不断发展论者，我们不打算把什么最终规律强加给人类。关于未来社会组织方面的详细情况的预定看法吗？您在我们这里连它们的影子也找不到。"④

马克思主义者承认历史发展规律，肯定社会主义取代资本主义的历史必然性，但这绝不等于排除历史发展中的偶然性，绝不等于否定人的主观能动性在社会发展中的积极作用。在致约·布洛赫的信中，恩格斯指出："历史是这样创造的：最终的结果总是从许多单个的意志的相互冲突中产生出来的，而其中每一个意志，又是由于许多特殊的生活条件，才成为它所成为的那样。这样就有无数互相交错的力量，有无数

---

① 根据拉普拉斯的设想，如果能够知道整个宇宙中一切物体和微观粒子的初始位置和速度，那么就可以依据有关实体的微分方程组，运用牛顿力学规律求出过去和未来的一切事件的确定解。

② 《马克思恩格斯文集》第 4 卷，人民出版社，2009，第 302 页。

③ 《马克思恩格斯文集》第 3 卷，人民出版社，2009，第 466 页。

④ 《马克思恩格斯文集》第 4 卷，人民出版社，2009，第 561—562 页。

个力的平行四边形，由此就产生出一个合力，即历史结果，而这个结果又可以看做一个作为整体的、不自觉地和不自主地起着作用的力量的产物。因为任何一个人的愿望都会受到任何另一个人的妨碍，而最后出现的结果就是谁都没有希望过的事物。所以到目前为止的历史总是像一种自然过程一样地进行，而且实质上也是服从于同一运动规律的。但是，各个人的意志——其中的每一个都希望得到他的体质和外部的、归根到底是经济的情况（或是他个人的，或是一般社会性的）使他向往的东西——虽然都达不到自己的愿望，而是融合为一个总的平均数，一个总的合力，然而从这一事实中决不应作出结论说，这些意志等于零。相反，每个意志都对合力有所贡献，因而是包括在这个合力里面的。"① 从这个意义上讲，整个人类历史是人为创造的产物，它离不开个人能动的、创造性的活动。通过认识和遵循历史发展规律，人民群众可以通过社会联合采取有目的的集体行动，缩短和减轻社会发展过程中"分娩的痛苦"。

只有认识和遵循历史发展规律，个人的主观能动性才能转化为推动社会发展的积极力量，这是唯物史观对"个人自由"概念更科学的解答。这样的个人自由，突破了哈耶克"消极自由"的狭隘视野，指向的是个人在实践中的自觉自主状态，折射的是人与自然、人与人的关系综合体。"自由是对必然的认识和对客观世界的改造。"② 人不能摆脱作为必然性的客观规律的制约，这样的客观规律包括支配自然界的物质运动规律，还包括支配人类社会的历史发展规律。这些规律是个人自由活动的前提和依据，既为个人自由划定了无法逾越的界限，也为个人自由提供了借以实现的依据。从这个意义上讲，自由是一个历史的、相对的、具体的范畴。"人类的历史，就是一个不断地从必然王国向自由王国发展的历史。这个历史永远不会完结……人类总得不断地总结经验，有

① 《马克思恩格斯文集》第 10 卷，人民出版社，2009，第 592—593 页。
② 《毛泽东文集》第 8 卷，人民出版社，1999，第 306 页。

所发现，有所发明，有所创造，有所前进。"①

二、僵化理解社会主义的资源配置方式

哈耶克认为，对社会主义的批判，重点不在于其追求的目标，而在于其达致目标所采用的特别方法，即"废除私有企业，废除生产资料私有制，创造一种'计划经济'体制，在这种体制中，中央的计划机构取代了为利润而工作的企业家"②。在这里，生产资料公有制与计划经济共同构成了社会主义的两大基本规定性，而资本主义则依据生产资料私有制和市场经济的不同规定性成为社会主义的对立物。对社会主义和资本主义的上述界定，是西方经济学者的广泛共识，莱昂内尔·罗宾斯和米尔顿·弗里德曼等人都表达过类似意见。罗宾斯认为，社会主义与资本主义的根本区别在于，"并非不可划分的生产工具、能被个人或个人的团体运用的生产工具，应该归集体所有、由集体管理呢，还是应该把它们的所有权分散到私人或公司的手中，并由不屈服于人的意志的市场力量来指导他们的整个或大部分活动？一般经济活动，必须由中央规划并接受中央指令的指导呢，还是必须成为一个分散经营的个人积极性的系统，并由消费者和投资者的需求充当最终的控制者？"③

在哈耶克的视野中，就经济效率比较而言，生产资料所有制指向的是个人行为的激励约束问题，这是一个相对隐蔽的微观问题，而计划或市场指向的是经济资源的配置方式问题，这是一个更为显性的宏观问题。要展现社会主义与资本主义的效率优劣，首先就应当聚焦于计划经济与市场经济的资源配置效率。如果能够证明前者较之后者是绝对低效

---

① 《毛泽东文集》第8卷，人民出版社，1999，第325页。

② 弗里德里希·奥古斯特·哈耶克：《通往奴役之路》，王明毅等译，中国社会科学出版社，1997，第37页。

③ L. 罗宾斯：《过去和现在的政治经济学》，陈尚霖等译，商务印书馆，1997，第137—138页。

率的，那么也就一劳永逸地否定了社会主义的历史进步性和现实可行性。对此，戴维·斯威卡特指出，哈耶克把资本主义制度和市场制度直接等同起来，通过比较市场和计划的优劣来论证资本主义相对于社会主义的优越性。因为他清楚地知道，将研究视线引向市场而远离雇佣劳动和生产资料私有制，能够为资本主义制度提供更好的防卫性辩护。[①]

将社会主义等同于计划经济，这种做法并非没有任何根据。无论是马克思恩格斯关于科学社会主义原则的理论论述，还是苏联社会主义经济建设的实践发展，都表现出鲜明的克服市场自发性的倾向，即以计划管理取代市场竞争，促使消除社会再生产的无政府状态。

在勾勒未来社会时，马克思和恩格斯都表达了对商品货币关系的否定态度，肯定了通过有组织的计划管理来组织社会再生产过程的可能性。在《共产主义原理》中，恩格斯指出："这种新的社会制度首先必须剥夺相互竞争的个人对工业和一切生产部门的经营权，而代之以所有这些生产部门由整个社会来经营，就是说，为了共同的利益、按照共同的计划、在社会全体成员的参加下来经营。这样，这种新的社会制度将消灭竞争，而代之以联合。"[②]马克思在《哥达纲领批判》中表达了类似主张："一旦直接形式的劳动不再是财富的巨大源泉，劳动时间就不再是，而且必然不再是财富的尺度，因而交换价值也不再是使用价值的尺度。……于是，以交换价值为基础的生产便会崩溃，直接的物质生产过程本身也就摆脱了贫困和对立的形式。个性得到自由发展，因此，并不是为了获得剩余劳动而缩减必要劳动时间，而是直接把社会必要劳动缩减到最低限度，那时，与此相适应，由于给所有的人腾出了时间和创造了手段，个人会在艺术、科学等等方面得到发展。"[③]

---

① 戴维·斯威卡特：《市场社会主义：一个辩护》，载伯特尔·奥尔曼编《市场社会主义——社会主义者之间的争论》段忠桥译，新华出版社，2000，第8页。

②《马克思恩格斯文集》第1卷，人民出版社，2009，第683页。

③《马克思恩格斯文集》第8卷，人民出版社，2009，第197页。

马克思和恩格斯对计划管理的设想，是基于现实的生产力发展与资本主义生产关系的矛盾运动，从"正在瓦解的经济运动形式内部发现未来的、能够消除这些弊病的、新的生产组织和交换组织的因素"①。马克思指出："要想得到与各种不同的需要量相适应的产品量，就要付出各种不同的和一定量的社会总劳动量。这种按一定比例分配社会劳动的必要性，决不可能被社会生产的一定形式所取消，而可能改变的只是它的表现方式，这是不言而喻的。自然规律是根本不能取消的。在不同的历史条件下能够发生变化的，只是这些规律借以实现的形式。"②在资本主义社会中，生产资料资本主义私有制决定了社会再生产的无政府状态，价值规律自发调节着相互竞争的单个资本完成生产和交换，按比例分配社会总劳动的规律只能通过周期性经济危机的方式强制地实现。因此，"资产阶级社会的症结正是在于，对生产自始就不存在有意识的社会调节"③。在社会主义社会，以计划管理的方式组织社会再生产过程，能够消除社会再生产的无政府状态，保证国民经济按比例发展，这预示着生产力与生产关系的矛盾解决方向，反映了新型生产关系对资本主义生产关系的历史超越。从这个意义上讲，以计划管理的方式组织社会再生产过程，是未来社会主义、共产主义区别于资本主义的最一般、最抽象的规定性，它构成了科学社会主义的一项基本原则。

与马克思恩格斯的设想不同，社会主义革命在经济文化相对落后的农业国率先取得成功。在这种历史条件下巩固和建设社会主义，最迫切的历史任务是尽快实现工业化，依托机器大工业的生产效率来赶上和超过发达资本主义国家。列宁指出，工业化是建立社会主义社会的必要条件，"没有工业，我们就会灭亡，而不能成为独立国家"④。"社会主义

---

① 《马克思恩格斯文集》第 9 卷，人民出版社，2009，第 156 页。
② 《马克思恩格斯文集》第 10 卷，人民出版社，2009，第 289 页。
③ 《马克思恩格斯文集》第 10 卷，人民出版社，2009，第 290 页。
④ 《列宁全集》第 43 卷，人民出版社，2017，第 286 页。

的物质基础只能是同时也能改造农业的大机器工业"①，"它把先进的产业工人联合起来，把实现无产阶级专政的阶级联合起来"②。对于新生的社会主义国家而言，第二次工业革命的先进成果为推进本国工业化奠定了物质技术基础，发达资本主义国家的工业发展史为推进本国工业化提供了正反两方面经验，使比较准确全面地认识和把握工业化规律成为可能。

基于此，这些社会主义国家纷纷建立起高度集中的计划经济体制，在认识和把握工业化规律的基础上，制订和实施各类中长期经济发展计划，发挥国家的集体性自觉力量组织社会再生产过程，针对工业化的阶段性任务合理分配社会总劳动及其他生产要素在各部门各产业的比例，以便克服资本主义工业化的自发性局限，更快速、更稳定地推进本国工业化进程。

众多的相关研究资料表明，正是基于计划经济体制的强大资源配置能力，苏联取得了举世瞩目的工业化成就。1928 年第一个五年计划启动，苏联工业化进入高速发展的快车道。在第一个五年计划期间（1928—1932 年），苏联工业生产增长了 1 倍多，而同期美英德法等发达资本主义国家受大萧条冲击，工业生产下降了 12%—42% 不等。到第二个五年计划结束时（1937 年），苏联的机器大工业较 1928 年增长了 3.3 倍，而同期的资本主义世界只增长了 2.5%；其工业产值占世界工业总产值的 10%，超过了除美国以外的其他发达资本主义国家。③纵观苏联的前三个五年计划（1929—1942 年），苏联第一部类工业产值年均增长率分别为 28.5%、19% 和 15.3%，第二部类工业产值年均增长率分别为 11.7%、14.8% 和 10.1%。到第二次世界大战爆发前夕，苏联已从落后的农业国转型为强大的工业化国家，工业生产总值位居欧洲第

---

① 《列宁全集》第 42 卷，人民出版社，2017，第 7 页。

② 《列宁全集》第 41 卷，人民出版社，2017，第 72 页。

③ 樊亢：《苏联社会主义经济七十年——苏联经济发展史》，北京出版社，1992，第 104 页。

一、世界第二，能够独立生产具有世界先进水平的机床、拖拉机、汽车、飞机，以及其他重型机器装备和动力机器等重要的工业产品。[①] 二战后，计划经济体制下的苏联工业依旧保持了快速增长的势头，远超市场经济体制下美国工业的同期表现。1951—1980 年，苏联工业总产值增长了 11 倍多，其产值占世界工业总产值的 1/5。[②] 以石油、钢铁、化肥三类主要工业产品的产量为例，苏联在 1950 年的产量分别相当于美国的 14%、30% 和 31%；而到了 1982 年，其产量分别为美国的 144%、216% 和 138%。[③] 同时，在石油、焦炭、生铁、钢、水泥、钢筋混凝土和玻璃等工业产成品产量方面，苏联也都位居世界首位。[④]

类似地，中国也依托计划经济体制取得了快速工业化的经济发展奇迹。仅仅用了一个五年计划（1953—1957 年），中国的工业体系建设就取得了重大进展。在"一五"期间，中国不仅扩建了东北钢铁基地，而且在内蒙古和华中两个地区建立新的钢铁工业基地，五年累计生产成品钢材 1660 万吨，超过 1900—1949 年的产量总和（760 万吨）。此外，还兴建了 921 个大型工业项目，包括 196 座煤矿、152 座各型电站、18 家大型钢铁企业、32 家有色金属企业、104 家机器制造和金属加工企业、12 家石油企业、33 家化学工业企业，以及其他各类建筑材料工业和轻工业企业。到"一五"计划完成时，中国已经能够生产发电机、冶金和采矿设备、新型金属切割机床、汽车、喷气式飞机等先进工业产品，这在之前是完全不可想象的。[⑤] 1953—1978 年，中国工业产值从 163.5 亿元增长到 1607 亿元，增幅 982.9%，年均增长率超过

---

① 金挥、陆南泉、张康琴：《苏联经济概论》，中国财政经济出版社，1985，第 9—11 页。

② 张志元、李政隆：《对苏联计划经济体制的再思考》，《世界社会主义研究》2021 年第 11 期。

③ 金挥、陆南泉、张康琴：《苏联经济概论》，中国财政经济出版社，1985，第 35 页。

④ B.T·琼图洛夫等：《苏联经济史》，郑彪等译，吉林大学出版社，1988，第 244 页。

⑤ 苏联科学院经济研究所：《政治经济学教科书（下）》（修订第 3 版），人民出版社，1959，第 382 页。

9.18%；第二产业占国民生产总值比重从 23.4% 增长至 47.9%，其中工业产值占国民生产总值比重从 19.8% 增长至 44.1%。工业产成品方面，生铁生产总量从 233 万吨增长至 3479 万吨，是基期的 14.9 倍，年均增长率 11.1%；成品钢材生产总量从 147 万吨增长至 2208 万吨，是基期的 15 倍，年均增长率 10.9%；水泥生产总量从 388 万吨增长至 6524 万吨，是基期的 16.8 倍，年均增长率 11.4%；发电总量从 92 亿千瓦时增长至 2566 亿千瓦时，大约是基期的 28 倍，年均增长率超过 13.6%。[1]

同时也要看到，作为科学社会主义的抽象原则，以计划管理的方式组织社会再生产过程，反映的是社会生产关系变革的某种趋势，其背后是社会化大生产不断深化的历史过程。从趋势和过程的角度看，市场竞争与计划管理并非像哈耶克认为的那样，是"鱼与熊掌不可得兼"，要么是自由放任的市场经济，要么是全盘计划的指令经济。市场竞争表征的是个体的分散性决策及其相互作用，反映了价值规律支配社会经济发展的自发性；计划管理表征的是国家的集中性决策及其对个体决策的调节功能，反映了社会共同体代表社会管理经济发展的自觉性。在相当长的历史发展阶段中，自发的市场竞争与自觉的计划管理之间具有既对立又统一的辩证关系，二者相互联结、相互依存，同时又相互对立、相互斗争。承认市场竞争与计划管理的辩证关系，不过是承认，现实的社会再生产体系是自发机制和自觉机制共同发挥作用的统一体，自发机制和自觉机制共同决定了社会总劳动及其他生产要素的具体配置方式。

在《哥达纲领批判》中，马克思区分了共产主义社会的高级和低级阶段。他指出，作为共产主义低级阶段的社会主义社会，是"刚刚从资本主义社会中产生出来的，因此它在各方面，在经济、道德和精神方面都还带着它脱胎出来的那个旧社会的痕迹"[2]。在这个阶段，旧式社会分工没有消亡，劳动依旧是谋生的手段，个人劳动不能直接成为社会劳

---

[1]《新中国 60 年统计资料汇编》，中国统计出版社，2010 年，第 9、43 页。

[2]《马克思恩格斯文集》第 3 卷，人民出版社，2009，第 434 页。

动，而必需借助于价值方式才能完成转化。这决定了商品交换关系的长期存在，也决定了价值规律必然是配置社会总劳动及其他生产要素的必要机制。纵观 20 世纪 80 年代以前的社会主义国家经济建设实践，与高度集中的计划经济体制并存的，是范围广大的商品交换关系及价值规律的深远影响。斯大林在 1952 年发表的《苏联社会主义经济问题》中指出："商品生产和商品流转，目前在我国，也象大约 30 来年以前当列宁宣布必须以全力扩展商品流转时一样，仍是必要的东西。……在我国，在我们的社会主义制度下，价值规律……是存在的，是发生作用的。……价值规律发生作用的范围，首先是包括商品流通，包括通过买卖的商品交换，包括主要是个人消费的商品的交换。……它的作用也扩展到生产方面。"[1] 毛泽东在 1959 年总结人民公社化运动经验时做出批示："算账才能实行那个客观存在的价值法则。这个法则是一个伟大的学校，只有利用它，才有可能教会我们的几千万干部和几万万人民，才有可能建设我们的社会主义和共产主义。"[2]

理论和实践都表明，高度集中的计划经济体制，是经济文化相对落后的社会主义国家快速推进工业化的合理方案，它折射了社会化大生产在 20 世纪呈现的生产集中的一般趋势。从这个意义上讲，高度集中的计划经济体制是时代的产物，它决不是一个放之四海而皆准的普适性计划管理模式。随着科技的进步和社会分工的发展，社会化大生产的现实形态也必然发生新的变化，市场竞争与计划管理的辩证关系也因此发生新的变化，这决定了计划管理的现实形式要依据具体的历史条件、时间和地点为转移。

1978 年，中国拉开了改革开放的大幕。作为改革开放的总设计师，邓小平强调："计划多一点还是市场多一点，不是社会主义与资本主义的本质区别。计划经济不等于社会主义，资本主义也有计划；市场经

---

① 《斯大林文集（1934—1952 年）》，人民出版社，1985，第 609—611 页。
② 《毛泽东文集》第 8 卷，人民出版社，1999，第 34 页。

济不等于资本主义,社会主义也有市场。计划和市场都是经济手段。"①
此后,中国确立了市场化改革方向,社会主义市场经济体制逐步趋于成熟,自发的市场竞争和自觉的计划管理共同构成了推进社会主义经济现代化进程的基本机制。

与高度集中的计划经济不同,社会主义市场经济要求充分发挥市场在资源配置中的决定性作用。肯定市场配置资源的决定性作用,实质上是充分发挥价值规律对社会再生产活动的调节功能。一般来说,这包括两层相互联系的含义:第一,微观主体拥有与生产经营相关的经济权利,能够依据价格波动和市场竞争来调整自身行为;第二,价格机制足够灵敏、市场竞争足够充分,确保微观主体的行为调整最终呈现为供求关系的动态平衡,从而既实现资源的合理配置又完成私人劳动的社会转化。在中国经济体制改革实践中,这集中表现为建设统一开放、竞争有序的市场体系,这包括:健全产权保护制度,让生产者自主经营,消费者自由选择;构建公平竞争关系,强化竞争政策基础地位,完善市场准入、企业破产等制度;推动商品和要素自由流动,着力清除市场壁垒,建设全国统一大市场;加强资本市场建设,建立具有高度适应性、竞争力、普惠性的现代金融体系;政府应该有所为有所不为,减少对微观经济活动的直接干预等等。

肯定市场在资源配置中的决定性作用,绝不等于否定自觉的计划管理。在社会主义市场经济条件下,自觉的计划管理采取了不同于计划经济体制的新形式,即共产党领导的社会主义国家经济治理,或者说更好发挥政府作用。习近平强调:"我们是在中国共产党领导和社会主义制度的大前提下发展市场经济,什么时候都不能忘了社会主义,这个定语之所以说是社会主义市场经济,就是要坚持我们的制度优越性,有效防范资本主义市场经济的弊端。"②共产党领导的社会主义国家经济治

---

① 《邓小平文选》第3卷,人民出版社,1993,第373页。
② 《习近平关于社会主义经济建设论述摘编》,中央文献出版社,2017,第64页。

理，体现着对经济发展规律的科学认识和自觉运用。充分发挥国家经济治理效能，更好发挥政府作用，能够有力纠正市场经济自发竞争的弊端，引导和规范资本价值增殖运动，确保发展为了人民、发展依靠人民、发展成果由人民共享，推动社会主义经济发展实现合规律与合目的的统一。

实现以人民为中心的发展，涉及社会再生产的各个方面和各个环节，这决定了社会主义国家的经济治理活动必定是全方位的、彼此协调的、系统集成的。综合而言，主要包括以下六方面内容：第一，从发展全局和长远利益出发，遵循经济发展规律，统筹规划国民经济和社会发展的目标、结构、速度和效果等，特别是统筹规划城乡协调发展、区域协调发展、人与自然和谐发展、国内发展和对外开放等重大关系；第二，提供有利于国民经济良好运行的公共服务和公共产品，依法对市场主体及其行为进行监督和管理，维护公平竞争的市场秩序，完善就业和社会保障服务体系，大力发展教育、科技、文化、卫生、体育等公共事业，为社会公众参与社会经济、政治、文化活动提供保障和创造条件；第三，通过政府宏观调控确保国民经济稳定发展，综合运用财政政策、货币政策、产业政策、收入分配政策等手段，调控社会再生产体系的结构和规模，保证社会总产品的供给与需求实现动态平衡，避免宏观经济出现大起大落；第四，坚持走可持续发展的道路，在发展生产的同时稳步提升环境保护力度，推动建设资源节约型、环境友好型社会，形成人与自然和谐发展的现代化建设格局；第五，统筹发展和安全，有效防范化解内外部风险挑战，确保重要产业、基础设施、战略资源、重大科技等关键领域安全可控，确保国家经济安全；第六，代表全体人民对国有资产进行有效管理，确保国有资产保值增值，充分发挥国有经济的战略支撑作用。

中国特色社会主义市场经济的改革发展实践表明，自发的市场竞争与自觉的国家经济治理不仅能够各就其位、各展其长，而且能够相互补充、相互配合。在这个问题上，要讲辩证法、两点论，不能把二者割裂开来、对立起来。正是借助于有效市场和有为政府的协调互动，中国在改革开放中不断取得举世瞩目的成就，目前经济总量稳居世界第二，是世界第一制造业大国、第一大货物贸易国、第一大外汇储备国、第二大外国直接投资目的地国和来源国。1978—2020 年，中国 GDP 从3679 亿元增长到 1013567 万亿元，其占全世界生产总值的比重由 1.8% 升至 17% 以上，对世界经济增长贡献率连续多年超过 30%。近年来，中国高新技术产业蓬勃发展，世界先进水平的重大科技创新成果不断涌现，水利、能源、交通、通信等基础设施建设取得突破性进展，200 多种产品的产量稳居世界第一。与此同时，经济持续快速发展的成果不断惠及人民群众。从 1978—2020 年，中国人均可支配收入由 171 元增加到 32189 元，人均消费支出由 151 元增加到 21210 元。目前，中国已建成包括养老、医疗保障、社会救助等在内的世界上最大的社会保障体系，2020 年基本医疗保险覆盖 13.6 亿人，参加基本养老保险人数约10.1 亿人。2020 年，九年义务教育巩固率达到 95.2%，义务教育普及程度达到世界高收入国家平均水平；高中阶段教育毛入学率达到 91.2%，超过中等偏上收入国家平均水平。[①]

三、武断评价社会主义公有制的经济效率

否定计划经济体制的资源配置效率，构成了哈耶克批判社会主义经济实践的主攻方向。但这当然不是批判的全部内容。与米塞斯、弗里德曼等学者类似，哈耶克囿于个人主义方法论，在肯定资本主义私有制富有效率的同时，对社会主义公有制的效率提出质疑。

与生产资料私有制不同，公有制意味着个人只能借由集体组织才

---

① 《中国共产党尊重和保障人权的伟大实践》白皮书，http://www.scio.gov.cn/zfbps/32832/ Document/1707301/1707301.htm。

能获得所有者身份，与生产资料相关的使用、占有、收益等权利无法量化分割给个人。也就是说，公有制既是集体的，又是个人的，既是每个人的，又不是某一个人的，既是地方的，又是共同的，这就是公有制的真正含义。① 在哈耶克看来，公有制决定了经济权利的行使必然采取集体的方式，对于以利己动机行事的个人而言，这意味着激励—约束机制的缺失，社会主义者许诺的经济效率因此是令人怀疑的。"这种质疑的关键……在于相关的责任和相关的决策是否能够成功地交由那些既非所有权人亦非对自己所负责的生产资料享有直接利益但却彼此竞争的个人去承担。……个体管理者——他们在上述建议的方案中代表社会行使社会所享有的各项财产权——是否会恪尽职守并竭尽所能地去为社会成员的共同目的服务呢？"②

哈耶克的质疑源于其对传统的抽象人性论的坚持。与大多数西方经济学家一样，哈耶克认为，人的本性是利己的，他们真正关心的只是个人利益的增长。在第五章中我们已经指出，这种人性论是缺乏历史观的空洞想象，由此出发根本无法说明资本主义特有的经济发展规律。马克思指出："人的本质不是单个人所固有的抽象物，在其现实性上，它是一切社会关系的总和。"③ 真正科学的经济学分析，应当考察的是身处特定社会基本矛盾运动中的"现实的人"，通过分析其行为的分化性特征，来揭示其背后的经济发展规律。"现实的人"确实追求其自身的利益，但这种利益的具体内容到底是什么，则要根据其在特定生产关系中所处的地位才能获得正确解答。在资本主义社会中，"现实的人"根据资本主义生产关系日益分裂为两大阶级，其利益诉求的具体内容也因此存在显著差异：在生产中居于支配地位的资产阶级，追求的是利润和积

---

① 爱德华·卡德尔：《公有制在当代社会主义实践中的矛盾》，王森译，中国社会科学出版社，1989，第41页。

② F.A·冯·哈耶克：《个人主义与经济秩序》，邓正来译，生活·读书·新知三联书店，2003，第235—236页。

③《马克思恩格斯文集》第1卷，人民出版社，2009，第505页。

累；而在生产中处于从属地位的无产阶级，追求的是工资及消费。当然，这并不是说资产阶级不进行个人消费，也并不否定某些无产阶级成员能通过股票买卖等途径获得所有权收入。但就其是否占有以及占有多少生产资料而言，"现实的人"的行为模式确实存在阶级分化，其核心利益诉求因此存在上述泾渭分明的差异。

事实上，为了给现实的资本主义制度辩护，哈耶克在空洞的个人利益中悄悄地添加了真实的历史内容。在《致命的自负》一书中，他指出："当市场告诉一个企业家以某种方式可以获得更多的利润时，他既可以服务于自己的利益，也能为总量（以其他大多数人采用的相同计算单位为准）做出比他采用其他方式所能做出的更大的贡献。……正是对利润的关心，使资源有可能得到更有效的利用。它使能够从其他商业活动中获得的各种潜力有了最具生产力的用途。"[1] 在哈耶克那里，资产阶级关心的利润准则被泛化为普适性效率准则，个人行为的合理性取决于其向利润准则靠拢的程度。正如伊藤诚指出的，哈耶克方法论中的个人主义，实际上是把特定社会关系中培育出来的、并已将这种社会关系内化于意识中的近代社会的个人，悄悄地塞进前提之中；把近代资本主义市场经济中形成的个人意识和行为方式作为不可改变的前提，这种做法显然是缺乏一种正确的历史观的结果。[2]

把利润准则作为普适性效率准则，进而臆想一个完全以利润为中心的激励—约束机制，这不过是资产阶级意识形态对社会历史发展进程的片面评价。据此判定个人行为是否合理，不仅会否定社会主义公有制的效率，而且同样会否定当下的资本主义私有制的效率。

事实上，经济学关于激励—约束机制的研究，对应的是现实中资本主义企业的两权分离发展趋势。只是当资本主义企业的所有权和经营权在 20 世纪逐渐分离后，作为委托人的传统资本家和作为代理人的新

---

[1] F. A·哈耶克：《致命的自负》，冯克利译，中国社会科学出版社，2000，第 113—119 页。
[2] 伊藤诚：《市场经济与社会主义》，尚晶晶等译，中共中央党校出版社，1996，第 24 页。

兴经理人阶层之间日益呈现出行为目标的系统性偏差，经济学家才开始重视激励—约束机制的再造问题。所有权与经营权的分离，折射的是资本主义私有制的自我调整，其背后的真实动力是科技革命所推动的资本主义生产组织方式的变革。第二次工业革命有力推动了生产的集中，企业规模急剧扩大，这深刻改变了生产资料与活劳动的结合方式及其相对地位，传统的资本家在控制直接生产过程方面日益暴露出能力缺陷。为了在激烈的市场竞争中生存发展，他们不得不接受分权方案，将部分企业控制权授予其他生产管理者。只是在分权模式逐渐形成后，重建激励—约束机制才成为一种派生的边际调整方案，用以抵消分权模式对传统资本家自身利益的事实性冲击。

显然，严格依照哈耶克的逻辑，只有个人业主制的资本主义企业才具有充分的激励—约束机制，而两权分离的资本主义企业则存在产权无法完全清晰界定的问题，由此引发的所谓"败德行为"意味着经济效率的重大损失。如果我们承认，以两权分离为特征的现代企业制度，标志着资本主义私有制的进步而非倒退，那么哈耶克不断重申的以利润为中心的激励—约束机制，就不是评价生产资料所有制效率高低优劣的合适标准。从社会经济形态变迁的历史大视角看，决定生产资料所有制变革的真实动力，不是个人对"外部正效应"进行内在化的理性行为，而是引发这些"外部正效应"的革命性因素，科技变革及相应的生产组织变革当然是这些革命性要素的核心内容。近代以来，由工业革命奠定的机器大工业生产体系表现出鲜明的社会化大生产特征，这必然要求生产资料所有制的"社会化"，以便有效调动其他相关行为主体的能动性，从而发挥社会化大生产的合力效应。

依据马克思主义原理，生产资料所有制不仅规定了直接生产过程中人与人的生产关系，而且还规定了社会再生产过程中人与人的分配、交换关系。无论是资本主义企业内部的产权分置，还是资本主义国家对经济生活的干预，都反映了资本主义私有制朝向"社会化"的边际改良。通过这些改良，直接生产过程中利益相关者的积极性得到有效调动，这有助于提升单个资本的增殖效率；社会再生产过程中对抗性矛盾得到一定程度缓解，这有助于提升社会总资本的循环效率。然而，这些改良完全是边际性的调整，它们不可能颠覆资本主义私有制，不可能改变资产阶级剥削无产阶级的生产关系。在直接生产过程中，构成最广泛劳动主体的雇佣劳动者被排除在产权分置方案以外，他们依旧是活的工具，因此依旧缺乏生产积极性，这当然会极大地影响资本主义企业的经营绩效。[①] 在社会再生产过程中，资本主义国家不可能摆脱"总资本家"的定位和功能，它在处理贫富分化、生产过剩等根本问题时必然陷入制度性失灵，这意味着资本主义经济增长无法避免周期性危机的效率损失。

这些不可逾越的改良边界，决定了资本主义私有制的历史局限性，它必将被更符合社会化大生产要求的生产资料公有制所取代。在公有制条件下，劳动者联合起来成为生产资料的所有者，他们以主人翁身份组织和参与社会再生产，有权利平等获得劳动生产成果。就直接生产过程而言，公有制条件下劳动者的主体能动性有着广阔的发挥空间，由此带来的劳动生产率提升是不可估量的；就社会再生产过程而言，公有制奠定了更平等的收入分配格局，这为社会再生产按比例协调发展提供了可能，由此形成的宏观经济运行效率是资本主义经济无法比拟的。

在《资本论》第一卷的结尾，马克思依据辩证法原则提出了方向性设想："从资本主义生产方式产生的资本主义占有方式，从而资本主义的私有制，是对个人的、以自己劳动为基础的私有制的第一个否定。

---

① 哈维·莱宾斯坦、罗杰·弗朗茨等学者关于资本主义企业 X（低）效率的分析表明，资本主义企业的效率离不开雇佣劳动者的努力，但由于劳动合同的不完全性，企业只能购买劳动者的工作时间，而无法购买其工作努力；同时，对劳动者努力程度的监督控制需要花费高昂成本，这造成生产过程中普遍存在怠工现象，这是引发企业存在 X（低）效率的重要原因。请参阅：罗杰·弗朗茨：《X 效率：理论、论据和应用》，费方域等译，上海译文出版社，1993，第 92—115 页。

但资本主义生产由于自然过程的必然性，造成了对自身的否定。这是否定的否定。这种否定不是重新建立私有制，而是在资本主义时代的成就的基础上，也就是说，在协作和对土地及靠劳动本身生产的生产资料的共同占有的基础上，重新建立个人所有制。"①需要指出的是，马克思在这里主张重建个人所有制，不过是在其他地方多次重申的未来社会公有制的另一种表述。这种新表述意味着，马克思从未打算提出一个未来社会公有制实现形式的设计方案。无论是实行公有制还是重建个人所有制，都不过是在描绘一种消灭了剥削和压迫的生产和交往关系，这种关系赋予社会成员以平等的地位和权利，为劳动者的解放奠定了制度基础。至于未来社会公有制到底采取何种实现形式，则要依据具体的历史条件在实践中探索发现。

在当今世界，中国是稳步推进社会主义经济现代化建设的成功典范，中国对社会主义公有制实现形式的持续探索，极大地丰富发展了科学社会主义理论。在改革开放之前，中国与苏联类似，建立起一大批与计划经济体制相适应的国营企业和集体企业，它们是那个时代社会主义公有制的基本实现形式。伴随着改革开放的深入，社会主义公有制的实现形式在实践中不断变革发展，新型国有企业、集体企业，以及国有资本和集体资本在市场竞争中不断壮大。

众所周知，国有企业是社会主义公有制重要的组成部分。中国国有企业改革发展史表明，通过不断探索适合市场经济的实现形式，国有企业能够不断发展壮大。

20世纪80年代，中国启动国营企业改革进程，通过放权让利、推行承包制等措施，不断增强企业经营自主权，企业通过市场获取人、财、物的比重逐步提高，国家对企业的考核指标逐步由以产品种类数量为主转向以利润等价值指标为主。1989年，国营企业开始了以"破三

---

① 《马克思恩格斯文集》第5卷，人民出版社，2009，第874页。

铁"为目标的人事、劳动、分配制度改革：打破干部工人身份界线，推行竞聘上岗、优胜劣汰；全面推行全员劳动合同制，以产定人，实行下岗分流、减员增效；实行浮动工资制，按岗位责任、劳动成果和企业经济效益兑现工资。1993 年，十四届三中全会明确了建立产权清晰、权责明确、政企分开、管理科学的现代企业制度为国企改革的方向。作为试点，100 家大型国有企业开始进行公司制改革，按照《公司法》规定，纷纷建立起包括股东大会、董事会、监事会、经理层在内的现代企业治理结构。1996 年，按照"抓大放小"的战略部署，国有企业改革进入攻坚期，国家集中力量推动一批大型国有企业改革，在加快现代企业制度建设的同时促进优质生产要素向这些企业流动；通过引入非国有资本、职工参股、兼并重组、经营承包、资产出售等多种手段，推动数量众多的中小国企改制。2003 年 4 月，国务院国有资产监督管理委员会正式成立，代表国家履行出资人职责，承担国有资产监管职责，享有所有者权益。之后，各省级和绝大多数地市级以上人民政府设立了国有资产监督管理机构。国务院国资委和各地方国资委的成立，有力推动了国有企业改革的步伐，国有企业董事会制度、干部任期制、工资总额预算制、负责人薪酬和考核制度等改革措施相继落地。

2013 年，党的十八届三中全会决议提出，国有资本、集体资本、非公有资本等交叉持股、相互融合的混合所有制经济，是基本经济制度的重要实现形式，有利于国有资本放大功能、保值增值、提高竞争力，有利于各种所有制资本取长补短、相互促进、共同发展；完善国有资产管理体制，以管资本为主加强国有资产监管，改革国有资本授权经营体制，组建若干国有资本运营公司，支持有条件的企业改组为国有资本投资公司。按照这一战略部署，国有经济改革发展进入新阶段，公有制经济的实现形式不断丰富发展，总体实力不断壮大，对国民经济的战略支撑作用不断增强。

相关统计数据表明，截至 2021 年底，全国国资系统监管企业资产总额达到 259.3 万亿元，比 2012 年底增长 2.6 倍，年均增长 15.4%；其中，中央企业资产总额为 75.6 万亿元，比 2012 年底增长 1.4 倍；累计实现增加值 111.4 万亿元，年均增长率 9%；累计实现利润 15.7 万亿元，年均增长率 8%；2021 年，有 96 家国有企业进入世界 500 强，2012 年有 65 家；在船舶、钢铁、能源、建筑、水运和装备制造等领域出现了具有强大国际竞争力的领军企业。2012—2021 年，中央企业实施战略性重组和专业化整合共 26 组、47 家，新组建（含接收）央企 9 家，中央企业总数由 117 家下降到 97 家，在涉及国家安全、国民经济命脉和国计民生领域营业收入占比总体比重超过 70%。2019 年，仅中央企业就完成战略性新兴产业投资 9505 亿元，占当年央企投资总额的 20%，其中新材料产业投资增速 114.9%，节能环保产业投资增速 88.1%，新能源产业投资增速 76.8%。2012—2021 年，近 70 家央企的超过 700 家子公司参与新基建领域布局，2021 年总投资超过 4000 亿元，"十四五"期间规划投资项目超过 1300 个，总投资超过 10 万亿元。2012—2021 年，中央企业建设了超过 700 个国家级研发平台，累计投入研发经费 6.2 万亿元，年均增速超过 10%；截至 2021 年底，中央企业拥有研发人员 107 万人，比 2012 年底增长 53%。打破多个关键核心技术领域的"卡脖子"问题，在 5G 通信、高速铁路、载人航天、深海探测等领域取得国际竞争优势。①

马克思指出："消费资料的任何一种分配，都不过是生产条件本身分配的结果"②；"分配的结构完全决定于生产的结构。分配本身是生产的产物"③。公有制经济实力的不断壮大，为坚持以按劳分配为主体、最终实现共同富裕奠定了坚实的基础。相关统计数据显示，2021 年，全

① 资料来源：国家统计局 http://www.stats.gov.cn/xxgk/sjfb/zxfb2020/202205/t20220520_18576 35.html。

② 《马克思恩格斯文集》第 3 卷，人民出版社，2009，第 436 页。

③ 《马克思恩格斯文集》第 8 卷，人民出版社，2009，第 19 页。

国国有及国有控股企业营业总收入 755543.6 亿元，同比增长 18.5%；利润总额 45164.8 亿元，同比增长 30.1%；应交税费 53559.9 亿元，同比增长 16.6%。全国城镇非私营单位就业人员年平均工资为 106837 元，比上年增长 9.7%，扣除价格因素实际增长 8.6%。不仅如此，公有制经济还承担了更多的社会责任。2016—2021 年，国资委和中央企业累计派出挂职扶贫干部 3.7 万人，投入和引进帮扶资金近千亿元，定点帮扶 248 个国家级贫困县全部摘帽、1.2 万个各类扶贫点全部脱贫。2017 年，《划转部分国有资本充实社保基金实施方案》出台，规定中央企业和中央金融机构国有资本划转比例统一为企业国有股权的 10%；截至 2020 年底，共划转 93 家中央企业和中央金融机构国有资本总额 1.68 万亿元；2021 年，划转资金分红总额约为 200 亿元。2012—2021 年，中央企业累计上缴税费 18.2 万亿元，上缴国有资本收益 1.3 万亿元。

社会主义公有制符合社会化大生产的发展趋势，符合劳动者解放的发展趋势，它是保证人民当家作主、巩固共产党执政地位的经济基础，是全民共享社会经济发展成果的制度性保证。中国社会主义公有制经济在改革中不断发展壮大，这一事实表明，在共产党领导下，通过发挥人民群众的积极性、主动性、创造性，社会主义公有制经济能够以不断创新的实现形式保持持续强劲的发展。

第八章 资本视域下"现代国家"的
本质、结构与功能

哈耶克描绘的资本主义秩序自发扩展史，实际上是一部资产阶级征服和重塑世界的历史，其中充满了不可调和的矛盾和斗争。面对这些矛盾和斗争，资产阶级总是倚重于国家暴力机器来扩张势力范围、增进经济利益。由于资本主义生产关系的特殊规定性，上述矛盾斗争的内容和形式不同于前资本主义社会，这赋予了资本主义国家以特有的弹性结构，并使其相应地表现出公共治理功能。与西方学者玫瑰色的描述不同，这样的"现代国家"不是抽象的个人，而是资产阶级行使自由权利的产物。贯穿"现代国家"生成变迁过程的主线，是多重矛盾运动中资本主义生产关系的存续与扩张。围绕资本增殖的基本逻辑，厘清"现代国家"的本质、结构与功能，有助于更全面地认识资本主义秩序的真相，破除哈耶克经济自由主义乌托邦的幻象。

一、从资本主义生产关系出发解析"现代国家"

第二次世界大战后，发达资本主义国家形成了一系列具有进步色彩的制度安排，以法律、规章、政策等手段改善无产阶级福利状况，资本主义经济在劳资矛盾缓和的条件下实现了二十年的黄金增长。但面对接踵而至的滞胀危机，新自由主义经济学家重新为资本主义国家划定经济治理的界限，这些具有进步色彩的制度安排遭到全面清算。美国经济学家保罗·克鲁格曼指出，新自由主义改革的实质是向保守主义起点回归，是"将时间往回调，逆转那些抑制不平等的经济政策"[①]。在一些马克思主义学者看来，这一重大变化验证了资本主义国家作为资产阶级统治工具的本质，保护劳工利益的福利制度并不是资产阶级的主动施舍，而是在力量受限时应对无产阶级斗争被迫做出的退让，一旦其力量强大就会着手消解这些制度安排。但在西方主流经济学者的眼中，美英等国的新自由主义改革则是国家经济治理方式的重大进步，无论重建劳动市场弹性机制还是破除凯恩斯主义政府干预神话，其目标都是激发市场经济的活力，从而刺激经济增长、改善社会公众福利。时至今日，在美英等国社会公众的眼中，曾力推新自由主义改革的里根和撒切尔夫人依旧头顶杰出领袖的光环。我们不禁要问，为什么这些国家经济治理的转向获得了社会公众的接受和认可？

对于这个问题，很多西方学者不断重申西方国家的现代性和公共性，据此论证国家经济治理转向与社会公众利益的一致性。在他们看来，资本主义国家是不同于传统国家的现代国家，它在本质上是一种公共权力，也是通过公共权力联结起来的组织，以维护公共利益和处理公共事务为目的。究其原因，就在于西方社会中的权力是分散的、碎片化的和相互竞争的，竞争导致权力处于分散和均势状态，没有哪个利益集团能对国家形成强大压力，因此不存在一个掌握统治权的阶级或利益集团。尽管在经济、社会、政治、行政以及其他专业领域的权力金字塔尖普遍存在着精英集团，但这些精英全然缺乏将其转变为居支配地位的统治阶级所需要的内聚力度。[②]

还有一些学者试图另辟蹊径，通过论证"现代国家"的自主性来为其公共权力性质提供论证。哈佛大学教授西达·斯考切波比较早地提出有关国家潜在自主性的理论假说："任何国家都要首先并主要是从社

---

① 保罗·克鲁格曼：《美国怎么了？》，刘波译，中信出版社，2008，第7页。
② 拉尔夫·密里本德：《资本主义社会的国家》，沈汉等译，商务印书馆，1997，第6—8页。

会中抽取资源，并利用这些资源来创设和支持强制组织和行政组织……
只要这些基本的国家组织存在，它们在任何地方都具有摆脱支配阶级直
接控制的潜在自主性。"[1] 迪特里希·鲁施迈耶和彼得·埃文斯更明确地
强调："一致性的国家行为将是国家精英们的考虑，其目的是为动员外
部支持，而这种考虑也可能会使国家精英们甚至在没有主导性利益的情
况下，也要在冲突之中保持中立。"[2] 迈克尔·曼也表达了类似的看法，
认为国家是一种独特的社会空间组织，是凝聚社会共同体的必要因素，
它拥有基础性权力和专制性权力。国家的基础性权力（infrastructural
power）以集中的、辐射全境的方式组织管理社会，这种组织管理是各
种社会群体所无法替代的，这导致社会群体无力对国家实施控制，其专
制性权力（despotic power）随之形成。因此，国家，更准确地说，国家
精英，都具有某种独立于各社会群体权力影响的"优越"地位，它具有
明显的"自主性"。[3]

　　不难发现，尽管这种国家公共性、自主性的观点不同于马克思主
义的资本主义国家理论的阶级统治工具论，但它以肯定利益集团间的对
立关系为前提，这或多或少地折射着马克思主义的阶级理论。斯考切
波也承认："马克思主义所阐述的阶级关系概念——阶级关系是由根植
于生产资料的控制和非生产者对直接生产者的经济剩余的榨取而产生
的社会关系——是识别社会内部的一种基本冲突所不可缺少的理论工
具。阶级关系常常是千姿百态的社会和政治冲突的潜在根源，在成功的
社会革命转型中，阶级冲突和阶级关系的变迁实际上起着非常突出的作

---

① 西达·斯考切波：《国家与社会革命：对法国、俄国和中国的比较分析》，何俊志、王学东
　译，上海人民出版社，2007，第30页。

② 迪特里希·鲁施迈耶、彼得·埃文斯：《国家与经济转型——一种支撑有效干预的条件分
　析》，载彼得·埃文斯等编《找回国家》，生活·读书·新知三联书店，2009，第64页。

③ Michael Mann, "The Autonomous Power of the State: Its Origins, Mechanisms and
　Results," *European Journal of Sociology* 25（1984）.

用。"① 如果我们沿着阶级分析的路径展开讨论，那么关于资本主义国家公共性、自主性的理论分析，就必然建立在对阶级分化赖以为前提的资本主义生产关系的分析的基础上。换而言之，作为上层建筑综合体的资本主义国家，是服务于资本主义生产关系这一经济基础的历史产物，所谓的"现代国家"的公共性、自主性特征，必然寓于资本主义生产关系的特殊规定性中。

马克思、恩格斯在《共产党宣言》中指出："现代的国家政权不过是管理整个资产阶级的共同事务的委员会罢了。"② 沿着这个基本线索，拉尔夫·密里本德认为，资本主义生产方式具有强大的结构性强制力，驱使政治人物形成合乎资本主义制度的偏好，由此决定了政党和政府按照符合资本主义生产方式要求、符合资产阶级意愿的方式运作，国家雇员的观念及其行为不是中立的，国家政策的基本价值取向归根结底是有利于资产阶级利益的。另外，借助于对工业、商业和国家财政资源的控制，资产阶级利益集团有能力对国家职能施加压力，以便有效地维护自身利益。总之，尽管当代资本主义国家权力的实现形式更加多元化、民主化、文明化，但这绝没有改变资本主义国家是资产阶级统治工具的实质。③

乍一看，关于阶级统治工具的结论似乎与"现代国家"的公共性、自主性特征相互矛盾。作为资产阶级的统治工具，资本主义国家为何会采取民主普选、福利制度等形式来保证无产阶级权利，从而呈现维护社会共同体存续的公共性、自主性特征呢？通常的解释求助于无产阶级斗争，它迫使资产阶级不得不让渡一系列权利和利益，资本主义国家因此表现出公共性和自主性。然而，与其说这种解释提供了一个答案，不如

---

① 西达·斯考切波：《国家与社会革命：对法国、俄国和中国的比较分析》，何俊志、王学东译，上海人民出版社，2007，第13—14页。

②《马克思恩格斯文集》第2卷，人民出版社，2009，第33页。

③ Paul Wetherly, Clyde W. Barrow and Peter Burnham, *Class, Power and the State in Capitalist Society Essays on Ralph Miliband*（New York: Palgrave Macmillan, 2008），pp. 84–109.

说它只是揭开了问题的冰山一角，为什么公共性和自主性构成资本主义国家而不是奴隶制国家或封建制国家的特征？显然，答案不在于阶级斗争本身，而在于资产阶级统治方式的特殊性，从而使其能够容纳一部分无产阶级的经济权利和利益。

在《1848年至1850年的法兰西阶级斗争》一文中，马克思明确指出："资产阶级共和国现了原形：原来这个国家公开承认的目的就是使资本的统治和对劳动的奴役永世长存。"[①] "构成资产阶级共和国内容的正是资产阶级的利益，正是它的阶级统治和阶级剥削的物质条件。"[②] 在更为成熟的《资本论》著作中，资产阶级被视为资本的人格化，资本主义生产关系的存续成为单个资本的共同利益和长远利益，资本主义国家的统治目标就是这种共同利益和长远利益。

资本主义社会中，控制着经济资源的实业利益集团尤其是大实业家阶层，在与其他群体的竞争中确实具有决定性的而且持久的优势地位。密里本德指出，"有大量证据表明，根据社会出身、教育和阶级状况，那些在国家体制中控制着所有支配职位的人，主要并且在绝大多数情况下来自实业界和有产者，或是来自自由职业中等阶级。在这里，正如在任何一个其他领域一样，必须强调，构成人口必然最大多数的出生于从属阶级的男人和妇女，不仅在进入那些根据任命而出任国家体制如行政、军事和司法部门的职位，而且在取得那些表面看来是由普选和政治竞争的运气决定因而变幻莫测或看起来变幻莫测的职位时，机会是非常可怜的。在这样一个在民主、平等、社会流动和消灭阶级方面已做了很多工作的时代，这些国家中绝大多数男人和妇女们，始终被那些来自其他在经济和社会上较为优越的和相对来说较为疏远的阶级统治、代表、管理、审判和在战争中指挥，这在发达资本主义国家仍然

---

① 《马克思恩格斯文集》第2卷，人民出版社，2009，第104页。
② 《马克思恩格斯文集》第2卷，人民出版社，2009，第107页。

是一个基本事实。"① 以美国为例，从 1889 年到 1949 年，实业界事实上是内阁中最大的集团，内阁成员中大约有 60% 左右的人士来源于实业界。对于英国而言，这种关联也是明显的，从 1886 年到 1950 年，包括邦纳·劳、鲍德温和张伯伦这三位首相在内的三分之一的内阁成员是实业家。

不仅如此，正如科尔柯所指出的，资本主义社会中的实业利益集团还具有一种非常一致的意识形态倾向："美国实业史显著的事实是，在企业家中，不管什么行业的和其重要性如何，都一致认为，资本主义制度是值得用这种或那种形式维护的；这导致了一种共同的态度，即没有必要反对经济领域中重大的创新，但是他们反对激进的经济纲领，因为它们即使不动摇现存秩序，也可能在改变经济权力集中化的过程中损害稳定。"② 由于绝大多数大众传媒的控制权掌握在实业界手中，因此在社会上能够被听到的大部分声音都或多或少地反映了资本的利益要求及其意识形态倾向；实业利益集团不仅力图使社会接受它所倡导的政策，而且要社会接受它所尊崇的价值取向、由它行使领导权的经济制度以及作为它存在核心的生活方式。

从资本主义生产关系存续的角度认识资本主义国家，那么，公共性和自主性论述就不是证伪而是证实了资产阶级统治工具的论断。斯考切波强调："国家自己在维持充分的物质秩序和政治和平方面的根本利益，可能会导致它——尤其是在危机期间——对被支配阶级的需求做出让步，这种让步有可能是以支配阶级的利益为代价的，但是却并不与国家本身在控制人民、抽取税收和军事录用方面的根本利益相冲突。"③然而，这里的"物质秩序和政治和平"，指向的难道不正是既有的社会

① 拉尔夫·密里本德：《资本主义社会的国家》，沈汉等译，商务印书馆，1997，第 71—72 页。

② 拉尔夫·密里本德：《资本主义社会的国家》，沈汉等译，商务印书馆，1997，第 52 页。

③ 西达·斯考切波：《国家与社会革命：对法国、俄国和中国的比较分析》，何俊志、王学东译，上海人民出版社，2007，第 31 页。

生产关系的存续吗？对此，马克思曾一针见血地指出，"在 1789 年以来的许多次法国资产阶级革命，没有一次曾侵犯过秩序，因为所有这些革命都保持了阶级统治和对工人的奴役，保持了资产阶级秩序，尽管这种统治和这种奴役的政治形式时常有所改变。六月革命侵犯了这个秩序。六月革命罪该万死！"①

以总资本家面貌出现的资本主义国家，当它放弃某些资产阶级的个别利益或短期利益时，往往是以维护资本主义生产关系为出发点和落脚点的。尼科斯·波朗查斯指出："所谓'人民'的普遍利益这个观念是一个意识形态观念，里面包括有资本主义国家的机构活动在内，它表达了一个真实的事实：那就是说国家通过其本身结构，对某些被统治阶级的经济利益给予保证，这种保证甚至可能有悖于统治阶级的短期经济利益，但却和它们的政治利益以及他们的霸主统治地位是一致的。"② 因此，资本主义国家"并不直接代表统治阶级的经济利益，而是代表他们的政治利益；这种国家是统治阶级的政治权力中心，是组织他们进行政治斗争的媒介"③。

承认资本主义国家的阶级性，意味着真正的问题开始浮现。笼统地谈论国家阶级性和公共性的辩证统一关系，是不负责任的解答。④ 正如克劳斯·奥菲指出的，资本主义国家要同时促进资本积累并维持民主合法性，从而维护整个资本主义系统；就此而言，资本主义国家的结构及其政策表现出不可消除的矛盾与张力。⑤ 只有从资本主义生产关系的特殊性出发，解析资本主义国家的特殊弹性结构，才能认识其经济治理

---

① 《马克思恩格斯文集》第 2 卷，人民出版社，2009，第 103 页。

② 尼科斯·波朗查斯：《政治权力与社会阶级》，叶林译，中国社会科学出版社，1982，第 208 页。

③ 尼科斯·波朗查斯：《政治权力与社会阶级》，叶林译，中国社会科学出版社，1982，第 207 页。

④ David M. Hart et al., *Social Class and State Power Exploring an Alternative Radical Tradition* (London: Palgrave Macmillan, 2018), pp. 255–276.

⑤ 克劳斯·奥菲：《福利国家的矛盾》，郭忠华等译，吉林人民出版社，2006，第 25—66 页。

所具有的公共性和自主性。按照这个逻辑，具有公共性和自主性特征的资本主义国家经济治理，就不是对资产阶级统治的偏离，而恰恰是这种统治在现实矛盾运动中所采取的具体表现形式。这一分析，是对马克思主义经典论述的继承发展，也是对波朗查斯、鲍勃·杰索普等学者关注焦点的回应，它是构建马克思主义的资本主义国家理论的关键环节。

二、资本主义国家的四重弹性结构

国家自主性理论折射了对还原主义国家观的担忧：把国家还原为各种社会经济力量相互作用的合力结果，无论这种结果是基于共识的正当权威抑或强制的暴力统治，都有可能是武断的、片面的。但问题在于，放弃还原主义分析，人类的思维只能停留在对混沌整体的感性认识层面，无法上升为反映本质的理性认识。乔尔·S.米格代尔反思道："（新的）社会科学的著作中往往太容易把国家当作一个主要行动者和分析单位，因此国家往往是给定的——自主的、不可渗透的——是最终的自变量。"[1] "国家……可能会是一个寻求支配的残废的巨人……更有意义的首创精神和更连贯一致的行为可能来自其他社会力量。"[2] 因此，关键不在于是否需要还原，而在于如何还原！在马克思主义看来，还原资本主义国家的依据，不是个人理性行为，而是资本主义生产关系。只有从资本主义生产关系的特殊性出发，才能辨识资本主义国家的弹性结构。

在前资本主义社会，以农业为主的社会生产具有明显的自给自足性，相对固化的社会再生产过程导致阶级统治呈现为坚固的结晶体，被

---

[1] 乔尔·S·米格代尔：《强社会与弱国家——第三世界的国家社会关系及国家能力》，张长东等译，江苏人民出版社，2009，第188页。

[2] 乔尔·米格代尔：《社会中的国家——国家与社会如何相互改变与相互构成》，李杨、郭一聪译，江苏人民出版社，2013，第128页。

统治阶级不仅遭受经济剥削，而且无法逃避人身依附。适应这种阶级关系，前资本主义社会的国家成为安东尼·吉登斯和佩里·安德森定义的"绝对主义国家"，它作为政治权威和惩戒权力支配社会的经济和政治运行，国家因此成为政治权力和经济权力的融合体。① 也正因为如此，在前资本主义社会，被统治阶级的一项"经济"要求，如废止一项法令、义务或特权，往往就是直接威胁"公共权力"体系的一项政治要求。②

资本主义的经济和政治呈现出相对疏离状态。艾伦·梅克森斯·伍德指出，"生产和分配的社会功能、剩余榨取和占有，以及社会劳动的安置，可以说都被私人化了，并通过非权威主义的、非政治的手段来实现……国家——尽管它干预经济，但它是与经济分离的——在表面上（最显著的是通过普选制）属于所有人，不论他是生产者还是占有者，而无须剥夺占有者手中的剥削权力。对直接生产者的剥夺，使某些政治权力不再是榨取剩余的直接必要条件。"③ 由于这种相对疏离，资本主义国家具有特殊的弹性结构，能够有效容纳无产阶级的部分经济权益，有效驯服其行动放弃革命诉求，从而消解那些威胁资本主义生产关系存续的破坏性因素。波朗查斯指出："资本主义国家在其本身结构中具有一种灵活性……给予某些被统治阶级的经济利益……国家的目的正是要从政治上瓦解被统治阶级……有时这正是维持统治阶级霸主地位所不可缺少的手段……资本主义国家向被统治阶级的经济利益提供保障，不仅不会威胁到统治阶级的政治关系，而且甚至还会为创立这种

---

① 参见 Anthony Giddens, *The Nation-State and Violence*（Cambridge: Polity Press, 1987）, pp. 93, 107；佩里·安德森：《绝对主义国家的系谱》，刘北成、龚晓庄译，上海人民出版社，2016，第 16—19 页。

② 尼科斯·波朗查斯：《政治权力与社会阶级》，叶林译，中国社会科学出版社，1982，第 208—209 页。

③ 艾伦·梅克森斯·伍德：《民主反对资本主义——重建历史唯物主义》，吕薇洲等译，重庆出版社，2007，第 39—40 页。

关系提供一种要素。"①

马克思主义理论体系独有的从抽象上升到具体的叙述逻辑，刻画了资本主义基本矛盾的展开过程，资本主义生产关系因此表现出由抽象上升到具体的四重特殊规定性。资本主义生产关系的第一重、也是最抽象的规定性，是资产阶级榨取无产阶级剩余劳动的剥削关系，劳动力成为商品是建构这一关系的前提。资本主义生产关系的较具体的第二重规定性，是单个资本间相互依赖、相互竞争形成的对立统一关系，资产阶级的内部分化和斗争是这种关系的基本内容。资本主义生产关系的更具体的第三重规定性，是内涵式扩大再生产引起的社会总资本的多维矛盾运动，生产过剩和经济失衡是这些矛盾运动的基本内容。资本主义生产关系的最具体的第四重规定性，是资产阶级意识形态对资本主义生产关系的合理性辩护，"现代秩序"成为合理性辩护的基本修辞形式。

依据上述四重特殊规定性，资本主义国家在制度、组织、运行和话语四个方面渐次表现出四重弹性结构，资本主义国家因此获得了社会公共利益维护者的虚假形式。

第一，资本主义生产关系化形为现代市场经济，通过保护社会个体的私有产权和契约交易自由权，能够有效维护生产资料资本主义私有制和雇佣劳动制。这种制度规范赋予了资本主义国家以第一重弹性结构，任何社会斗争都被纳入资产阶级宪政的统摄范围内。

马克思指出："资本主义生产方式占统治地位的社会的财富，表现为'庞大的商品堆积'，单个的商品表现为这种财富的元素形式。"② 从静态结构看，两次产业革命推动生产资料生产部类快速成长，资产阶级对生产资料的独占造就了真正意义的劳动力市场，包括劳动资料和雇佣劳动者在内的生产要素市场日益发育成熟，这往往被视为资本主义市场

---

① 尼科斯·波朗查斯:《政治权力与社会阶级》，叶林译，中国社会科学出版社，1982，第207—208页。

②《马克思恩格斯文集》第5卷，人民出版社，2009，第47页。

经济的核心内容。从动态循环看，资本是一个自我增殖的循环，是生产过程和流通过程的统一，资本必须在其货币职能形式和商品职能形式之间不断完成变换，其增殖运动不仅要间歇地采取商品流通的形式，而且还会通过资本积累不断扩展商品流通的时空边界，这往往被视为资本主义市场经济的表现特征。

即便从现象层面看，要构造资本主义市场经济，也离不开国家的有目的的强力干预行为，因为它能有效打破地方保护主义对非竞争性地区贸易和远程贸易的分割，为建立竞争性国内市场创造必要的前提条件。[①] 从更深层的制度基础看，资本主义市场经济以私有制和契约交易自由为前提，这要求资本主义国家通过宪政法治的方式保护私有制和契约交易自由。然而，与简单商品经济不同，在资本主义市场经济中，处于支配地位的私有制，已不再是小商品生产者的个体私有制，而是资产阶级独占生产资料的资本主义私有制；真正发挥决定性作用的契约自由，也不再是商品生产者间的劳动产品契约交易自由，而是资本家和雇佣劳动者间的劳动力商品契约交易自由。

因此，资本主义国家以宪政法治方式所保障的关键内容，是生产资料资本主义私有制的支配地位，以及资产阶级雇佣剥削无产阶级的契约自由，这当然指向的是资本主义生产关系的存续。从这个意义上讲，资本主义国家维护私有财产权和契约自由的公共职能，完全符合资本主义国家作为资产阶级统治工具的本质。[②] 甚至连制度经济学代表人物诺斯也承认，资本主义国家的一个主要作用就是建立各种有利于资本的"游戏规则"，并根据现实条件的变化对这些规则做出有利于资本的变革。[③]

---

① 卡尔·博兰尼:《市场模式的演化》，载许宝强、渠敬东选编《反市场的资本主义》，中央编译出版社，2001，第1—14页。

② Davidson, N. , "Capitalist Outcomes, Ideal Types, Historical Realities," *Historical Materialism* 27（2019）: 276.

③ 道格拉斯·C.诺斯:《国家经济角色的昨天、今天与明天》，载斯蒂格利茨等编《政府为什么干预经济》，中国物资出版社，1998，第161—170页。

第二，资本主义生产关系内含着不同资本的分化竞争关系，资本主义国家权力体系的构成主体因此是变动不居的，资本主义国家政权相应地采取了民主选举和党派竞争的组织形式。这种组织形式赋予了资本主义国家以第二重弹性结构，任何社会斗争都被资产阶级的权力体系所驯服。

资本的分立及其相互竞争构成了每个资本家行动的外部约束，单个资本的价值增殖必然服从于利润平均化的客观规律。"在这种形式上，资本就意识到自己是一种社会权力；每个资本家都按照他在社会总资本中占有的份额而分享这种权力。"①这种经济权力的分布格局反映到国家政权的组织方式上，要求后者采取少数服从多数的民主选举原则，并通过资产阶级的党派政治斗争来达成国家行动的具体内容。显然，斗争的结果取决于不同资本集团的力量对比，而这种力量对比在技术变革和市场竞争的双重作用下不断变化。因此，资本主义国家的权力体系是一个流体而不是晶体，它不固定地服务于某个资本集团的特殊利益。相对于资产阶级任何一员而言，资本主义国家毫无疑问具有相对自主性。

作为资本的人格化代表，资本家不是通过世袭身份而是通过价值增殖行为来确立其社会经济地位，这意味着资产阶级成员的边界是不固定的，个别资本家可能因竞争失败沦为无产阶级一员，个别雇佣劳动者也可能一跃成为资本家。经济领域的竞争是一个连续过程，资产阶级的人员构成随之不断变化。根据社会成员的既有阶级身份来有差别地赋予其民主选举权，无疑违背了资本主义社会的阶级分化规律，合理的民主选举原则必定是开放的，权利主体的范围存在不断外扩并涵盖全体社会成员的可能。一旦达到这一点，资产阶级民主在形式上就转化为"社会公众"的民主，资本主义国家也就表现为代表"社会公众"意志的国家。

①《马克思恩格斯文集》第7卷，人民出版社，2009，第217页。

资本主义国家的民主选举和党派竞争体制，有力促进了资本主义国家权力体系中新旧力量的更换。借助于这种制度性新陈代谢，资产阶级的精英集团成为资本主义国家的实际控制者，它们保证了国家行动符合资产阶级整体利益。相应地，资产主义国家因此被赋予"现代化"身份，其对资本主义生产关系的维护，也被描绘为推动社会现代化而得到合理性辩护。

第三，生产力的发展推动资本主义生产关系采取内涵式扩大再生产的变迁模式，这要求资本主义国家为技术进步和经济增长创造有利条件，并尽可能地降低由此引发的失业、阶级分化等破坏社会稳定的问题。这种运行方式赋予了资本主义国家以第三重弹性结构，任何社会斗争都必须以资本积累的展开过程为前提条件。

马克思指出，资本的价值增殖过程是没有止境的，资本积累是增殖动机和竞争压力双重作用的必然产物。在积累过程中，单个资本为获取超额利润而开发或使用新技术的努力，客观上会节约商品生产的劳动耗费，提高劳动生产率。当技术进步作用于生活资料部类时，消费品的贬值有助于相对剩余价值生产的深化，这能够同时改善无产阶级生活福利水平和提高资本盈利率。无论对于单个资本还是社会总资本，推动技术进步以促进经济增长，都是符合价值增殖目的的理性选择。技术进步具有明显的公共品属性，资产阶级早已习惯借助国家力量完成科技创新。从18世纪以来，"政府干预……一直是一个惯例而不是……偶尔行为；其在许多产品发展和技术革新过程中起着关键性作用——尤其是在航天、电子、现代农业、原料技术、能源和运输技术等领域"[①]。

技术进步通常表现为机器替代活劳动，在资本主义条件下会引发失业问题。同时，技术进步深化了相对剩余价值生产，这会引发无产阶级相对贫困和财富分配的两极分化。要维护社会稳定，资本主义国家必

---

① 诺姆·乔姆斯基：《新自由主义和全球秩序》，徐海铭、季海宏译，江苏人民出版社，2000，第23—24页。

须把失业率和贫富分化程度控制在一定范围内，并保障失业人口和极度贫困人口的基本生计。依据劳动生产率与商品价值成反比的规律，技术进步会大幅度降低社会救济品的价值。以社会福利方式保障失业人口和极度贫困人口的基本生计，成为资本主义国家有能力操作的政策选项，这当然有助于消除威胁资本主义社会秩序的潜在因素。从形式上看，资本积累过程不仅内含着技术进步，而且也能不断改善无产阶级的福利水平。作为对资本积累过程的维护者，资本主义国家因此被罩上了公共福利守护者的外衣。

第四，资本主义生产关系只有借助于意识形态教化才能表现为"现代秩序"的外在形式，资本主义国家需要巩固资产阶级意识形态在文化教育领域的支配地位，从而实现资产阶级统治由强权向霸权的转换。这种话语建构赋予了资本主义国家以第四重弹性结构，任何社会斗争都只能采取和平的"现代文明"方式。

军队、警察、监狱固然是解决阶级斗争的终极暴力手段，但以道德、传统、习俗等方式存在的意识形态教化活动，在遮蔽和缓和阶级斗争方面的功能同样不容低估。而且，由于后者采取了日常的、和平的表现形式，因此其作用方式更易为社会大众所接受，其作用效果也更加持久深远。作为维护资本主义生产关系的上层建筑，资本主义国家当然不会忽视意识形态的教化功能，它是确立和捍卫资产阶级意识形态支配地位的重要行为主体。阿尔都塞提出"意识形态国家机器"理论，用以描述区别于行使暴力垄断权的强制性国家机器，非强制性国家机器与强制性国家机器在维持资本主义阶级结构方面发挥着平行互补的作用。[1] 波朗查斯也指出："资本主义国家的概念当然还包括有政治意识形态的特殊职能，包括有建立在'认可'基础上的权力形式，这种'认可'是以

---

[1] 理查德 D. 沃尔夫著、吴昕炜译：《意识形态国家机器、消费主义和美国资本主义：左派的教训》，《学术研究》2008 年第 6 期，第 42—49 页。

一种特殊方式为被统治阶级安排和对付他们的。"①

为了培育这种"认可"，资本主义国家通过立法规范、行政管制、财政资助等方式介入到教育、文化和传媒等领域，将资产阶级意识形态潜移默化地灌输、渗透到社会大众的思想中，使他们认同资产阶级"霸权"的合理性。英国前首相撒切尔夫人曾要求："新闻机构成员要把占统治地位的意识形态的需求放在优先考虑的地位，而不是把职业的需求放在首位。广播电台和电视台的记者进行工作，就是直接参与国家的政治活动和意识形态活动。"②一旦资产阶级意识形态的教化功能发挥作用，现存的资本主义生产关系就获得更大的社会认同，资本主义国家也更容易被公众视为公共事务管理者。③相应地，资产阶级被矮化为参与公共管理的行为主体之一，其利益和行动服从于共同体的普遍利益和集体决策。④借助于这种意识形态转化，资本主义国家的阶级性被淹没在眼花缭乱的利益集团纷争的现象中，个人不再质疑资本主义国家的合理性，而是在资本主义国家行动框架内谋求个人及其所属团体的利益，这有效抑制了对资产阶级霸权地位及其赖以为基础的资本主义生产关系的潜在冲击。⑤

三、资本主义国家经济治理的四维取向

西方主流经济学或者把资本主义国家简化为外生因素，或者以黑

---

① 尼科斯·波朗查斯：《政治权力与社会阶级》，叶林译，中国社会科学出版社，1982，第207页。

② 易佳乐：《来自上层建筑的批判——试析阿尔都塞的意识形态国家机器理论》，《理论与现代化》2017年第6期，第61页。

③ David Harvey, *A Brief History of Neoliberalism*（Oxford: Oxford University Press, 2005）, pp. 45-47.

④ Nathan Sperber, "State Capitalism and the State-Class Nexus," *Science & Society* 83（2019）: 381-407.

⑤ Balogh B. , *The Associational State: American Governance in the Twentieth Century*（Philadelphia: University of Pennsylvania Press, 2015）.

箱方式处理其结构和作用机制，对国家经济治理的态度在自由放任和国家干预的两极来回震荡。鲁施迈耶、埃文斯、斯考切波等学者重视资本主义国家在经济现代化进程中的治理效能，试图解释国家结构差异性与经济治理效能分化的因果关系。米格代尔的研究表明：绝大多数发展中国家具有强社会弱国家的特征，国家结构缺乏协调性和灵活性，难以调节社会关系、提取和配置资源，因此无力推动经济现代化转型。[①]

借鉴这些研究思路，我们从资本主义国家的四重弹性结构出发，研究资本主义国家经济治理的基本取向和形式特征，分析其对资本主义生产关系合法性的作用机制。

从资本主义国家的第一重弹性结构看，资本主义占有规律取代商品所有权规律，资本流通支配商品流通，劳资间对抗性矛盾成为破坏市场流通稳定性的主要根源。在不动摇劳资雇佣关系的前提下，实施一定程度的劳动力"去商品化"来稳定市场流通体系，成为资本主义国家经济治理的第一重基本取向。

从历史上看，资本对商品交换活动的改造离不开国家暴力的助推，其核心内容是击碎小农私有制和小商品生产者私有制，从而仅仅借助于契约交易自由就能够实现劳动力的商品化。正如佩罗曼指出的，雇佣工人的产生根本不是和平牧歌式的自发进化的结果，自然经济所具有的封闭性和完整性对资本主义市场经济的扩张构成了有效的抵抗，如果不借助于国家权力的粗暴干预，如果没有资本原始积累的血与火，那么要想把自然经济中的农民转变为雇佣工人，将异常困难而且历时久远。[②] 伴随着这种改造，雇佣劳动者日益无产阶级化，劳动力商品的再生产日益从属于资本增殖运动的需要，并因此造成了财富累积与贫困累积的两极

---

① 乔尔·S.米格代尔:《强社会与弱国家——第三世界的国家社会关系及国家能力》，张长东等译，江苏人民出版社，2009，第188页。

② 迈克尔·佩罗曼:《资本主义的诞生——对古典政治经济学的一种诠释》，裴达鹰译，广西师范大学出版社，2001，第1—14页。

化趋势。从社会再生产循环看，无产阶级的贫困不仅影响劳动力商品的再生产，而且还通过抑制消费需求的方式阻碍社会总产品的价值实现，其结果当然是对商品交换关系稳定性的破坏。

为了对冲这一破坏效应，资本主义国家以法律、规章等方式限制劳动力市场的自发调节机制，推动一定程度的劳动力"去商品化"。卡尔·波兰尼指出："劳动力市场……对社会的冲击是如此强烈，以至于马上、并且在没有任何事先的观念变化的情况下，强有力的保护主义反向运动就开始了……由于干涉的目的在于恢复人的生活及其环境，在于给他们一定程度的地位保障，所以它必然要求减少工资的变动性和劳动力的流动性，稳定收入，持续生产，引入对国家资源的公共控制以及通货管理，以求避免价格水平的无休止变动。"[1] "事实上，只有在工资、工作条件、标准和规则能够保护'劳动力'这种所谓商品的人性特质的情况下，劳动力市场才能发挥其功能……社会立法、工厂法、失业保险，最重要的是工会等……制度……的目标就是要干预人类劳动力的供求法则，并使其从市场轨道中脱离出去。"[2] 形式不一的劳动力"去商品化"举措，无论是工会组织的集体工资议价，还是福利制度提供的救济和保障，抑或员工持股形成的间接所有权，都会促进雇佣劳动者经济收入状况的改善，由此形成的稳态社会结构当然也就有利于商品交换关系的稳定。[3]

从资本主义国家的第二重弹性结构看，分化竞争的不同资本为争夺剩余价值展开不可调和的利益斗争，资产阶级的内部撕裂日益成为破坏经济稳定增长的重要因素。在民主选举和党派竞争的制度框架下，平

---

[1] 卡尔·波兰尼：《大转型：我们时代的政治与经济起源》，冯钢、刘阳译，浙江人民出版社，2007，第184页。

[2] 卡尔·波兰尼：《大转型：我们时代的政治与经济起源》，冯钢、刘阳译，浙江人民出版社，2007，第151页。

[3] A. Heise and A.S. Khan, "The Welfare State and Liberal Democracy: A Political Economy Approach," *World Review of Political Economy* 10（2019）: 220–245.

衡不同资本的权力边界，维护产业资本价值增殖对经济运行的主导地位，成为资本主义国家经济治理的第二重基本取向。①

随着资本主义经济的发展，货币资本和商品资本从产业资本循环中独立出来成为借贷资本和商业资本，它们的剩余价值来自对产业资本运动中价值增殖的分割。资本主义生产关系的存续基于剩余价值的生产，产业资本循环构成了社会总资本运动的重心，其价值增殖对资本主义经济运行发挥着支配作用。但对于单个资本而言，资本的分化形式是无关紧要的，到底是采取产业资本、借贷资本抑或商业资本，取决于哪种资本的盈利率水平更高。事实上，竞争机制调节形成的资本分化格局，不能保证产业资本循环始终处于社会总资本运动的重心。在经济全球化的推动下，单个国家的资本分化方式日益从属于世界格局，借贷资本或商业资本的重要性有可能超过产业资本。作为总资本家的资本主义国家，需要综合使用产业政策、科技政策、金融政策等经济治理手段，维护产业资本对借贷资本和商业资本的主导地位。

不仅如此，当资本主义进入垄断阶段后，垄断价格的形成改变了价值规律的表现形式，垄断资本通过主导市场定价权来保证垄断利润，其实质是对非垄断资本剩余价值的剥夺。现在，利润分配格局不仅取决于资本在价值增殖中的作用，而且更取决于资本对市场竞争的否定程度，这是对优胜劣汰的新陈代谢机制的背离，极大削弱了资本主义生产关系的合法性基础。作为总资本家的资本主义国家，需要实施适度的反垄断政策，规制那些有可能激化资本间矛盾的构筑市场壁垒的垄断行为，降低掠夺性剩余价值再分配对社会总资本再生产体系的负面冲击。

从资本主义国家的第三重弹性结构看，技术进步推动相对剩余价值生产不断深化，在社会再生产过程中加剧了资本积累和社会消费的对

---

① 佟德志：《治理吸纳民主——当代世界民主治理的困境、逻辑与趋势》，《政治学研究》2019年第2期，第39—48页。

抗性矛盾，引起部类间、部门间重大比例关系的失衡。在不断容纳技术进步的条件下，保证宏观经济平衡以便为资本积累创造有利的外部条件，成为资本主义国家经济治理的第三重基本取向。

马克思指出，随着分工的深化，商品生产日益分化为两大部类，即生产资料部类Ⅰ和消费资料部类Ⅱ，只有两部类的产品同时完成实物替换和价值补偿，社会再生产才能不断循环畅通。[①] 在资本主义扩大再生产条件下，要保证两部类产品的实物替换和价值补偿，不仅要求生产资料总供给等于两部类对生产资料的总需求，而且要求消费资料总供给等于两大阶级对消费资料的总需求。在新古典经济学者看来，这一关系指向的是总供给与总需求的均衡，而市场机制能够自动调节消费需求和投资需求使之等于总供给。1929—1933 年席卷资本主义世界的"大萧条"，打破了人们对市场自发调节机制的迷信，无法摆脱的危机折射的是总供给大于总需求的长期失衡。继起的罗斯福新政和凯恩斯主义宏观经济学，为资本主义国家通过宏观调控平衡总供求奠定了实践和理论基础。

第二次世界大战后，欧美各国政府普遍推行总需求管理，采用财政政策和货币政策调节消费需求和投资需求，以"看得见的手"来推动产品市场和货币市场的均衡。在实践中，美欧各国实施扩张性经济政策的力度和周期远超紧缩性经济政策，刺激消费与投资以缓和有效需求不足问题成为政府宏观调控的主旋律，这显然是为了缓和资本积累和社会消费间对抗性矛盾而采取的必要手段。20 世纪 70 年代的"滞胀"问题让凯恩斯主义总需求管理陷入两难困境，这更加清楚地表明，资本积累和社会消费的对抗性矛盾及由此引发的宏观经济失衡，是贯穿资本主义国家经济治理始终的基本议题。[②] 为了缓和这种失衡，在全球范围内输

---

① 《马克思恩格斯文集》第 7 卷，人民出版社，2009，第 435—593 页。

② Jeff Shantz, *Crisis States: Governance, Resistance & Precarious Capitalism* (California: Punctum Books, 2016).

出过剩商品和过剩资本，自然成为资本主义国家实施经济治理的衍生职能。纵观 20 世纪 80 年代启动的经济全球化进程，可以看到发达资本主义国家主动谋划的身影，它们既是全球化的主要推动者，也是全球资本积累所必需的政治和物质条件的保证者。①

从资本主义国家的第四重弹性结构看，资产阶级意识形态具有鲜明的非强制性特征，这要求资本主义国家经济治理获得社会公众"认可"，对资本主义生产关系的维护必须遵循科学分析的规范。在维护资产阶级意识形态支配地位的同时，确保经济治理的理论依据呈现为无涉利益的纯粹经济学分析，成为资本主义国家经济治理的第四重基本取向。

"边际革命"后，以马歇尔（Alfred Marshall）为代表的西方经济学家致力于"对交换关系做形式上的数学化处理……（因为）从交换的角度进行的经济分析在遮盖利益冲突方面似乎相对更有效一些"②。相应地，所谓的"实证的纯粹经济学"逐步取代传统的政治经济学，成为西方主流经济学者的基本研究取向。在他们看来，研究理性行为的实证经济学才是自然科学意义上的"客观"科学，它在原则上独立于任何特定的伦理立场或价值判断，其任务是提供一套一般化体系，用来对环境变化所导致的结果做出准确推测。③这些学者并不否认规范经济学中的伦理立场或价值判断会影响资本主义国家的经济治理实践，但他们坚信，作为经济治理决策的理论依据应当是客观的、科学的实证经济学研究，即多方博弈中各种备选方案的成本—收益分析清单。当然，受限于实

---

① C. W. Barrow, "Globalization and the Emergence of the Fortress State," *Science & Society*, 85（2021）: 170–177; M. Babic, J. Garcia-Bernardo and E.M. Heemskerk, "The Rise of Transnational State Capital: State–led Foreign Investment in the 21st Century," *Review of International Political Economy* 27（2020）: 433–475 .

② 迈克尔·佩雷曼：《经济学的终结》，石磊、吴小英译，经济科学出版社，2000，第 6 页。

③ 米尔顿·弗里德曼：《实证经济学方法论》，载丹尼尔·豪斯曼编《经济学的哲学》，上海人民出版社，2007，第 148－149 页。

证经济学的可证伪性质，某一种实证经济学推论可能是片面的、甚至错误的，由此会造成资本主义国家经济治理的失灵。然而，这种推论谬误及对应的治理失灵是科学进步的必要代价。

沿着这个思路，如果西方主流经济学的流变符合证伪标准，那么据此实施的资本主义国家经济治理也自然符合科学原则，应当获得社会公众的认可。从理论变迁与治理实践的关系看，新古典经济学、凯恩斯主义经济学以及新自由主义经济学的权威学者，相继以智囊专家的身份深度介入美欧国家公共决策过程，实证经济学在证伪中实现的"进步"似乎已影响到资本主义国家经济治理实践，后者依据前者的流变而更加接近客观事实的真相。从这个意义上讲，资本主义国家的经济治理不仅要发现各种经济问题，而且要依据成本—收益准则分析各种可能选项，并在此基础上制定科学的应对方案。

四、资本主义国家经济治理的制度性失灵

资本主义生产关系是在资本价值增殖运动中实现存续的，无数单个资本的价值增殖运动组成了社会总资本再生产的循环运动，资本主义生产关系的存续依赖于社会总资本再生产的循环运动。作为资本主义生产关系存续的维护者，资本主义国家经济治理的主线当然是保证社会总资本的循环运动。只要社会总资本能够循环运动，资本主义生产关系就能被不断再生产出来，资产阶级霸权统治就能得到持续性捍卫。但问题在于，破坏社会总资本循环运动的根源，正是资本与劳动的对抗性矛盾，也即资本主义生产关系本身，消除破坏性根源等价于否定资本主义生产关系，这显然超出了资本主义国家经济治理的能力范围。事实上，资本主义国家经济治理只是把对抗性矛盾从经济领域转移到政治领域，把经济问题转化成政治问题。资本主义国家的阶级性本质规定了其弹性结构的限度，也同时划定了其经济治理的制度边界。一旦矛盾的累积超

过经济治理的制度边界，国家行动的失灵就不可避免，经济危机和政治危机的正反馈循环往往成为资本主义生产关系局限性的典型表现。

资本雇佣劳动的实质是以资本主义占用规律取代商品所有权规律，它造成资本主义国家第一重经济治理陷入制度性失灵。在一定程度上实施劳动力"去商品化"，有利于平衡商品市场的总供求，从而在形式上稳定市场流通体系；但代价是削弱劳动力市场中雇佣劳动者对资本的隶属程度。资本主义国家到底是维护市场流通体系的稳定性，还是保证资本主义雇佣关系的稳定性，最终取决于资本主义国家作为阶级统治工具的本质。因此，在劳动力商品化和去商品化之间寻找平衡点，注定是资本主义国家难以胜任的经济治理任务。

第二次世界大战后，资本主义国家的经济治理之所以具有浓厚的劳动力去商品化色彩，关键的前提在于"黄金增长期"这个历史条件。要从一片废墟中实现复苏和增长，弹性较弱的劳动力市场有利于资本主义生产的恢复和稳定，雇佣劳动者的收入增长也有利于社会总产品价值的实现。就此而言，劳动力的去商品化不仅不妨碍，而且还有利于资本主义生产关系的扩大再生产。然而，随着经济从复苏走向繁荣，劳资矛盾及由此派生的其他对抗性矛盾也随资本积累而不断深化，并最终表现为经济增长停滞和通货膨胀加剧的困境。为了摆脱滞胀泥潭，资本主义国家经济治理迅速转向新自由主义，无论是里根主义还是撒切尔改革，其核心内容之一都是恢复劳动力市场弹性机制，通过逆转各项劳动力去商品化举措来强化资本对雇佣劳动的支配权。历史一再表明，资本主义国家维护商品交换关系的公共治理职能，始终从属于其维护资本主义生产关系的阶级治理职能，后者不仅为前者划定了不能逾越的边界，而且从根本上造成了前者的阶段性失灵。

作为更抽象的范畴，商品交换关系的出现远早于资本主义生产关系，它具有贯穿多种社会经济形态的历史跨度。商品交换关系的实质，是彼此对立的商品生产者比较与交换劳动的关系，其中价值规律承担着私人劳动向社会劳动转化的调节功能。显然，这种关系的架构只要求作为一般的生产资料私有制和契约交易自由，而并不要求作为个别的资本主义私有制和劳动力商品契约交易自由。从否定之否定的发展规律看，不能武断地认为，资本对商品交换关系的改造就是历史的终结，资本主义私有制和劳动力商品契约交易自由就是私有制和契约交易自由的终极形态。以资本主义生产关系为重心划定商品交换关系的变迁界限，这样的国家经济治理满足了资产阶级的统治诉求，但却剥夺了其他市场主体建构新型所有制的可能选项，限制了契约自由向激发各类主体主动精神和创新动能的扩展潜力。当这些市场主体逐渐意识到上升通道已被关闭，资本主义生产关系就面临合法性挑战，这反过来限制了资本主义国家的行动空间，其经济治理因日益严重的权力内耗而陷入失灵。

金融垄断资本日益占据资产阶级权力体系的塔尖，这造成资本主义国家第二重经济治理陷入制度性失灵。萨米尔·阿明的研究表明，发达资本主义国家形塑了近代以来的世界经济体系，赋予其中心—边缘的等级结构，保证了剩余价值源源不断地从边缘的发展中国家流向中心的发达国家。[1] 在这个过程中，发达国家金融垄断资本对世界经济体系运行的影响力不断增强，掠夺性的剩余价值再分配日益成为破坏一国经济稳定发展的动荡源，资本主义国家在治理这些超级资本时暴露出捉襟见肘的短板。

布罗代尔指出，资本的特点在于其灵活性和兼容性，它总是力图克服专业化分工对其活动构成的局限。[2] 这个判断更适合于金融垄断资本的运动方式。依据社会总资本矛盾运动的展开规律，技术进步推动剩余价值生产的深化，积累与消费间对抗性矛盾的加剧造成商品资本和货币资本的双重过剩，垄断资本采取金融投机和资产泡沫的方式争夺剩余价值再分配份额构成了资本主义经济运动的新主线，金融垄断资本因此

---

① 萨米尔·阿明:《不平等的发展》，高铦译，商务印书馆，2000，第109—247页。
② 布罗代尔:《资本主义的动力》，杨起译，生活·读书·新知三联书店，1997，第39—41页。

成为社会总资本运动的支配者。无论是早期的希法亭和列宁，还是当代的福斯特和拉帕维查斯，都向我们传达了一个基本判断：金融垄断资本凌驾于专业化分工之上，它是资本主义世界经济运行的真正支配者，其价值增殖更多地来自掠夺性剩余价值再分配。① 被金融垄断资本俘获的资本主义国家，其经济治理无力消除或逆转这一变化，而只能对这一变化的灾难性后果予以象征性的补救。② 以美国经济为例，自 1999 年《金融服务现代化法案》出台后，金融垄断资本对美国经济的支配能力不断增强，其瓜分的剩余价值份额不断提高。1965—1980 年间，金融业利润占国内总利润比重的均值仅为 17%，但在 2000—2015 年间快速飙升至 28%；相比之下，制造业利润占国内总利润比重的均值则从 49% 跌至 22%。③

事实上，近代以来世界经济体系中心的转换，从另一个侧面折射了资本主义国家在面对掠夺性剩余价值再分配时的治理失灵。正如杰奥瓦尼·阿瑞基指出的，资本主义体系积累周期更迭的标志是世界经济体系中心的转换，以剩余价值生产和实现为实质的物质扩张在新中心蓬勃展开，而旧中心则日益转向以剩余价值再分配为主要内容的金融扩张。④ 尽管这种变化必将造成旧中心的衰落，但由于金融垄断资本可以通过资本输出获得海外盈利，而且还能借此强化对国内经济的支配地位，因此，旧中心的国家机器却既无愿望也无能力来改变这一历史变迁

① 鲁道夫·希法亭：《金融资本》，李琼译，华夏出版社，2017；列宁：《帝国主义是资本主义的最高阶段》，马克思恩格斯列宁斯大林著作编译局译，人民出版社，2014; J.B. Foster, "The Age of Monopoly-Finance Capital," *Monthly Review* 61（2010）: 1-13; Costas Lapavitsas , *Profiting Without Producing: How Finance Exploits Us All*（New York: Verso, 2014）.

② John Bellamy Foster and Robert W. McChesney, *The Endless Crisis: How Monopoly Finance Capital Produces Stagnation and Upheaval from the USA to China*（New York: Monthly Review Press, 2012）.

③ 以上数据均根据《2017 美国总统经济报告》附表 B-6 计算得出。

④ 杰奥瓦尼·阿瑞基：《漫长的 20 世纪》，姚乃强等译，江苏人民出版社，2011，第 101—115 页。

进程。①

资本对盈利和积累的无止境追求必然引起供求结构性失衡和普遍生产过剩，这造成了资本主义国家第三重经济治理的制度性失灵。资本积累与社会消费的对抗性矛盾根源于资本与雇佣劳动的对抗性矛盾，矛盾的激化是资本尽可能攫取剩余价值的客观结果，化解这一矛盾要求限制资本积累的规模和速度，这意味着否定资本主义生产关系，完全超出了资本主义国家经济治理的限度。

尼·布哈林指出，作为机器大工业的产物，资本主义生产体系包括"一连串的有联系的生产部门，这些部门之间彼此相互提供市场，它们遵守着由整个生产过程的技术和经济的连续性决定的某种秩序。但是，这根链条到了消费资料的生产就截止了，因为它再也不以物质形式，即作为使用价值，直接进入任何生产过程而是进入个人的消费过程"②。正是在这里，在生产与消费的辩证统一关系中，资本主义对抗性矛盾的破坏作用显现出来。伴随着技术进步而深化的相对剩余价值生产，导致工资增长慢于利润增长，无产阶级消费因此落后于资本积累。资本家是资本的人格化代表，其积累行为优先于消费行为，资产阶级消费因此也落后于资本积累。社会消费增长的相对缓慢直接引起消费资料部类的生产过剩，在两部类比例平衡关系的约束下，生产资料部类迟早也会出现生产过剩，这就是商品资本的普遍过剩。商品和货币是市场流通的两极，商品资本的普遍过剩导致货币资本从产业资本循环中析出堆积，进一步引起货币资本的过剩。显然，造成商品资本和货币资本双重过剩的直接根源是资本积累和社会消费间对抗性矛盾的累积，而这又是资本和雇佣劳动间对抗性矛盾的派生产物。

---

① 威廉·I.罗宾逊：《全球资本主义论：跨越世界中的生产、阶级与国家》，高明秀译，社会科学文献出版社，2009，第48—95页。

② 罗莎·卢森堡、尼·布哈林：《帝国主义与资本积累》，紫金如等译，黑龙江人民出版社，1982，第238页。

化解商品市场和货币市场的供求失衡，治本之策当然是让资本有节制地剥削和积累，从而使资本积累与社会消费的增长符合两大部类的比例关系。这要求资本主义国家在技术进步和相对剩余价值生产之间设置隔离墙，降低国民收入分配的两极化程度。这是对资本积累一般规律的否定，也是对资产阶级普遍利益的背离，它不在资本主义国家经济治理的备选方案中。既要保证资本在收入分配的优先地位，又要缓和商品资本和货币资本的过剩，资本主义国家只有两种选择：第一，拉长资本循环的时间序列，以赤字债务方式扩张消费规模，或以金融泡沫方式为名义资本积累另辟空间[①]；第二，拓展资本循环的空间范围，对外输出资本，从而将过剩的商品资本和货币资本转移到世界其他地区。第一种选择面临信用上限且有可能触发信用危机，第二种选择意味着积累与消费间对抗性矛盾在全球范围的蔓延深化，其最终结果都是供求失衡在更大程度、更广范围的累积和暴露。

资产阶级意识形态的虚假性和遮蔽性背离了经济治理的科学准则，这造成了资本主义国家第四重经济治理的制度性失灵。从科学哲学的判断标准看，西方主流经济学的流变从未发生过真正的革命，新旧理论的更迭不过是在个人主义静态分析范式内部打转，这种修修补补的证伪折射的是实证经济学对资产阶级意识形态的从属和依赖，这也导致资本主义国家的经济治理从根本上背离了科学方向。

很多研究者指出，经济学研究不可能是价值中立的。诺贝尔经济学奖得主罗伯特·索洛承认："不管社会科学家是否接受和是否知道这些，甚至是否和它们做过斗争，但他对研究领域的选择、提出的问题、不愿提出的问题、他的研究框架、他的用词方式，都可能在某种程度上

---

① 沃尔夫冈·施特雷克：《购买时间：资本主义民主国家如何拖延危机》，常恒译，社会科学文献出版社，2015，第16—127页。

反映他的利益、意识形态和价值观。"① 西方主流经济学信奉个人主义静态分析范式，资本主义经济特有的矛盾或者被简化为个人利益冲突的结果，或者被归结为外部因素的冲击，其结论总是指向了市场均衡的"神话"，如消费者均衡、生产者均衡、市场的局部均衡和一般均衡等。凭借对经济资源的控制权，资产阶级左右着"从业资格筛选"环节，将那些信奉个人主义静态分析范式的经济学家树立为主流学者，从而以科学之名确立起资产阶级意识形态的统治地位。曾任美国国防部首席经济学家的阿兰·安瑟芬坦承："我们（在国防部）运用的经济理论，是那种我们当中大多数人在大学二年级时学的东西。之所以需要博士加盟，只是因为直到他们经历了研究院生涯并（通过流行经济理论）获得了既得利益之前，许多经济学家并不相信他们所学过的经济理论。"②

"神话"毕竟不是"科学"，略过了真实矛盾和问题的纯粹经济学分析，尽管可以不断精致化其表现形式，但既无法理解更无法指导现实的社会经济运动，以"神话"为指南进行经济治理的资本主义国家注定将吞下系统性失灵的苦果。正如 S. 施罗德指出的，西方主流经济学从未放弃新古典价值理论和分配理论，始终致力于求解关于资本主义市场经济内在稳定性的一般均衡理论，这种研究范式无法完全捕捉资本主义的运动规律，当然也就无法为国家经济治理提供正确的指南。③ 只要经济学研究从属于资产阶级意识形态，只要个人主义静态分析范式依旧统摄经济研究方向，那么，在西方主流经济学指导下的资本主义国家经济治理，就只能停留在治标层面，充其量研发出"头痛医头脚痛医脚"的新止痛药。

---

① 罗伯特·索洛：《经济学中的科学和意识形态》，载丹尼尔·豪斯曼编《经济学的哲学》，上海人民出版社，2007，第 213 页。

② 迈克尔·佩雷曼：《经济学的终结》，石磊、吴小英译，经济科学出版社，2000，第 19 页。

③ S. K. Schroeder, "Vision, Value and Pluralism: A Comment on Analytical Political Economy," *Journal of Economic Issue* 53（2019）: 433–439.

参考文献

中文参考文献：

[1]《马克思恩格斯文集》第1—10卷，人民出版社，2009。

[2]《列宁全集》第41、42、43、55卷，人民出版社，2017。

[3]《斯大林文集》，人民出版社，1985。

[4]《毛泽东选集》第1卷，人民出版社，1991

[5]《毛泽东文集》第8卷，人民出版社，1999。

[6]《新帕尔格雷夫经济学大辞典》第2卷，经济科学出版社，1996。

[7]《新中国60年统计资料汇编》，中国统计出版社，2010。

[8]F. A·冯·哈耶克:《个人主义与经济秩序》，邓正来译，生活·读书·新知三联书店，2003。

[9]F. A·哈耶克:《致命的自负》，冯克利等译，中国社会科学出版社，2000。

[10]弗里德里希·奥古斯特·哈耶克:《通往奴役之路》，王明毅等译，中国社会科学出版社，1997。

[11]弗里德利希·冯·哈耶克:《自由秩序原理》上、下，邓正来译，生活·读书·新知三联书店，1997。

[12]弗里德利希·冯·哈耶克:《法律、立法与自由》第1、2、3卷，邓正来等译，中国大百科全书出版社，2000。

[13]弗里德利希·冯·哈耶克:《经济、科学与政治:哈耶克思想精粹》，冯克利译，江苏人民出版社，2000。

［14］弗里德里希·A.哈耶克，《科学的反革命：理性滥用之研究》，冯克利译，译林出版社，2003。

［15］梅纳德·凯恩斯：《就业、利息和货币通论》，高鸿业译，商务印书馆，1983。

［16］路德维希·冯·米塞斯：《社会主义制度下的经济计算》，载《现代国外经济学论文选》第九辑，商务印书馆，1986。

［17］卡尔·波普：《历史决定论的贫困》，杜汝楫、邱仁宗译，华夏出版社，1987。

［18］詹姆斯·M.布坎南：《经济学家应该做什么》，雷家端等译，西南财经大学出版社，1988。

［19］H·斯图尔特·休斯：《欧洲现代史》，陈少衡等译，商务印书馆，1984。

［20］C.E·布莱克、E.C·赫尔姆赖克：《20世纪欧洲史》上，山东大学外文系英语翻译组译，人民出版社，1982。

［21］罗伯特·布伦纳：《繁荣与泡沫》，王生升译，经济科学出版社，2003。

［22］保罗·斯威齐：《资本主义发展论》，陈观烈、秦亚男译，商务印书馆，1996。

［23］霍华德·谢尔曼：《激进政治经济学基础》，云岭译，商务印书馆，1993。

［24］詹姆斯·M.布坎南：《自由、市场与国家》，平新乔、莫扶民译，上海三联书店，1989。

［25］詹姆士·E.米德：《明智的激进派经济政策指南：混合经济》，欧晓理、罗青译，上海三联书店，1989。

［26］爱德华·卡德尔：《公有制在当代社会主义实践中的矛盾》，王森译，中国社会科学出版社，1989。

［27］艾伦·布坎南：《伦理学、效率与市场》，廖申白、谢大京译，中国社会科学出版社，1991。

［28］费尔南·布罗代尔：《15至18世纪的物质文明、经济和资本主义》，施康强译，三联书店，1992。

[29] 马克·布劳格:《经济学方法论》,苏丽文译,商务印书馆,1992。

[30] J.R·沙克尔顿、G. 洛克斯利:《当代十二位经济学家》,陶海粟、潘慕平译,商务印书馆,1992。

[31] 詹姆士·E. 米德:《效率、公平与产权》,施仁译,北京经济学院出版社,1992。

[32] 特伦斯·W. 哈奇森:《经济学的革命与发展》,李小弥等译,北京大学出版社,1992。

[33] G.M·霍奇逊:《现代制度主义经济学宣言》,向以斌等译,北京大学出版社,1993。

[34] 塞缪尔·亨廷顿:《现代化:理论与历史经验的再探讨》,张景明译,上海译文出版社,1993。

[35] 罗杰·弗朗茨:《X 效率:理论、论据和应用》,费方域等译,上海译文出版社,1993。

[36] 道格拉斯·C. 诺思:《经济史中的结构与变迁》,陈郁、罗华平等译,上海三联书店、上海人民出版社,1994。

[37] 查尔斯·林德布洛姆:《政治与市场:世界的政治——经济制度》,王逸舟译,上海三联书店,1994。

[38] 保罗·克鲁格曼:《美国怎么了?》,刘波译,中信出版社,2008。

[39] 西达·斯考切波:《国家与社会革命:对法国、俄国和中国的比较分析》,何俊志、王学东译,上海人民出版社,2007。

[40] 迪特里希·鲁施迈耶、彼得·埃文斯:《国家与经济转型——一种支撑有效干预的条件分析》,载彼得·埃文斯等编《找回国家》,三联书店,2009。

[41] 伊藤诚:《市场经济与社会主义》,尚晶晶等译,中共中央党校出版社,1996。

[42] L. 罗宾斯:《过去和现在的政治经济学》,陈尚霖译,商务印书馆,1997。

[43] 拉尔夫·密里本德:《资本主义社会的国家》,沈汉、陈祖洲等译,商务印书馆,1997。

［44］理查德·纳尔逊、悉尼·温特:《经济变迁的演化理论》，胡世凯译，
商务印书馆，1997。

［45］卡尔·波普儿:《开放社会及其敌人》，郑一明译，中国社会科学出版
社，1999。

［46］马尔科姆·卢瑟福:《经济学中的制度——老制度主义和新制度主
义》，陈建波、郁仲莉译，中国社会科学出版社，1999。

［47］安德烈·冈德·弗兰克:《依附性积累与不发达》，刘东、黄平主译，
译林出版社，1999。

［48］特奥托尼奥·多斯桑托斯:《帝国主义与依附》，杨衍永等译，社会科
学文献出版社，1999。

［49］诺姆·乔姆斯基:《新自由主义和全球秩序》，徐海铭、季海宏译，江
苏人民出版社，2000。

［50］理查德·布隆克:《质疑自由市场经济》，林季红译，江苏人民出版
社，2000。

［51］迈克尔·佩罗曼:《资本主义的诞生——对古典政治经济学的一种诠
释》，裴达鹰译，广西师范大学出版社，2001。

［52］迈克尔·H.莱斯诺夫:《二十世纪的政治哲学家》，冯克利译，商务印
书馆，2001。

［53］安格斯·麦迪逊:《世界千年经济史》，伍晓鹰、许宪春等译，北京大
学出版社，2003。

［54］安格斯·麦迪逊:《中国经济的长期表现：公元960—2030》，伍晓鹰、
马德斌译，上海人民出版社，2016。

［55］贡德·弗兰克:《白银资本：重视经济全球化中的东方》，刘北成译，
四川人民出版社，2017。

［56］世界经济编辑部:《荣获诺贝尔奖经济学家》，四川人民出版社，1984。

［57］高峰:《资本积累理论与现代资本主义》，南开大学出版社，1991。

［58］傅殷才:《新保守主义经济学》，中国经济出版社，1994。

［59］谭力文:《伦敦学派》，武汉出版社，1996。

［60］张宇:《市场社会主义反思》，北京出版社，1999。

［61］高峰：《现代资本主义的经济关系和运行特征》，南开大学出版社，
　　 2000。

［62］吴易风：《马克思主义经济学和西方经济学》，经济科学出版社，2001。

［63］林岗、张宇：《马克思主义与制度分析》，经济科学出版社，2001。

［64］石元康：《当代西方自由主义理论》，上海三联书店，2000。

［65］格哈特·福尔迈：《进化认识论》，舒远招译，武汉大学出版社，1994。

［66］刘放桐：《现代西方哲学》，人民出版社，1990。

［67］格尔哈德·帕普克：《知识问题及其影响》，载《知识、自由与秩序》，
　　 黄冰源等译，中国社会科学出版社，2001。

［68］帕特里克·维尔特：《价格与政策：哈耶克的货币和经济周期理论》，
　　 载《知识、自由与秩序》，黄冰源等译，中国社会科学出版社，2001。

［69］亨纳·克莱纳韦弗斯：《哈耶克与民主改革》，载《知识、自由与秩
　　 序》，黄冰源等译，中国社会科学出版社，2001。

［70］库卡瑟斯：《哈耶克与现代自由主义》，载《自由主义与当代世界》，
　　 生活·读书·新知三联书店，2000。

［71］范伯格：《哈耶克的遗产与自由思想的未来》，载《自由主义与当代世
　　 界》，生活·读书·新知三联书店，2000。

［72］赫维茨：《从感觉秩序到自由秩序》，载《自由主义与当代世界》，生
　　 活·读书·新知三联书店，2000。

［73］卡尔·波兰尼：《大转型：我们时代的政治与经济起源》，冯钢、刘阳
　　 译，浙江人民出版社，2007。

［74］卡尔·博兰尼：《市场模式的演化》，载《反市场的资本主义》，中央
　　 编译出版社，2001。

［75］弗雷德·布洛克：《自我调节的市场的矛盾》，载《反市场的资本主
　　 义》，中央编译出版社，2001。

［76］伊曼纽尔·沃勒斯坦：《资本主义市场：理论与现实》，载《反市场的
　　 资本主义》，中央编译出版社，2001。

［77］P. 贝罗奇：《经济学和世界史——迷思和悖论》，载《反市场的资本主
　　 义》，中央编译出版社，2001。

［78］道格拉斯·C.诺斯：《国家经济角色的昨天、今天与明天》，载《政府为什么干预经济》，中国物资出版社，1998。

［79］戴维·斯威卡特：《市场社会主义：一个辩护》，载《市场社会主义》，新华出版社，2000。

［80］易佳乐：《来自上层建筑的批判——试析阿尔都塞的意识形态国家机器理论》，《理论与现代化》2017 年第 6 期。

［81］樊亢：《苏联社会主义经济七十年——苏联经济发展史》，北京出版社，1992。

［82］金挥、陆南泉、张康琴主编：《苏联经济概论》，中国财政经济出版社，1985。

［83］B.T·琼图洛夫：《苏联经济史》，郑彪等译，吉林大学出版社，1988。

［84］苏联科学院经济研究所：《政治经济学教科书（下）》（修订第 3 版），人民出版社，1959。

［85］托马斯·霍伯：《哈耶克舌战凯恩斯：思想的巅峰对决》，张翎译，新华出版社，2020。

［86］杨春学、郭冠清、谢志刚：《市场与计划：谁是配置资源机制的最佳选择》，中国社会科学出版社，2019。

［87］刘晨晔：《轨迹与思想：20 世纪欧美学者社会主义批判的批判研究》，中国人民大学出版社，2019。

［88］李建德：《制度及其演化：方法与概念》，格致出版社，2019。

［89］汉斯、赫尔曼·霍普：《私有财产的经济学与伦理学：政治经济学与哲学研究》，吴烽炜译，上海财经大学出版社，2019。

［90］布鲁斯·考德威尔：《哈耶克评传》，冯克利译，商务印书馆，2018。

［91］夏纪森：《自由·法治·秩序：哈耶克的"自生自发秩序"思想研究》，上海三联书店，2017。

［92］韦森：《重读哈耶克》，中信出版社，2014。

［93］艾伦·艾伯斯坦：《哈耶克传》，秋风译，中信出版社，2014。

［94］邓正来：《哈耶克社会理论》，复旦大学出版社，2009。

［95］邓正来：《哈耶克的社会理论》，载《自由秩序原理》，生活·读

书·新知三联书店，1997。

[96] 邓正来:《自由与秩序》，江西教育出版社，1998。

[97] 拉尔夫·密里本德:《资本主义社会的国家》，沈汉等译，商务印书
馆，1997。

[98] 尼科斯·波朗查斯:《政治权力与社会阶级》，叶林译，中国社会科学
出版社，1982。

[99] 克劳斯·奥菲:《福利国家的矛盾》，郭忠华等译，吉林人民出版社，
2006。

[100] 乔尔·S.米格代尔:《强社会与弱国家——第三世界的国家社会关系
及国家能力》，张长东等译，江苏人民出版社，2009。

[101] 乔尔·米格代尔:《社会中的国家——国家与社会如何相互改变与相
互构成》，李杨、郭一聪译，江苏人民出版社，2013。

[102] 佩里·安德森:《绝对主义国家的系谱》，刘北成、龚晓庄译，上海
人民出版社，2016。

[103] 艾伦·梅克森斯·伍德:《民主反对资本主义》，吕薇洲等译，重庆
出版社，2007。

[104] 迈克尔·佩雷曼:《经济学的终结》，石磊、吴小英译，经济科学出
版社，2000。

[105] 米尔顿·弗里德曼:《实证经济学方法论》，载丹尼尔·豪斯曼编
《经济学的哲学》，上海人民出版社，2007。

[106] 萨米尔·阿明:《不平等的发展》，高铦译，商务印书馆，2000。

[107] 布罗代尔:《资本主义的动力》，杨起译，生活·读书·新知三联书
店，1997。

[108] 鲁道夫·希法亭:《金融资本》，李琼译，华夏出版社，2017。

[109] 列宁:《帝国主义是资本主义的最高阶段》，人民出版社，2014。

[110] 杰奥瓦尼·阿瑞基:《漫长的20世纪》，姚乃强等译，江苏人民出版
社，2011。

[111] 威廉·I.罗宾逊:《全球资本主义论:跨越世界中的生产、阶级与国
家》，高明秀译，社会科学文献出版社，2009。

［112］罗莎·卢森堡、尼·布哈林:《帝国主义与资本积累》,紫金如等译,黑龙江人民出版社,1982。

［113］沃尔夫冈·施特雷克:《购买时间:资本主义民主国家如何拖延危机》,常恒译,社会科学文献出版社,2015。

［114］罗伯特·索洛:《经济学中的科学和意识形态》,丹尼尔·豪斯曼编《经济学的哲学》,上海人民出版社,2007。

［115］理查德·沃尔夫著,吴昕炜译:《意识形态国家机器、消费主义和美国资本主义:左派的教训》,《学术研究》2008 年第 6 期。

［116］张志元、李政隆:《对苏联计划经济体制的再思考》,《世界社会主义研究》2021 年第 11 期。

［117］张俊山:《虚拟经济的政治经济学原理》,《天津师范大学学报（社会科学版）》2019 年第 6 期。

［118］佟德志:《治理吸纳民主—— 当代世界民主治理的困境、逻辑与趋势》,《政治学研究》2019 年第 2 期。

英文参考文献:

［1］A. Amin and J. Hausner, Beyond Market and Hierarchy: Interactive Governance and Social Complexity（NH: Edward Elgar, 1997）.

［2］Anthony Arblaster, *The Rise and Decline of Western Liberalism*（Oxford: Blackwell, 1984）.

［3］Alan Ebenstein, *Friedrich Hayek: A Biography*（New York: Palgrave for St. Martin's Press, 2001）.

［4］Anna Elisabetta Galeotti, "Individualism, Social Rules, Tradition: The Case of Friedrich A. Hayek," in J. C. Wood and R. N. Woods, eds., *F. A. Hayek: Critical Assessments*（Ⅳ）（London: Routledge, 1987）.

［5］Arne Heise and Ayesha Serfraz, "The Welfare State and Liberal Democracy: A Political Economy Approach," *World Review of Political Economy* 10（2019）.

［6］Andrew Gamble, *Hayek: The Iron Cage of Liberty* (Colorado: Westview Press, 1996) .

［7］Anthony Giddens, *The Nation-State and Violence* (Cambridge: Polity Press, 1987) .

［8］Arthur M. Diamond, Jr., "F. A. Hayek on Constructivism and Ethics," *Journal of Libertarian Studies* 4 (1980) .

［9］Brian Balogh, *The Associational State: American Governance in the Twentieth Century* (Philadelphia: University of Pennsylvania Press, 2015) .

［10］Beverly Crawford, Nick Biziouras and James M. Buchanan, *Post-socialist Political Economy: Selected Essays* (US: Edward Elgar, 1997) .

［11］Bruce Caldwell, "Four Theses on Hayek," in M. Colonna, H. Hagemann and O. F. Hamouda, eds., *Capitalism, Socialism and Knowledge* (Aldershot: Edward Elgar, 1994) .

［12］Costas Lapavitsas, *Profiting Without Producing: How Finance Exploits Us All* (New York: Verso, 2014) .

［13］Carl Menger, Edited by Louis Schneider, *Investigations into the Method of the Social Sciences with Special Reference to Economics* (New York: New York University Press, 1985) .

［14］Clyde W. Barrow, "Globalization and the Emergence of the Fortress State," *Science & Society* 85 (2021) .

［15］David Harvey, *A Brief History of Neoliberalism* (Oxford: Oxford University Press, 2005) .

［16］David M. Hart et al., *Social Class and State Power Exploring an Alternative Radical Tradition* (London: Palgrave Macmillan, 2018) .

［17］Diamond A. M. (1980) , "F. A. Hayek on Constructivism and Ethics" in J. C. Wood and R. N. Woods eds., *F. A. Hayek: Critical Assessments* (Ⅲ) (London: Routledge, 1991) .

［18］Dieter Schmidtchen, "Rules and Order," in B. Bouckaert and A. Kroon, eds., *Hayek Revisited* (London: Edward Elgar, 2000) .

[19]Eamonn Butler, *Hayek: His contribution to the Political and Economic Thought of Our Time* (London: Maurice Temple Smith Ltd, 1983) .

[20]Ebeling R., "An Interview with Friedrich Hayek," *Libertarian Review* (1977) .

[21]Friedrich A. Hayek, "Coping with Ignorance," in F. A. Hayek, eds., *Knowledge, Evolution and Society* (London: Adam Smith Institute, 1983) .

[22]Erich Streissler, *Roads to Freedom: Essays in Honour of F. A. Hayek* (London: Routledge, 1969) .

[23]Friedrich A. Hayek, *Law, Legislation and Liberty, Vol. 3: The Political Order of a Free People* (London: Routledge & Kegan Paul, 1979) .

[24]Friedrich A. Hayek, S. Kresge and L. Wenar, *Hayek on Hayek: An Autobiographical Dialogue* (London and New York: Routledge, 1994) .

[25]Von Savigny, Friedrich Karl et al., *System des Heutigen Romischen Rechts* (Berlin, 1840) .

[26]George Stigler, *Memoirs of an Unregulated Economist* (New York: Basic Books, 1985) .

[27]Gordon, S., "The Political Economy of F. A. Hayek," in J. C. Wood and R. N. Woods, eds., *F. A. Hayek: Critical Assessments* (III) (London: Routledge, 1981) .

[28]H. B. Falkena, "On Hayek's Philosophy of Limited Government and the Economic Order," in J. C. Wood and R. N. Woods, eds., *F. A. Hayek: Critical Assessments* (IV)(London: Routledge, 1985) .

[29]H. B. Acton and A. Seldon, *Agenda for a Free Society: Essays on Hayek's The Constitution of Liberty* (London: Hutchinson,1961) .

[30]Hannes H. Gissurarson, *Hayek's Conservative Liberalism* (New York: Garland,1987) .

[31]John Angus Laurent and John Nightingale, *Darwinism and Evolutionary Economics* (Washington: World bank publication, 2001) .

[32]John Bellamy Foster, "The Age of Monopoly−Finance Capital," *Monthly Review* 61 (2010) .

[33]John Bellamy Foster and Robert W. McChesney, *The Endless Crisis: How Monopoly Finance Capital Produces Stagnation and Upheaval from the USA to China* (New York: Monthly Review Press, 2012) .

[34]Jack Birner and Rudy van Zijp, *Hayek, Coordination and Evolution* (London: Routledge, 1994) .

[35]John C. Harsanyi, "Individualistic and Functionalistic Explanations in the Light of Game Theory: The Example of Social Status," *Studies in Logic and the Foundations of Mathematics* 49 (1968) .

[36]J. Eatwell and M. Milgate, "Competition, Pricec and Market Order," in M. Colona and H. Hageman, eds., *Economics of Hayek, vol. 1: Money and Business Cycles* (Aldershot: Edward Elgar, 1994) .

[37]John Gapper, "Promises That Proved Ultimately Empty," *Financial Times* (2012) .

[38]Jack J. Vromen, *Economic Evolution: An Enquiry into the Foundations of New Institutional Economics* (London: Routledge, 1995) .

[39]James M. Buchanan, *Essays on the Political Economy* (Honolulu: University of Hawaii Press, 1989) .

[40]John N. Gray, "F. A. Hayek on Liberty and Tradition," in J. C. Wood and R. N. Woods, eds., *F. A. Hayek: Critical Assessments* (III) (London: Routledge, 1980) .

[41]John N. Gray, *Hayek on Liberty* (London: Routledge, 1984) .

[42]John N. Gray, "Hayek, the Scottish School and Contemporary Economics," in G. C. Winston and R. F. Teichgraeber III, eds., *The Boundaries of Economics* (Cambridge, Mass: Cambridge University Press, 1988) .

[43]John O'Neill, "Comment: Hayek and the Positivists," in S. F. Frowen, eds., *Hayek: Economist and Social Philosopher—A Critical Retrospect*

（London: Macmillan Press Ltd, 1997）.

[44] Jan Reijnders, *Economics and Evolution* (US: Edward Elgar, 1997) .

[45] Jeff Shantz, *Crisis States: Governance, Resistance and Precarious Capitalism* (California: Punctum Books, 2016) .

[46] Jeremy Shearmur, Hayek and After: *Hayekian Liberalism as a Research Programme* (New York: Routledge, 1996) .

[47] Jim Tomlinson, *Hayek and the Market* (London: Pluto, 1990) .

[48] John Watkins, "Parsons on Two Theses of Hayek," in S. F. Frowen, eds., *Hayek: Economist and Social Philosopher—A Critical Retrospect* (London: Macmillan Press Ltd. 1997) .

[49] Karl Polanyi, *The Great Transformation* (Boston: Beacon Press, 1957) .

[50] Lionel Robbins, "Hayek on Liberty," in J. C. Wood and R. N. Woods, eds., *F. A. Hayek: Critical Assessments* (Ⅱ)(London: Routledge, 1961) .

[51] Mann and Michael, "The Autonomous Power of the State: Its Origins, Mechanisms, and Results," *European Journal of Sociology* 25 (1984) .

[52] Milan Babic, Javier Garcia—Bernardo and Eelke M. Heemskerk, "The Rise of Transnational State Capital: State—led Foreign Investment in the 21st Century," *Review of International Political Economy* 27 (2020) .

[53] Marc R. Tool, *Evolutionary Economics* (Armonk and New York: M. E. Sharpe, 1988) .

[54] Michael Sandel, *Liberalism and Its Critics* (New York: New York University Press, 1984) .

[55] Metcalfe S., *Evolutionary Economics and Creative Destruction* (London and New York: Routledge, 1998)

[56] Neil Davidson, "Capitalist Outcomes, Ideal Types, Historical Realities," *Historical Materialism* 27 (2019) .

[57] Norman P. Barry, *Hayek's Social and Economic Philosophy* (London: Macmillan, 1979) .

[58] Norman P. Barry, *On Classical Liberalism and Libertarianism* (London:

Macmillan, 1986）．

［59］Nathan Sperber, "State Capitalism and the State-Class Nexus," *Science & Society* 83（2019）．

［60］Paul A. Samuelson, "In the Beginning," *Challenge（White Plains）*31（4）（1988）．

［61］Paul Cliteur, "Spontaneous Order, Nature Law, and Legal Positivism in the Work of F. A. Hayek," in B. Bouckaert and A. Kroon, eds., *Hayek Revisited*（London: Edward Elgar, 2000）．

［62］Piyo M. Rattansi, "Hayek, Popper and Scientism," in S. F. Frowen, eds., *Hayek: Economist and Social Philosopher—A Critical Retrospect*（London: Macmillan Press Ltd. 1997）．

［63］Roland Kley, *Hayek's Social and Political Thought*（Oxford: Clarendon Press, 1994）．

［64］Paul Wetherly et al., *Class, Power and the State in Capitalist Society Essays on Ralph Miliband*（London: Palgrave Macmillan, 2008）．

［65］Ronald Hamowy, "Law and the Liberal Society: F. A. Hayek's Constitution of Liberty," in J. C. Wood and R. N. Woods, eds., *F. A. Hayek: Critical Assessments*（Ⅲ）（London: Routledge, 1978）．

［66］Schroeder and Susan K., "Vision, Value, and Pluralism: A Comment on Analytical Political Economy," *Journal of Economic Issue* 53（2019）．

［67］Stephen D. Parsons and John Watkins, "Hayek and the Limited Knowledge: Philosophical Aspects"，in S. F. Frowen, eds., *Hayek: Economist and Social Philosopher—A Critical Retrospect*（London: Palgrave Macmillan. 1997）．

［68］Stephen Fleetwood, *Hayek's Political Economy: The Socio-economics of Order*（London and New York: Routledge, 1995）．

［69］Stephen Fleetwood, "Hayek Ⅲ: The Necessity of Social Rules of Conduct," in S. F. Frowen, ed., *Hayek: Economist and Social Philosopher—A Critical Retrospect*（Macmillan Press Ltd, 1997）．

[70]Stavros Ioannides, *The Market, Competition and Democracy* (Aldershot: Edward Elgar, 1992) .

[71]Scott Scheall, "A Brief Note Concerning Hayek's Non-standard Conception of knowledge," *The Review of Austrian Economics* 29 (2016) .

[72]Tony Lawson, "Development in Hayek's Social Theorising" , in S. F. Frowen, ed., *Hayek: Economist and Social Philosopher—A Critical Retrospect* (London: Macmillan Press, 1997) .

[73]Ugo Pagano and Antonio Nicita, *The Evolution of Economic Diversity* (London and New York: Routledge, 2001) .

[74]Ulrich Witt, *Evolutionary Economics* (Aldershot: Edward Elgar, 1993) .

[75]Ulrich Witt, "The Hayekian Puzzle: Spontaneous Order and the Bussiness Cycle," *Scottish Journal of Political Economy* 44 (2003) .

[76]Viktor Vanberg, "Spontaneous Market Order and Social Rules: A Critical Examination of F. A. Hayek's Theory of Cultural Evolution," *Economics & Philosophy* 2 (1986) .

[77]William F. Buckley and Fritz Machlup, *Essays on Hayek* (New York: New York University Press, 1976) .